苏东坡七讲

张炜 著

人民文学出版社

图书在版编目（CIP）数据

苏东坡七讲/张炜著. —北京：人民文学出版社，2023
ISBN 978-7-02-018106-3

Ⅰ.①苏… Ⅱ.①张… Ⅲ.①苏轼（1036—1101）—人物研究②苏轼（1036—1101）—古典文学研究 Ⅳ.①K825.6②I206.441

中国国家版本馆CIP数据核字（2023）第119633号

策划编辑	胡玉萍
责任编辑	黄彦博
装帧设计	刘　远
责任印制	任　祎

出版发行	人民文学出版社
社　　址	北京市朝内大街166号
邮政编码	100705
印　　刷	三河市宏盛印务有限公司
经　　销	全国新华书店等
字　　数	245千字
开　　本	890毫米×1290毫米　1/32
印　　张	11.25　插页7
版　　次	2020年7月北京第1版
印　　次	2023年8月第1次印刷
书　　号	978-7-02-018106-3
定　　价	50.00元

如有印装质量问题，请与本社图书销售中心调换。电话：010-65233595

《题竹图》

此图为[明]杜堇的代表作。

图绘一文士头戴高冠,着广袖长袍,面容萧散,长髯飘然,执笔在竹上题诗。其左侧一童子捧砚侍立,右侧一老一幼凝神观看。从文士衣着、神态和题竹的画面来看,执笔者应为苏东坡。

《雪夜访普图》
此图借宋太祖雪夜访贤的情景，表现出宋朝政治人事的风貌和书生的意气，以及苏东坡对时代气象的期望。

《苏轼小像》
［元］赵孟頫　台北故宫博物院　藏

《窠石平远图》

[北宋]郭熙 北京故宫博物院 藏

《归去来兮辞》

[北宋] 苏轼　台北故宫博物院　藏

《归去来兮辞》（局部）

[北宋] 苏轼　台北故宫博物院　藏

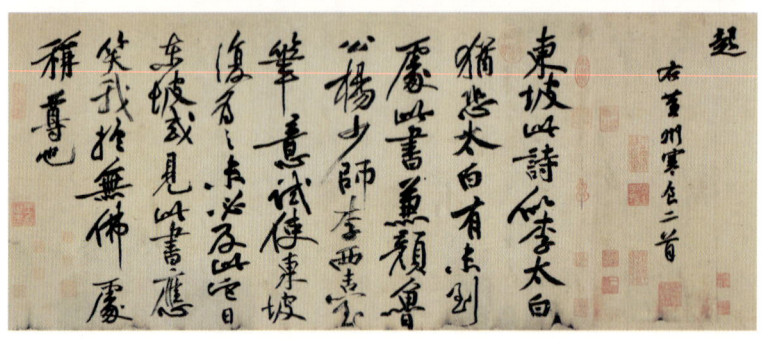

《寒食帖》
　　[北宋] 苏轼　台北故宫博物院　藏

《后赤壁赋图》

[南宋]马和之 北京故宫博物院 藏

《后赤壁赋图》(局部)

[南宋]马和之 北京故宫博物院 藏

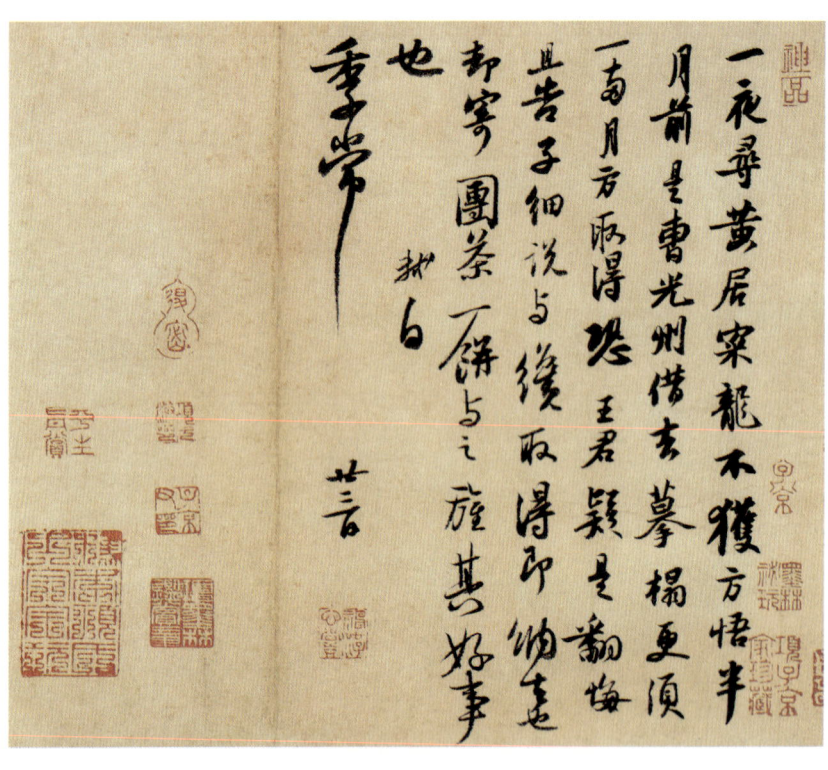

《一夜帖》

[北宋]苏轼　台北故宫博物院　藏

目 录

第一讲 出眉山 1

源与流 / 三苏之别 / 北上 / 误入最大人家 / 最大的虚妄与神秘 / 诤臣佞臣与人杰 / 不自觉的强势 / 此生此刻有话说 / 书生为真勇 / 不曾忘记才华 / 也说少年书 / 诗体策用 / 诗与文的差异 / 真伪自由书 / 一生刑赏 / 乌台的前与后 / 细腻耐烦 / 沉浸于人生的细节 / 惜别之诗

第二讲 不系之舟 49

旅途上 / 让匆忙变得缓慢 / 从娇客到弃石 / 自我的拗力 / 诗人的氧气 / 梦的悟想 / 居所 / 自由为至物 / 阴浊小世界 / 舟行海市 / 浩然和快哉 / 逆境与顺境的平衡 / 只有名花共幽独 / 此地食无肉 / 求证生之意义 / 张望和走神 / 到此一游 / 忍受

第三讲 一生功业 101

两个假设 / 植造无休止 / 建筑者 / 才与能 / 热烈冲动之弊 / 三次大遣散 / 三州功业之外 / 他们在苦熬 / 享受与尽责 / 才子的定与戒 / 中庸和顽皮 / 仁心如才盛 / 能吏和文豪 / 浪漫的枝丫

1

下 / 策论奏议及诏诰 / 盛名之下 / 初无志于著述 / 诗人与诗国 /
将岁月记录在案

第四讲　深爱和沉迷　149

诗意地栖居 / 遥望陶渊明 / 陶诗注我 / 生活不是艺术 / 多情应
笑我 / 结伴 / 充盈强大的爱力 / 自然与时代之疾 / 引我飞升 /
第三种人 / 品咂生活 / 小趣味与大志向 / 鱼之趣 / 草木饮食 /
医药与修炼 / 杂记异事 / 月夜

第五讲　世间恩怨　199

搬动一张桌子 / 苏与孔孟管荀 / 干练与丰腴 / 水性人 / 王苏之
分合知恨 / 身在儒法之间 / 儒的清晰与晦涩 / 个人的儒释道 /
乌台一百三十夜 / 厉友之辣手 / 眼中无一坏人 / 直击沦落客 /
修竹有投影 / 阴毒辈出不足畏 / 及时磨碎绝望 / 罪孽和果报 /
向往平庸 / 出世者的迷恋

第六讲　斑斓志　249

佳句如绿丛之花 / 佳人词与才子赋 / 词的出身 / 排遣和游戏 /
生命的痕迹 / 随手文章 / 苏东坡与毕加索 / 异人三视 / 杂食者 /
深邃和繁琐 / 何谓豪放 / 文气的长与短 / 苦难和艺术的高点 /
实与虚的统一 / 汉语的深处 / 曲尽宜重开

第七讲　迷　宫　295

最可引鉴的标本 / 私语的世界 / 煎耗养颜 / 醉与醒 / 挚爱和敬
重喜赏 / 双陪之说 / 再谈应物 / 孤寂与好奇 / 星光和泥土 / 为
仕之惯性 / 世间不复清静地 / 多声部 / 不可套语解东坡 / 大读

者 / 知人论世之慎 / 轮回和转生 / 简单而深邃的乌嘴 / 大河入海 / 悲剧与正剧 / 走不出的迷宫

整理后记 —————————————————— 347

附　记 —————————————————— 353

第一讲 出眉山

· 源与流

文学大家苏东坡因为一生创作了巨量的作品，所以被人们喻为一条大河；后来又有人把他比作一片茫茫的海洋，即所谓的"苏海韩潮"。这里的"韩"指为文充沛激越的韩愈。我们且把苏东坡看作一条生命的长河，从源头做一回溯，把目光投向那个叫作眉山的地方。

它是蜀地的一个富饶之乡，自古以来物产丰厚，文化发达，植被茂密，是一片有着强大生长力的肥沃土地。人文在这里是同样丰饶的，这就说到了苏氏家族。从记载上看，这个家族素以学问深厚著称，远祖苏味道是唐代著名的文学家，是历史上颇负盛名的初唐"文章四友"之一。此人极为早慧，九岁能文，武则天时曾跻身相位，唐中宗时被贬为眉州刺史。到了苏东坡这一代，苏氏家族已经在此繁衍了三百多年，为当地有名的士绅人家。

苏东坡的祖父苏序为人慷慨，乐善好施，少时性格顽皮，读书不求甚解；成年后喜欢写诗且思维敏捷，诗作多达数千篇，是一位民间诗人：上自朝廷郡邑，下至乡间渔耕，皆能入诗。苏轼的两位伯父都高中进士，大伯父苏澹早亡，二伯父苏涣是第一位由眉山出仕的人。

可见眉山苏氏诗书传家，渊源深远。苏东坡的母亲程氏也出自眉山名门望族，外公程文应是眉山巨富，舅舅程濬与二伯父苏涣为同年进士。当年苏东坡父母的结合并非偶然，虽然当时苏家已经败落，与程家财富地位颇不般配，但苏氏家族从学问积累到精神气质，仍别于一般乡绅。苏、程两家可谓世家联姻。

眉山的文人士大夫在很长一段时间里或修身于家，或为政于乡，都不肯走科举之路。唯有苏东坡的二伯父苏涣勤奋问学，及早入仕，开一时一地之风气。继他之后，眉山出仕者多达数百人，苏氏家族也从此崛起，并由"三苏"发扬光大。史书上记录的苏洵是一个老来发奋、终成大器的典范，还被编入家喻户晓的《三字经》："苏老泉，二十七。始发愤，读书籍。"可见苏洵虽然在科举上不像他的两位兄长那样成功，但一直怀有著作心和为仕志。

作为苏轼的父亲，苏老泉是一个值得大书特书的杰出人物。他在衰落的家道中一直暗暗积蓄力量，未曾懈怠。他博学多闻，四处游历，遍访名山大川，结交一些重要的文化和官场人物，把希望寄托在两个儿子身上，而且势在必得。

苏洵与夫人程氏对苏轼和苏辙从小就进行严格规范的培养教育，夫妇俩一个严肃刻板，一个慈祥温厚，但都是饱读诗书、深怀报国之心的人。他们深深地影响了苏轼兄弟的成长，对其世界观的形成、人生价值的取向，都起到了至关重要的作用。苏轼兄弟立志远行，以入仕进身为最终目标，这其中当然有着儒学的强大规定力，是"学而优则仕"的必然取向。后来苏东坡在诗中回忆自己的家庭时，写

道:"门前万竿竹,堂上四库书。"(《答任师中家汉公》)

苏东坡在青少年时代,居然将一百二十卷、八十余万字的《汉书》手抄两遍,用功之深令人惊叹。他一生手抄《汉书》三遍,最后一遍是谪居黄州寂寞之期所为。关于努力治学,这只是许多记录中的一点而已,还有数不胜数的例子。比如晚年谪居海南,他在《夜梦》一诗中写到自己儿时读书不专,耽于嬉戏,突然被父师发现,梦醒之后竟惊慌如吞钩之鱼。

苏东坡与弟弟苏辙幼年师从眉山道士张易简,在天庆观读书三年。张易简收有学童百人,东坡和后来载入《仙鉴》的道士陈太初,是深受道长喜爱的两个学生。东坡被贬黄州时,陈太初在汉州羽化仙去,此事被其记在《陈太初尸解》一文中。天庆观的启蒙教育,使诗人自小蓄有玄志,为后来的世外思想打下基础。

世人一再强调的"童子功",实际上来自天地人三者。苏轼的童年非同一般,家庭环境一派向上气象,既有强劲的入世进取之力,又能够放任自然,见识玄人。苏东坡曾经在《洞仙歌》一词自序云:"仆七岁时,见眉山老尼,姓朱,忘其名,年九十余。"这个老尼姑引起苏东坡的极大好奇,因为她自言随师父进入蜀主孟昶的宫中,叙说当年见闻。这在少年眼中,玄人与宫廷合二为一,散发出神秘的光晕,让他心旷神怡。

后人面对苏东坡这样一位奇人,会一次次设问由来,就像感叹黄河长江之浩而必要追寻其源一样。但有一部分奥秘或许是无法挖掘的,因为所有天才人物都是个案,后天的一些缘由好像都是一些表象。仿佛一切都有更深的渊源和设定,是一种自然宿命。

如果以童年为源头,少年为初流,青年为冲荡而去的激浪,那么到了壮年则变为宽阔的大水滔滔；到了老年，就成为无声的阔漫之水，直到入海，展现出平湖一般的澄明，渐渐与无边的冥渺汇为一体。

当世人看到一条巨流的时候，感叹最多的是其波涛汹涌的气势，一泻千里的豪迈，只有少数人才能够追根溯源，临近源头做一番实际而周备的考察。这种考察需要经历辛苦的跋涉，因为它的源路遥远而复杂，不可能匆促览过。它是一种客观的呈现，可以量化，可以分析，或直观地罗列眼前，或隐去了重要的部分。我们知道真正的源头是更为繁复、琐屑和神秘的。它如何产生在这样的时空中，实际上是无解的。我们将依据能够把握的部分，运用自己的智慧去梳理和考察。这一段是汹涌阔流，那一段是涓涓溪水，二者之间有着不可割断的牵扯。先是缓慢的汇聚合拢，最后形成滔滔之势。

我们相信一切巨流皆有渊源，可实勘时又难免陷于惶惑：滴水涓流，无数支流与小溪，没有波澜，没有惊人的气象，只流向一个未知的方向，曲折蜿蜒。我们无法将它的中游、将宏大的气象与眼前联系在一起。沿途不断有支流汇入，还在含纳和接受；不过它最终在大地上刻成的那道惊人的痕迹、那冲击山岳的力量、那在整个山川中留下的永垂史册的浓墨重笔，还是让人有些始料不及。

我们为流而歌，为源所惑，久久不能平静。苏东坡离去千年，倔强的身影难以被尘埃淹没，仍然清晰地矗立在那里。在当下这样一个物质主义和娱乐主义至上的时代，他的诗文与传奇更加引人注目，更能惹人喜爱，也更容易成为许多人的偶像。但我们究竟能在多大程度上理解这样一位文学巨擘，还是一个问题。关于他有多少空想、浪漫和误解，还须从头盘点。这是一项并不轻松的工作。

- 三苏之别

"三苏"作为历史上通用的一个称谓,将苏家三位杰出人物统而括之,似乎此等人品、才具和成就齐聚一家,这个现象本身就凸显了一个世所罕见的人文奇观,并作为一个文化符号为人津津乐道。与此相关的还有一个惊悚的传说:眉山地区本来绿色葱茏,青翠欲滴,却因为"三苏"的诞生而变得贫枯荒寂。原本是土质肥沃之地,却因为三棵硕大的植物而耗贫,偌大一片土地竟然不再有茂密的繁殖。这三个人作为人中翘楚,百年不得一遇的旷世奇才,对一片土地具有这样的剥夺力,真是让人惊叹中又生出几分恐惧。如果伟人出世,一方土地必得付出这样大的代价,该是多么悲惨。不过这种悲惨却伴随着时代的欣悦和地方的自豪。这个洋溢着夸张与豪迈的传说,让我们窥见了一个时代惊羡的表情。

"三苏"文学成就巨大,父子三人同享文名,饮誉天下,与此类似者,历史上还有曹操、曹丕、曹植父子三人。从这种奇迹中我们可以窥见什么秘密,还需要到个体中去寻觅。首先是老来成名的父亲苏洵,他比较起两个儿子,似乎有着一副冷苛的面容。他虽然兴趣广泛,但少一些幽默感,更为正统,是儒家传人的典范,治学、修身、出仕,继承了严格的诗书传统。他具有恒志,虽然二十七岁才发愤读书,屡试不中,却丝毫没有减弱济世之心。他不仅将报国之志落实到自己的行动中,而且更深入地贯彻到两个儿子身上,他们最终在"兼济天下"和"独善其身"方面都取得了很高的成就,超越了父亲,在仕途上官至三品甚至更高,且著作等身。当然在一些细部,比如个人志趣、性格特点、天赋高下等,兄弟二人仍有较大区别。他们共同点很多，不同处也非常多。

我们以最具有代表性的苏轼为例，做一个分析。从他身上仿佛可以看到苏洵的影子，如执拗、坚定和正统，如强烈的儒家情怀，更有辅佐君王的忠耿，似乎完全继承了苏洵；在其他方面，则又显出了一些不同，更幽默、更随性，把那种坚定和执拗的品性，发散到较长的生命过程中；当进入某个生活的局部，又显得松适散漫。他那么宽容，又那么偏执，时而激情滔滔，时而闲适松弛。他像父亲一样欣悦美丽的山川，足迹遍布大江南北，能够于外物之中汲取灵感和乐趣。他的兴味几乎遍布一切事物：从"云烟湖寺"到"船阁荒村"，从"溪上青山"到"细草软沙"，从"岭上晴云"到"西轩月色"，举不胜举。他与绿竹相伴，与水鸟同眠，坚韧乐观，于悲苦中寻找自己的精神依托，在寂寞中驱赶沮丧，一生取悦于笔墨。他善于在现实中做出妥协、做出建设，在为政生涯中大有作为，同时又是一个闲情自娱的大玩家。仅仅从记载中，我们还难以从父亲苏洵身上看到这一切。

我们再看和他处于同一时代的苏辙。他们生长于同一片山水、同一个家庭，接受同样的教育和熏陶，但作为弟弟的苏辙却自有面貌。无论是从政为文还是其他，苏辙既不同于严格的父亲，又不类似复杂的东坡，他更像一个规范的官场人物、一个我们所能理解的诗人、文章高手。他在仕途发展方面要好于东坡，但在文采方面却不像兄长那样恣意飞扬，那样无边无际漫卷一切、涵盖一切。苏东坡的才情，会让我们稍稍地忘掉其他"二苏"。苏东坡从"三苏"的笼统中走出来，走向我们，他的面部更清晰，特质更突出。他的步履时而缓慢，时而匆忙；他的神情一会儿舒展，一会儿激烈，一会儿忧愁，一会儿又变得狡黠和暧昧。在"三苏"中，我们常常忽略另外两个，而更多地钟情于一个东坡。

因为苏东坡繁复到了无法言说，后人把他比喻为一条大河或一片大海再恰当不过。因为它的茫茫一片，因为它在朝阳和夕色下泛着火焰、在中午的烈日下闪着炫目的银光，暗礁与沟壑都淹入无边的大波。我们可能倾注半生泛舟其上，探索和搜寻，时而淹没于局部。当有一天回到彼岸，仍然会为这段经历所震惊——在苍茫的不测中有过怎样的喜悦和历险，是一次难忘的经历。

苏洵的雄文《辩奸论》，笔调严峻，指向清晰，言辞苛刻，在历史上颇负盛名且稍存争议。在这篇犀利的文字中，王安石不点名地受到斥责，不留情面，毫无余地，以至于后来连东坡兄弟都不能苟同。从诸多方面分析，苏洵的文字峻急而苛责，黑白分明，嫉恶如仇，又稍稍褊狭。他除了诗文，更爱著述，喜欢研究《易经》《论语》等大典，兴趣持久，去世前因为没有完成这些著作而感到愧疚，不得不把接续的重任留给两个儿子。兄弟二人没有辜负父亲的嘱托，特别是苏轼，几乎是在最艰难的人生旅途中完成了《易传》《论语说》《书传》三部书。

苏东坡在青壮年时期好像没有多少著述的志向，其人生着力点主要是为政，其次是笔墨自娱。但越是到晚年，越是不能忘却父亲的重托，著述就成为一个重要事业，也是很大的慰藉。他不仅以此打发时间，而且还进入了历史和人生的严肃思考与总结之中，成为必做的、最后的一门功课。这对他来说是非常值得的。他这个时段也许更能理解父亲的夙愿，明白这项工作是多么重要。到了生命接近终点的时候，苏东坡仍然念念不忘自己的"三大著述"，因为它们连接着父亲的希望，认为是自己一生最重要的文字结晶，有了它们

便可死而无憾了。"但抚视《易》《书》《论语》三书，即觉此生不虚过。"(《答苏伯固书》)

可是由于各种各样的原因，后来人对这"三大著述"并没有给予更多的关注，瞩目的还是那些诗文，是"竹外桃花三两枝，春江水暖鸭先知"，是"乱石穿空，惊涛拍岸，卷起千堆雪"，是"一蓑烟雨任平生"，是"清风徐来，水波不兴"，这样一些佳句；甚至对他那些呕心沥血的策论和奏议，也都选择了忽视和缄默。这也许表现了当代人不重理路，只求娱乐的特征。我们更喜欢有趣的文字，喜欢个性，喜欢传说，喜欢在一些委婉多情或性格鲜明的抒写中获得共鸣，寻取快感。我们不愿意涉足深沉的思考和思辨，在许多时候，将它们留给那些专门的学问家，让他们去钩沉探微、总结和生发。我们只愿做一个欣赏者，一起快慰、慨叹、畅饮和歌唱。奇怪的是那些所谓的学术人物对于苏轼，包括苏洵和苏辙的学术著作中关于历史和社会的沉思，也没有给予更多的回应。至少这方面的研究著述我们看到的不多。

翻开"三苏"文集，我们会惊讶地发现，三个人一生最用力的不是曼妙的辞章，不是诗，不是词，也不是散文，而是那些数量庞大的策论，甚至包括他们为皇家起草的一些制诰。这些文字数量颇大，文思缜密。苏轼尤其激情万丈，在策论之中表现出逼人的才华，深入的思考、强大的辩才、一泻千里的气势。而这一切在诗文中似乎并没有表现得这样充盈。

苏东坡继承了父亲的豪放与思辨，也继承了母亲的和蔼与随性。他十岁能诗，二十通经，是一位不折不扣的少年天才。弟弟苏辙似乎更为沉稳，但文辞非常锐利。人们通常以为苏辙要温和一些、中庸一些，实际上也会怒而疾言。他在政争中所表现出的勇气，某些时候甚至超越了东坡。不过在大多数时候他还是持重的。苏东坡的敏而多辩一度成为习惯，其灵魂始终活跃。

苏老泉发奋求仕较晚，只把更大的希望寄托在两个儿子身上，着意培养，使他们在仕途上更早启程，可以说作为父亲的苏洵准备周全，成竹在胸。这是一条为仕的传统路径，也是仅存的报国之途。苏东坡和苏辙在这种强大的传统之力的推动下，最终放弃了上山为玄的世外奇志，走出眉山。就东坡而言，他在这条道路上倾注了最大的热情，但对其他方面似乎又有不舍，结果一生都在张望、神游和飘移。与兄长相比，尽管弟弟子由也喜欢修道，却更能够安于官场。有一次一个疯癫道士治好了子由的病，他便把此人推荐给东坡。兄弟二人经常交流修炼心得。由此可见，少年喜好玄事，追慕道家，是兄弟两人共同的经历，这大概也受到父亲苏洵的影响。

好玄修道，似乎与出仕为官并不矛盾。中国历史上不止一位君王喜欢玄事，比如秦始皇、汉武帝、唐太宗等。这些具有雄才大略的铁腕人物，决定着天下人的生死，唯独不能掌控自己的阳寿，所以全都向往世外玄术。还有一些特异的生命像李白、王维、孟浩然、白居易等，一方面深受儒家思想浸染，渴望济世报国建立事功，一方面又向往"处士风流水石间"（《与毛令方尉游西菩提寺二首其一》），要隐居修道。最典型的例子是唐代中期的名相李泌，幼年颖悟异常，有世外之志，仰慕神仙之术，曾数次隐遁山林，又数次被帝王召回。就是这个似乎不食人间烟火的人，前后辅佐了肃宗、代宗、德宗三代皇帝，几次挽大唐于既倒。好玄修道在中国士大夫身上竟能和谐统一，可谓奇观。"三苏"究竟在多大程度上将二者融合，难以考察，不过从他们的人生旅程上，还是能够发现二者的交融与互补。

子由小东坡三岁，视兄长为终生榜样，谨记父训，一生追随左右。他的命运一直为兄长所笼罩，这使他吃尽了苦头，也享尽了荣耀。一般人看来在从政、家庭、著述等诸多方面，苏辙都是一个模范人物，他爱家、爱友、爱君，兢兢业业，不像东坡那样常陷争议的漩涡，当然也缺少东坡那样的名气和华彩。苏辙不像兄长那样多情多趣，他勤于政务，寡欲清心，婚姻方面也是从一而终。或许是平稳健康的生活弥补和化解了仕途上的跌宕，他最终得以长寿，晚年隐居颍滨，筑室"遗老斋"，读书写作，默坐参禅。那时北宋的元祐大臣大多在迫害中郁郁而逝，所剩无几，苏辙却能够在世俗生活中安度。这在那个时代显示了其特异性，也是一种难得的人生格局。

苏洵之冷峻、严厉、激烈，在东坡身上大多得到了继承，只是在外部表现上有些不同而已。苏辙既不同于父亲，又不同于兄长，似乎较为平和稳健，是一个更容易被人理解和接纳的政治人物。我们可以设想，如果没有东坡宦海风波的激烈颠簸，苏辙一生将会平稳许多。不仅是苏辙，即便是苏轼的子孙也无不为其裹挟，晚年流放岭外，一个孙子死在惠州，他们的人生也随东坡剧烈起伏。"三苏"之中，苏洵更像一位父亲，而东坡却不像一位兄长，若将苏辙和苏轼调换一下位置，我们会觉得更妥帖一些。作为一位小弟，子由如果像东坡那样顽皮嬉戏、多才幽默、不拘小节，也许更合情理，因为兄长应该更踏实、更稳重、更像父亲。但果真如此，东坡就不成其为东坡了。在私生活方面苏辙也更像父亲，没有纳妾，没有绯闻。对于命运和兄长，他都无可奈何，不知应该欣悦还是痛苦，只一味遵循父训，敬仰兄长，愿做一个跟随者陪伴身旁。

兄弟两人一旦踏上仕途，便走入了浑茫莫测的旅程。他们在这段崎岖的道路上行色匆匆，身不由己，一生难得见面，大部分时间都在相互遥望。他们青年时代有过"夜雨对床"之约，命运却将两人远远地分开，于是就引出了彼此那么多的怀念和忆想，那么多的书信往来和诗文互答，也有了苏东坡的千古佳句："人生到处知何似，应似飞鸿踏雪泥。"（《和子由渑池怀旧》）"但愿人长久，千里共婵娟。"（《水调歌头·明月几时有》）这样的一对兄弟，古往今来温暖了多少世间人心。我们从他们身上看到了血脉的力量，伦常的力量，传统文化的力量，感受到人间无处不在的温情暖意。他们相互激励支持，走完了辉煌而多舛的一生。

苏洵对于新党人物的变革充满了厌恶，对王安石等人的恶感直接影响了东坡和苏辙，这种影响是致命的。他们为政的立场以及他们的诗文，将三个人紧紧地连接在一起。他们无愧于眉山这片丰腴的土地，最终化为她的符号，成为她的代表。他们大致有着共同的厄运、不幸和光荣。这父子三人又是互补的：风格的互补，思想的互补，矛盾和差异的统一。他们既已打上"三苏"的印记，许多时候也就难以剥离：人们面对苏东坡这样一条浩瀚的大河时，会想起另外两条河流。

他们不是支流，而是各自蜿蜒、时而汇合时而分离的两条河流。

· 北上

苏东坡从第一次离开家乡眉山开始，就踏上了一条北上之路。总结他的一生，我们会发现：只要北上就是幸运，就是美好的旅程。

因为京都在北方，那儿意味着权力和荣耀。比起南方，那里更高也更清爽。南方有湿瘴，而且趋近蛮夷，北方似乎更靠近文明。然而北方之北却是另一番景象了，那里意味着更强悍和更粗犷。以北宋京城汴京为坐标，苏东坡一生为仕，除了定州算是任职边塞，几乎所有北上的经历都是美好和欣悦的。相比之下，所有南下的经历都充满了不祥，是一次次灾难。

在当时的朝廷眼中，南部是疏离的，多用于不端之臣的流放，只有东南方的苏杭是一个例外，它们离繁华的都城不远，地理位置十分优越。杭州曾经是苏东坡用心经营和钟爱的地方，这里在当年算是富裕和开放的代表，北宋仁宗皇帝曾经有一句诗："地有湖山美，东南第一州。"（《赐梅挚知杭州》）苏东坡对杭州的喜爱无以言表，曾在诗中说，自己好像前生已经到过这个地方似的，到处都像旧地重游一样。他在这里感到了空前的喜悦。此地饮食与风光俱佳，也留下了苏东坡一生最值得夸耀的政绩，成为他最留恋的岁月。好像杭州是为数不多的美地，甚至让他觉得超过了故乡眉山。他把这里比喻为"山水窟"，即自然风光的胜地。

说到对北方的向往，还不仅仅因为权力，也还有自然气候之益。在当年，北方气候与今天稍有不同，洛阳与黄河中下游的城市都温暖宜人，有繁茂的绿色。比如元好问曾经赞扬济南富有江南气象："日日扁舟藕花里，有心长作济南人。"（《济南杂诗十首·十》）当时的黄河中下游城市虽无苏杭一带的湿润和繁华，但也绝非苦寒之地。苏东坡自从走出眉山的一刻就心向北方，直到走进那个梦想的都城。这对于南方人特别是蜀地人来说，尤其如此。众星环拱的北极星下有一处最为神奇威严、华美隆盛之所，这种想象激励了天下多少莘

13

莘学子。

　　北方是儒学发源地，是源远流长的正统文化的诞生地，也是威权的象征。没有严谨肃穆的北方，就没有正大的中华思想；没有干爽严肃的北方，就没有政治和文化的中心；没有权力的笼罩，大地就会涣散以至于倾斜。华夏似乎因为北方而变得更有希望、更有条理。苏东坡最痛苦的几个人生阶段都是向南的流放，向南再向南，苦难也就随之层层递进。从京城汴京到黄州、到惠州、到雷州，最后到琼州、儋州，也就达到了苦难的顶点。苏东坡一生很少发出哀叹，但到了海南之后也不得不说，此地无药、无吃物、无朋友、更无文友。没有可以倾心交谈的人，真是痛苦寂寞到极点。在这个遥远而枯寂的孤岛，四顾途穷，登高远望，水天无际，似乎没有生还的可能。他凄然伤怀：何时得出此岛？

　　他渴望北上，直等到生命的最后岁月才踏上了北归的道路。

　　地理与心理有一种奇怪的联系，心理空间与地理空间的关系也颇费思忖。东方和西方、南方和北方，分别代表着不同的气质，连接着不同的幻觉。它们的不同究竟由什么造成，作为一个概念又有着怎样的内涵，形成的过程是怎样的，一切都值得细细寻索。从古到今，"北方"的内涵和外延多有变化，但有一部分至今未变，即北方的力量与权威仍然在想象和认知中得到确立。当年苏东坡在父亲的带领下与弟弟一起跨向北方的时候，可能并没有想到，等待他们的是一生仅有两次的返乡机会，这在我们今天看来真是不可思议。离开故土难得回返，该是人生的多大遗憾。但是在当年交通工具极不发达，还有繁忙的政务及其他阻碍，难返也就变成平常之事。回家之路遥远又遥远，北上之路坎坷又坎坷，父子三人当年所能够想象的那种壮志得酬、一展宏图的境况，实际上只有一小部分得到了实现，更多的还是一场空想。

当年好像所有的机遇都在北方，那是一个发展之地、实现之地，是迈向人生巅峰的一个方向。这尽管与今天的想象稍有不同，但大抵还是没有多少变化的：北上仍然是一个强烈的吸引。

从东坡的旅途记录中我们发现，当年最舒适的交通工具是舟楫，陆地行走往往是艰苦的。在少水的北方，他只能骑马或乘坐马车赴任，道路崎岖，敝裘羸马，风刀雪剑，旅程将变得格外漫长。苏东坡晚年贬放岭南，一路南下困苦倍增，部分原因就是陆路颠簸，无奈之下不得不向哲宗皇帝乞求舟行。他的一生似乎都是水陆辗转、停泊或休整，从他的诗作中，可以看到好几次除夕之夜奔波在离任赴任、南下和北上的旅途上。北上、南下，再北上、再南下，从最北走到最南，从荣耀走向沦落。在北宋最南端的"夷獠"之地，苏东坡度过了风雨飘摇的三年，也走向了人生的末路。他的最后日月让人惋叹：再一次北上。

在矛盾重重、坎坷丛生的旅程中，他作为一个大智者何尝没有悔悟、没有痛心疾首的反抗与追问。这一再重复的北上之路似乎昭示了希望，却更多地埋下了绝望。真正的悲剧其实是从离开故乡眉山开始的，北上之路不过是一条伤绝之路。他在一道道诏宣之下不得不重蹈覆辙，战战兢兢地踏上彼岸，踽动，挪移，像最初离开眉山一样，向着一个方向。

等待他的是最后的时刻。诗人的荣耀始于北上，诗人的生命亦止于北上。

· 误入最大人家

在中国历代读书人的心目中,朝廷是一个庄严端正之所,是治理的中心,是理想的基础,是安顿个人肉体与精神的最高堂宇。在这里似乎可以拥有一切,可以真正地施展抱负。这是让人生变得更加阔大充实,是无所不能的一个场域。他们不由自主地将其当成最大公器,于是忘记了一个基本事实:封建专制社会的朝廷其实并非一般的政体设置,而是天下"最大人家",即一个大家庭的内部办事机构。"家天下"之可怕,只有深入其中的人才会深味。

苏东坡所进入的实际上就是这样的一户"最大人家",比起朝廷外的那些强悍聚集,在许多时候要"庄重"一些,比如梁山和太平天国之流,二者比较起来差异是很大的,然而在本质上仍旧相似,都属于丛林法则之下强蛮争夺的结伙。"最大人家"假以时日,逐渐会有一些规范的积累,尽管已经十分畸形,但毕竟有了规制,甚至在上升时期还会有一些"大家气象",有所谓的"政治传统"。但它的原始属性,一定要在特别的时刻现出原形,表现出强虏的本质。"家天下"的特质任何时候都不会隐匿到无影无踪,甚至会暴露无遗,如疯狂的压榨和掠夺;如穷奢极欲,残忍镇压,上行下效;如成群的性奴;如群蝇竞臭,等等。投身于这样的体制之中,与一个读书人的报国之志相去甚远,与儒家的仁治之心相去甚远。这种报国无门的痛苦,其实是所有身怀家国的读书人的最大痛苦。一个个王朝由盛而衰,更迭换代,只是鲜有例外。

一个英明有为的君主会使朝廷气象为之一新,整个国土变得生机焕发,置身其中的读书人觉得生逢其时,觉得大有作为,自己十年寒窗的辛苦是值得的。他们像所有诚实的人一样，开始践诺。在这样的时刻，他们往往误解了自己身处何地，忘记了自己进入的仍旧是天下"最大人家"。在这个"家天下"的巢穴里，他们开始一点一点品尝痛苦人生。

北宋初年算是一个非同凡响的治世，开国之君赵匡胤重文抑武，通过"杯酒释兵权"，从藩镇主将手中收回军政大权，直接掌握军队，并推行文人领兵的范例。他是一个文武双全的君主，喜欢读书，马上得天下之后即以文治国，给后代子孙立下"勒石三戒"，其中之一就是"不得杀士大夫及上书言事人"。他力倡政治文明，尊崇儒家学术，因此颇受历代文人的赞扬。宋代官员俸禄非常丰厚，三四品以上薪水更高。如宰相和枢密使正俸的月钱是明朝宰辅的数倍，并有服装绢绫及各种补贴。总之宋代的官禄，没有哪个朝代可以比拟。这时国家版图虽小，科技和经济却非常发达，活字印刷、火药和指南针，都是在这个时期取得了重大突破，算学、天文学、医药学等领域也遥遥领先于世界。

英国著名学者李约瑟认为中国北宋时期，其科学与文化都达到了前所未有的高峰，是人类伟大的创造时期。英国著名史学家汤因比说："如果让我选择，我愿意生活在中国的宋朝。"北宋都城汴京是当时世界上最大、最繁华的都市，据考证有一百五十多万人口，超过了盛唐时期的长安人口。宋代孟元老的《东京梦华录》这样描述："举目则青楼画阁，绣户珠帘；雕车竞驻于天街，宝马争驰于御路，金翠耀目，罗绮飘香。"宋徽宗年间的画家张择端所绘《清明上河图》，生动地再现了当时汴京的富丽景象和多姿多彩的市民生活。

唐代曾实行"里坊制"，将居民区和商业区加以分隔，而且闭门鼓敲之后市民不能上街。北宋仁宗时代废除了里坊制，整个都市的商业生活从此无比红火，汴京即成为一座不夜城，夜市开到半夜，凌晨接续早市。京城的娱乐业非常发达，通常把黄金地段用一个个勾栏隔开，夜夜上演评书、戏曲、杂艺、相扑等节目，最热闹时可吸引上万人，连仁宗皇帝都出宫与民同乐。最不可思议的是当时的女子相扑表演，她们着装火辣，仁宗皇帝看完表演竟十分兴奋，吩咐"赐与银绢"。据记载皇帝此举激怒了司马光，他曾上《论上元令妇人相扑状》，婉转地批评了仁宗。

现代人使用的牙膏和牙刷也在北宋之前便已出现，苏东坡就是一位善于研制牙粉的行家里手，记载中就有"苏轼牙粉"和"苏轼刷牙法"。北宋人不仅爱惜牙齿，还发明了美容和镶牙术，当时称为"染须术"和"种牙术"，如南宋诗人陆游写过"染须种齿笑人痴"（《岁晚幽兴》）的句子。当年还有专职牙医，陆游在此诗自注中说"有医以补堕齿为业者"。这都是高度文明的例证。两宋都城的餐饮业也格外发达，上层人士热衷于享受名厨和名店。据《东京梦华录》和南宋吴自牧的《梦粱录》所记，当时宋人的烹饪技巧已达数十种之多，而且酒店还有歌舞助兴和外卖生意。

除了丰盛的物质享受之外，宋人还有读报的习惯，《靖康要录》记靖康二年二月十三日："凌晨有卖朝报者。"报章是一个较为繁琐的行业，印刷发行需要诸多环节的紧密合作，在南宋《西湖老人繁盛录》和《武林旧事》描述中，"早报"业务已经成熟，许多都城人家不仅看官府的"朝报"，还可以看到私人小报，后者主要登载各种花边新闻之类，属于"朝报"不屑于报和不敢报的内容。西方十七世纪才出现了《法兰克福邮政总局报》《新到新闻》《莱比锡新闻》等，比宋代晚了七百多年。

汴京的体育赛事格外发达,相当于现代足球的"蹴鞠",在当时非常兴盛;高尔夫球在宋代叫"捶丸",这种高雅的体育活动也流行于朝野。与这种奢靡生活相匹的还有妓馆,据《西湖游览志余》记,每一州府只要新太守上任,营妓们都要出去迎接;太守离任之时,与之交往密切的营妓会难分难舍。当年苏东坡任杭州通判时,就曾派杭妓前往苏州迎接新太守,并专门为此赋词《菩萨蛮·杭妓往苏迓新守杨元素,寄苏守王规甫》:"玉童西迓浮丘伯,洞天冷落秋萧瑟。不用许飞琼,瑶台空月明。清香凝夜宴,借与韦郎看。莫便向姑苏,扁舟下五湖。"这种群妓迎接新任的情形,可谓宋代的一道风景。

陈寅恪先生说:"华夏民族之文化,历数千载之演进,造极于赵宋之世。"(《邓广铭宋史职官志考证序》)苏东坡在父亲苏洵的指引下北上,怀有报国壮志,却误入了"最大人家",这对他而言既始料不及,又自然而然。他在这种靡靡之音中或有迷失,但冷寂中会悟彻许多。可惜一切都为时太晚,心身之矛盾已不可调和。有时他会被一些假象所迷惑,如"最大人家"的秩序、森严气象,会加深恍惑。他宛若置身于一个神秘的场所,这里的一切似乎都值得付出。只有真相显露的时候,诗人才会产生出阵阵惊悚,但这时已经无法逃离。

· 最大的虚妄与神秘

封建宫廷不过是人工所能造出的最大神秘,也是最大的虚妄。

它曲折隐晦，难以为外人所知；它的晦涩性无论怎么估计都不过分。这个地方几乎每天都在发生一些奇怪的事情，一些"大事"。这个阔大、伟岸和堂皇的建筑群让人瞩目，在一代又一代的仰望中，被镶了一道金边。不过我们可以想象一下，它在上苍眼里不过是一处"蜂巢"而已，是微尘聚散之一例。真正的大世界还是天籁自然，是万里长空，是星辰日月的昭示。人世间对于皇家宫廷的好奇心是无法泯灭的，这是一个传统，是人类积习。有时人们会根据一些传说，用最好的想象去揣测，其实一切都是幻觉。

苏东坡在很小的时候就听人讲起朝廷里的名臣如范仲淹等人，他们革除旧弊，开拓新局，史称"庆历新政"。国子监直讲石介写了《庆历圣德诗》加以颂扬，东坡读到这首诗时刚刚八岁，那时就读于乡校，有人把这首诗带给老师看，引起了他的好奇。因为不了解诗中提及的人名，就焦急地询问，老师说：你一个小孩子不必知道这些。东坡喊道：难道他们是天上的神仙？只要是地上的人，我为什么就不能知道？由这个记载可以看出，幼年苏东坡是何等倔强何等向往，自小驻入胸间的就是一些能吏名臣，一些流传千古的人物。

那些人物出入宫廷，服务于朝廷，声名远播，事迹动人。这对于一个边远地区的读书少年而言，影响是决定性的，在此，榜样的力量显现出来。一棵茁壮成长的、将要成为巨材的小树，在那种难得的时代风气里英姿勃发、绿色葱茏。

民间有一句俗语："树挪死，人挪活。"苏轼即将北上，随父远行，去寻找自己的理想。个人的前程与国家的前程合而为一，是心中最美好的图景，在他的脚下化为金光闪闪的道路铺展开来。人生最初的行走往往如此，有志向、有目标的人尤其如此。他们不愿固守，也不能待在原地，好像总有一束强光在前头引导，让他们跋涉不停，让他们追赶。

后来发生的事情似乎如愿以偿。苏轼二十二岁高中进士，并为皇帝与名臣欣赏，尽管后来仕途蹭蹬，还险些丧命，但五十一岁的时候即侍立迩英阁，弟弟苏辙紧随其后。兄弟二人获此殊荣，成为元祐政坛上令人瞩目的事件，在朝中一时传为美谈。迩英阁古槐参天，花香馥郁，多少名公巨卿在此流连，可谓风光无限。苏洵将耕读传家的传统发挥到极致，眉山苏氏就是中国乡绅文化的缩影，其儒家情怀，苏家子弟直到最后也难以超越。在宫廷中，即便是最为痛苦的时刻，他们也只能在隐隐的不安中质疑。这质疑之声回应了更遥远更恒久的召唤，矛盾重重：有时欣然释怀，有时痛楚不安，有时迷茫无绪。

苏东坡的局限也属于很多读书人。一个生命置身于体制之中，很难有一个例外。

· 诤臣佞臣与人杰

在官场中，诤臣佞臣与人杰，这三种人不可不加以辨识。"诤臣"常常失于度，而"佞臣"必定荒于德，唯有"人杰"最为难得。"诤臣"不等于"人杰"，"人杰"往往诤而有度，重视实践，富于理性，常有大策在胸，既远离平庸，又不当和事佬。在朝廷政坛上三种人各有大用，连"佞臣"也不例外，因为"佞臣"只要懂得权术机心，便是最高权力者之大备。最高权力者需要驾驭群臣、调节众僚，即所谓的"帝王术",以此确保自身利益,所以"佞臣"的作用从来不容忽视。"佞臣"既是一味毒药,又是一味厉药,更是祸害一个时期政治风气的主要因素。对于"家天下"的主人,"佞臣"从来都被庇护得很好,只在万不得已时才将其抛弃,这对"佞臣"来说真是一个悲惨的时刻。说到底封建体制是民众的对立面,在一般人看来,黑幕重重围拢,那里面绝对少不了"佞臣"。

苏东坡在许多时候称得上是一位"人杰",但更多的时候只算是一位"诤臣"。他常常因为年轻气盛而失于度,这种情形直到老年,在其不断反省和总结之后才变得稍好一些。这就像血脉不可更改一样,直到最后,他都未能彻底改变自己的品质。这种激昂冲撞的个性也来自他从政的初衷。在那个遥远的呼唤当中,有一个不能抛弃的情结,就是要做一位"诤臣",他眼里的大榜样从很早开始就确立为范仲淹之类。

痴情而忠贞的苏东坡在《辩试馆职策问札子》中写道:"臣自闻命以来,一食三叹,一夕九兴,身口相谋,未知死所。然臣所撰《策问》,以实亦有罪,若不尽言,是欺陛下也。"又说:"臣闻圣人之治天下也,宽猛相资,君臣之间,可否相济。若上之所可,不问其是非,下亦可之,上之所否,不问其曲直,下亦否之,则是晏子所谓'以水济水,谁能食之',孔子所谓'惟予言而莫予违足以丧邦'者也。"他用"丧邦"之谏警示皇上,又何尝不是对自己的一种鞭策。就是这样的一位"诤臣",在整个朝廷中显得鹤立鸡群。他理直气盛,坚持己见,追求真理,并且不达目的誓不罢休。这就注定了他的仕途坎坷,不得伸展。

新旧党争进入白炽化,作为失败的一方,他被一贬再贬。后来神宗驾崩太后临朝，新党失势，旧党重新执政，他的良师益友司马光出任宰相，苏东坡终于迎来了一生中最好的为政时机。但可悲的是他这一次仍未随上机缘，在同党之间仍然据理力争。这似乎是他从政的一个疏失，却又是一生最为闪光的一段记录，是最可珍视的生命表达。

· 不自觉的强势

因为天性，因为少年得志，更因为才华和责任，还因为刚直不阿的品质，这一切综合一起，使苏东坡常常表现出一种"强势"。这往往是不自觉的。道人所未道，察人所未察，总有敏捷的先手，这都给人一种强势感，客观上也必然招致嫉恨。恃才纵气，而不是恃才敛气，这似乎是他这一类大才子最显著的特征，实际上也是他们命运的死穴。记录中苏东坡辩论起来豪情万丈，可谓"横扫千军如卷席"，痛快之余也对他人形成了压抑。他在《文说》中自谓："吾文如万斛泉源，不择地皆可出，在平地滔滔汩汩，虽一日千里无难！"这是怎样的豪迈，这里有自许自足、夸耀和自豪。虽然说的是实情，是一种真实的表露和描摹，但如果由他人说出岂不更好。

苏东坡的"强势"实际上根源颇深。早在宋仁宗时期，两兄弟同为进士的时候，皇帝就对皇后说道："朕今日为子孙得两宰相矣！"此话不会止于后宫，而必定远传，于是也将招致更多的嫉妒和警惕。当时的文坛领袖欧阳修对苏东坡盛赞之至，他的一句褒贬即关乎青年士子一生的荣辱。从处世的智谋来看，苏东坡有了这样的声望和期许之后,自当安于谦卑,谨慎从事,这是东方智慧的重要元素,而他却鬼使神差地忘却了。总之各种缘由综合一起,使他走向了一个宿命般的结局:众矢之的、群僚惴惴。似乎他的每一步行走和每一次发言都被记录、观测和挑剔,于是铸成了一种不可避免的后果。这也是苏东坡自己所不愿意看到的。因果相袭,化为陌生之物将他包裹起来,最后使他举步维艰,受尽折磨和屈辱。

这是一位天才的不幸、一种文化的不幸,从古至今大致如此。在这种可怕的循环与强大的合力中,没有人能够将受难者牵拉出来,将其引上洒满阳光的人生坦途。

· 此生此刻有话说

综观苏东坡的诤谏之言,包括一些"闲文",都有一股强大的内在推动力,给人一种此生此刻有话说的感觉。他始终是一位"在场"者,进入了一种生命的自然状态,而不全是源于心中不能泯灭的那份责任。如果不是出于生命的本能,而仅仅是出于责任,已经晚了半步。一个人天性如此,才能够随时保证自己"在场"。实际上他的"强势"感也不过是来自天性,这样的人从世上走过,是一定要发言的。时光匆促,机会稍纵即逝,对他来说每一次发言都是"这一次"和"第一次"。他的忘情与冲动,既来自一次次的直觉和判断,也来自深刻的理性。那些深植于生命底层的责任感,会让他坚持和重复,使他变得更为执着。这种执着充分表现于他对新党所倡导的新法的强烈反对,在一场轰轰烈烈的战斗中,双方对峙,互不让步,仗理执言，气冲斗牛。

新党的代表人物王安石干硬、锐利、透彻、毫不让步，足以抵消司马光和苏东坡等人的厚重、雍容、雄魄与广博。司马光等旧党人物因为拥有了苏东坡这样的雄辩之才，显得声势愈加壮大，可惜最终仍未能挽救颓势。作为励志改革的宋神宗，急于让一个积弱的北宋走向康复和强大，"家天下"的利益、社稷的利益，压倒一切。没有改革就没有出路，没有锐利的绝地反击，北宋王朝一定会走向末路。这对当政者来说当然是一种理性之思，对那些旧党人物而言却是一次重大的冒险，如果失败，必会带来不可挽回的颓败。

新党旧党中的代表人物可以搁下私利，却难以放下意气风发的冲动性格，这对旧党的代表人物苏东坡尤其如此。让人惋叹的是他恃才纵性的脾气，如两次上书宋神宗，第一次竟然长达万言，不仅宏巨，而且文辞绚烂，有纵横家的气势和辞赋家的文采，气概夺人。作为一篇美文欣赏是一回事，作为一篇劝上的进言却是另一回事。这对于至高无上的统治者宋神宗而言，显得过于偏执和孟浪，更不用说大言滔滔和意态凌人了。皇上肯定有许多不适，这对人臣而言当是忌惮。苏东坡的意气用事在这部万言书里得到了淋漓尽致的表现。从政者将从这段历史中看到许多端倪，一代又一代都得到了教训：畏言求安，察言观色，将社稷安危丢在脑后。

最后，旧党在这场争斗中不出意料地大败而归，苏东坡也离开了朝廷，这是他从政以来受到的第一次重大挫折。

何止是从政，他的畅达无忌、发自肺腑的直言表现在更多方面。他对人对物，对细微和宏巨，无不如此关切和放任。他对江河，对高山，对故友，对爱人，都是如此。他的言说并非仅仅是一种声气和语调，而是最富于表达的千变万化。时而激昂，时而低沉，时而婉转，时而轻柔。作为一场生命的倾诉和表述，他已经使用了最大的真切和情意，抛出了千万吨的言辞，有时奋不顾身。

• 书生为真勇

书生之勇为知而后勇，而莽夫之勇是出于无知。苏东坡之所以能够"直言当世之故，无所委曲"（《应制举上两制书》），也因为这种深知。至于爱，它是我们深入事物、有所作为的一个基础，在这里他爱知皆备，所以才敢于冒犯天颜，屡屡将自己置于险境。这不仅是朝廷上的书生之言，大快之言，即便在现实的操作层面，在实践当中，他也有过一些极出色的表现：面对徐州的滔天洪水，面对密州的匪患猖獗，他都表现出莫大的勇气，毫不畏惧，一次又一次地展现了一个书生的非凡果勇。我们因而得到深深的启悟：知而后勇，才算真勇。

有人总以为读书人只善于纸上谋划、宫闱密筹，有一种天生的怯懦，那真是大错而特错。知识之教导，真理之指引，会从根本上催发人的勇气。如果文明的培育不能给人以勇迈，那就只好求助于蒙昧和野蛮了。学习是求真、认真之过程，有了这样的追求之心，才可能不顾一切，为真理一搏。我们的历史记载中自然有好坏两种榜样，文明因为其强大的指引力和教导力，最终一定会抵消坏的榜样。仁者勇，儒学的核心即为仁；体制不仁，还需要"仁"与"勇"之外的东西："智"。我们通观苏东坡的一生，可谓是大"勇"的一生，但因为缺少机心,缺少"智",也为此付出了沉重的代价。或因为任性、因为恃才,这让苏东坡在步入晚年时多有自省。但晓悟并不等于改变,这是源自血脉和文化的基因,源自苏氏家族。他对这一切显然无能为力。

记载中,告退金陵的王安石每次遇到从苏东坡贬谪之地的来人,一定要问一句:"子瞻近日有何妙语?"可见这位对苏东坡一生造成重创和伤害的宰相,对作为政敌的苏东坡畏惧和忌惮,但对一个拥有无限创造力、才情焕发且敏悟多思的诗人,又好奇和喜爱。有一次某位朋友带来苏东坡的新作《胜相院经藏记》,文章里使用了陶渊明《归去来兮辞》中"觉今是而昨非"之句,显然是从禅修的角度回视过去,检讨反思招致灾祸的内在原因。文中,苏东坡把自己的执着与强辩归结为四个字"强恨自用",说:"我今惟有无始以来,结习口业,妄言绮语,论说古今是非成败,以是业故。所出言语,犹如钟磬。"说自己在这个过程当中,"如人善博,日胜日负,自云是巧,不知是业"。

王安石看过此文大为赞叹,对苏东坡非常钦佩,但指出该文应改一字:"日胜日负"要改为"日胜日贫"。此语传至苏东坡,诗人即欣然提笔改"负"为"贫"。一字之易让人思索良多:比起"负"字,"贫"之含纳就更加复杂。"贫"是贫瘠、贫困、贫穷,当然这里不是指财富,也不是指处境,而是指生命的中气。它消耗的是生命中具有创造力和坚持力的根本的东西,唯有它支撑着一个生命的远行,冲破千难万险,向着一个目标。

在王安石眼里,在后来苏东坡的觉悟里,这个"贫"字活画出一个人步步趋近的那种尴尬、无助、难以为继的窘迫境地。苏东坡把纵情激辩、不停的言辞相搏视为"口业"，这在佛教经义里是多么重的一个词。在这种非常严重的认识中，苏东坡感到了无比的沉重，所以他才能认王安石为"一字师"。

"贫"是耗的结果，耗掉了生命中最宝贵的生长的汁水。哪怕稍有虚荣心和求胜心，这种"耗"都会不断地加剧。失于竞胜，耗掉真气，究竟用多少时间、多少失败堆积起来，才会让一个人大彻大悟地沉默下来。这种沉默会让对方喘息，留给对方一个反省和自觉的空间，也给自我来一个宽松和寻索求证的机缘。这种沉默会使双方视为一种休战的状态，各自免除冲动，理性也将慢慢回归。除了朝堂政争之外，这种"日胜日贫"还贯穿在生活中的一切方面。求胜之心总会把人引向虚妄，无论对方才华多么盛大，势力多么强悍，都难免被这种竞胜之心耗贫、耗光。"贫"字活画了人生，它应该成为始终的生命警示。

王安石一生历经两次罢相，饱尝仕途冷暖，由此看出他不愧是一个目光锐利的洞彻之人、一个大彻大悟之人。所以苏东坡曾称他为"野狐精"，这并非世俗意义上的贬语，而是指一代名相的心灵和城府、一切皆收眼底的细密心思。王安石说苏东坡"日胜日贫"之时，又何尝不是在提醒自己。作为一介书生，即便是真勇，也要有一个好的去处。

· 不曾忘记才华

苏东坡对自身的才华不加掩饰，而且忍不住会有一些自我肯定甚至陶醉。苏东坡的豪情、浪漫、高阔、纵才，让人联想到唐代诗人李白。李白是那样的狂言无忌，但他也会经常忘掉自己的才华，而一个人恰恰在这种时刻才拥有强大的创造力。比起李白，苏东坡好像很少忘掉自己的才华，他对生命中的这种优势颇为得意，这使他多了几分恃才和自得，常常玩性大发。

平心而论，苏东坡主观上对自我才华的鉴定是准确的，没有多少虚妄和夸大，但同时他对这一切也是自傲的，这时的苏东坡也就显得稍稍无力，气浮于上。如果不是一个过于自信的人，就不会有那么多的随意泼洒和笔墨游戏。妙笔生花的细微处，在于一支笔的自我行走，笔端凸显的不再出自胸臆，而是来自莫名的惯性，好像一支笔在无比娴熟之后能够自我繁衍，妙趣横生。这种游戏的兴奋笼罩着他，如堕雾中，真性也就遁到远处。这种时刻对文章来说并非是有益的。

苏东坡留下的随意文字稍有些多了。如果说它是一片海洋，一路冲刷而下的泥沙也太多了。所谓的泥沙俱下是一条巨河的特征，那么当它们流到入海口时，一定会有过量的堆积。海洋阔大、深不见底、迷茫无限，泥沙会沉淀其中。沉淀需要巨量的水和较长的时间，这二者俱备时，我们才能够放松地欣赏这片浩瀚的海洋。一切都留待后来，等待生命发生转折，这转折是不可逆转的。

这就迎来了他一生中的关键节点，即"乌台诗案"。这一场文字狱、一场旷世冤案之后，这位天才人物的心灵发生了剧烈的变化。从此"落尽骄气浮"（《子由自南都来陈三日而别》），他能够双目下沉，更多也更切近地盯视面前这条坎坷泥泞的道路，深深体味生命的局限和脆弱。尽管还会时不时地显露本性难移的一面，所谓的"满招损",常常成为苏东坡真实的写照,但在他人生的低潮期,比如身处真正的弱势时,就会暂时忘记自己的才华。这时候的苏东坡创造力是那么宏巨,以至于令人惊讶。他的觉悟力超群,自愈力也极强,这个时候的诗人显得更加可爱,也富于人格魅力。有一股自内而外的力量喷涌而出,将他推向更高和更远。

一个人无论拥有怎样的广博和智慧,都是不完整和不全面的,每个人都是天生如此的,只有充分地感受自己的软弱和残缺的时候,才能回到最清醒最理性的状态,这个时候才是最有力量的。我们可以回想"乌台诗案"以后,苏东坡被贬黄州,那时的诗人是多么沮丧、谨慎和小心。他为度过今后日月不得不做多方设想,开荒种稻,浚井引水,效仿和实践陶渊明的方式,用日常劳作排遣寂寞。在这些日子里他交往了许多普通百姓,与之携酒出游,"野饮花间",向他们学习筑屋、放牧、种桑、刈草。他看着绿莹莹的禾苗长出了沉甸甸的穗子,欣悦空前;自酿蜜酒,春瓮生香,诗人开始泛起生活的希望。他与奇人异士江畔漫步,月夜泛舟,一起观巨涌,游赤壁,赏月听箫,写出了一生最为深沉蕴藉、感人肺腑的文字。这个时段他的爆发力之强、魅力之大,令后人惊羡。

这个时候,一个生命回到了孤寂和软弱无助的境地,一种过去不曾有过的悟想力和创造力正在缓缓堆积,最后一发而不可收。这一段日子也许是苏东坡对自己的心智产生怀疑的时刻。一位杰出的人物如此,其他人大概也是如此,需要认识自己的不完整和不完美,需要忘记自己的才华。

· 也说少年书

自古至今，很多人认为"少年不著书"，不然就会"悔其少作"。这似乎是一个通理，但许多时候还要明白，对于那些极少数天才其实不必如此。我们从苏东坡这里就可看出端倪。少年记录，实际上是一条生命之河的发端，舍此则没有漫长的流动。生命的河流要尽可能真实地展现其长度和宽度，我们不可能让河流的中段和末端来取代它的源头，因为那是一切的开始，自有百般气象。从这个意义上讲，少年文字自有可观处。

中年和老年各有文章。一个人不到二十，读尽诗文，蕴丰藏富，表达中会有大量不自觉的效仿。中年之后见闻渐多，经受了诸多物事，甚至饱受摧折，这时候生命的纵深与气概自会不同。但少年书常有一种清新的气息，它一定不是后来所能具备的。年轻的生命满眼新奇，冲动不已，也会产生好文章。这时候的文势出自天然，过时不候。对于苏东坡这样有家学渊源的天才，其少年之作往往只嫌其少而不嫌其多。他文熟而情慧，从记载上我们会惊讶地发现，年仅十岁多一点的苏东坡竟然有那样的洞察和敏感，那样出色的表达。如"人能碎千金之璧，不能无失声于破釜；能搏猛虎，不能无变色于蜂虿。"（《黠鼠赋》）这样的句子，在富有人生经验的老人看来都不失为深刻的洞悉和哲思。

苏东坡少年时曾遵从父命，模仿欧阳修作《谢宣召赴学士院，仍谢赐对衣金带及马表》，让苏洵极为满意。他认为将来儿子一定会用得上这篇文章，像欧阳修一样名扬天下、功勋卓著，成为皇上身边的一位要人，光宗耀祖。苏东坡二十二岁的应试文章《刑赏忠厚之至论》，竟放到了主考官欧阳修面前。对方以为此文脱尽五代宋初以来的浮縻艰涩之风，大为赞赏，说："读轼书不觉汗出，快哉！老夫当避此人，放出一头地。"一位文坛盟主对一个初出茅庐的青年说出这番赞语，让人讶异。"汗出""当避""放出一头地"，是怎样的心境与情致。一位文章大家胸襟博厚、双目如炬，才会这样豪迈。一切如同欧阳修所料，后来的苏东坡果然大展宏图。我们不知道当时的主考官对这个新进才俊是寄托于政事还是文事，结果是双双斩获。

苏东坡少年得志，后来屡次进阶，得到恩宠，然后又接连受挫、再起再挫；中间曾抵高位，像欧阳修一样，得到了皇帝赐给的金带和骏马。他在文章方面开一代风气，成就超过了欧阳修。苏东坡作品数量之巨是北宋第一人，且妙句无限，挥挥洒洒无所不能。他作为一个人之多趣、多能，传奇般的生命，深度与广度、情趣和色彩，更有雅俗共赏、卓越与凡俗的综合一体，真正构成了一部宏富绮丽、无所不包的时代大书。他让人神往，让人喜爱，让人拥有。现代人会在自己拥挤的心间辟开一角安放他，并时而遐想。人们一开始就会接近他的少年，注目一个及早上路的天才，一个起伏跌宕的人生。

· 诗体策用

长时间以来人们的共识是，苏东坡的诗词文章皆好，他的应试策论和奏议也有大可称道处，只不过后者由于时过境迁、由于它所言及的问题属于遥远的时代，多少有些陌生，使人失去了兴味。但如果我们能够放空成见，静心品嚼，或能看到另一种恢宏的气象与阔大的风景。我们不得不感叹，至少有两种过人的能力同时备于一人，古今以来实在少见。就此而言，同处于北宋时期的杰出政治家文学家欧阳修、王安石、司马光等，也不能与之相比。苏东坡比他们更机敏、更丰腴也更复杂。

在苏东坡的文字海洋里有无数深壑与激流，它们纵横交织，无以言表。我们面对"策论"的苏东坡和"诗文"的苏东坡，有时不免惶惑：这两种能力哪个更为出色和重要，哪个可以成为或接近生命的主体和本体？回顾苏东坡的少年成长和求学经历，会发现他最初的学习是在父亲的引导下以求仕为目标，经史子集兼学并蓄，有大量策论和诗文方面的演练追求。但是现在我们看到的，却是一个在诗学方面及早登堂入室的少年，最早表现出来的是过人的诗才。苏轼和苏辙曾师从眉山城西寿昌院州学教授刘微之，此人为当地名士，曾写过《鹭鸶》一诗，其中最为得意的句子是"渔人忽惊起，雪片逐风斜"，而苏东坡却认为"逐风斜"不如改为"雪片落蒹葭"，让刘微之叹服。

苏东坡作为一位诗人所表现出的浪漫与幻想、杳冥与诡异的特质，类似于屈原和李白那样的放纵想象，非常突出。这预示着他会是一个超绝的诗人，有飘逸的文采。但是就苏氏家族追逐的主要目标来看，策论才是基础和门径，没有策论就无法科举进仕。从这个意义上看，策论是实用的，而诗学仅为从仕之余。这也许是一种过于理性的认识。

在苏东坡一生的所有文字中，诗及诗性斐然的文章始终处于主体的地位，可以说是一种更自然的生长，而策论始终作为一种从政工具为诗人所用。从这个意义上讲，诗是其生命追求的本体或主体部分，策论不过是这种能力的拓展。朝廷将"策对之学"用于科举，既是为了选拔人才，也是为了以后施治之用。经国大事与文章大事都要有起承转合与缜密布局，诗文与策对之学兼备，正是儒学的本分。反过来用仕之心太重，就会压抑诗情，让人变得刻板无趣。入仕不会变通，不能周密和完善，缺乏想象力，也不会是一个优秀的管理者。只有创造性地入仕、审美化地入仕，世界才会打上美好而深刻的印记，否则将很快沦为体制的死硬工具，视野狭窄，目光短浅，机械盲从，背离入仕的初衷。这种人就是孔子所说的"君子不器"中的"器"。当年苏东坡就极力反对王安石罢去诗赋、单以经义策论考取进士，认为"自唐至今，以诗赋为名臣者，不可胜数，何负于天下，而必欲废之！"（《议学校贡举状》）

苏东坡本质上是一位放纵的诗人、想象的天才，他的策论完全派生于诗章的能力，没有浪漫的激情，就没有那些周密的思考和飞扬的神采。东坡的策论不仅具有深刻的施政智慧，而且文采逼人。这对他的仕途而言有得有失，但对于艺术欣赏来说却是一次次大快朵颐。观苏东坡之策论，犹如看气象万千的海洋和深流、起伏的山脉，他"横看成岭侧成峰"（《题西林壁》）的诗句，用在自己的策论上也不失为一种形象的比喻。

· 诗与文的差异

苏东坡之文主要包括大量史论、策问、表状、奏议、代制敕诏和口宣，还有碑铭和书启等，内容深邃丰赡，言辞雄辩犀利，理性严谨，绝少游戏之作，其风貌远不同于诗词和闲文。在作这些文字时，他更专注也更深入、更认真，仿佛这才是他的庄重之页、心灵之页，而其他文字就显得轻薄许多。正因为策论之类文字的实用性强，所以庄严正大者居多；像前后《赤壁赋》这样的才情之文虽不乏正大之气，却是另一番茂长虚幻的气象。诗词由于大多可代日记，属于即兴之作，所以轻快游戏者更多，感叹更多，而且在苏东坡这里占了过大的比重。两种文字用途大为不同。

他在酒宴场合写下了许多酬答与唱和的诗词，放松自然，虽然不乏佳作，但总体格调轻盈而闲适。它们浮萍一样飘来荡去，逝去无痕，在诗人这里很难说留下了多么深刻的心灵印记。它们的社会实用性似乎不大，目标也有些宵小，而策论则不然，无不关乎"经国之大业"。曹丕《典论》中所说"盖文章经国之大业"，实际上主要是指辞采华茂的诗文，它们使一个时代、一个民族于教化和熏陶中得以培植，所以谓之"经国之大业，不朽之盛事"。苏东坡的策论文字直接议论国事，力量却是相对短促的，因为它们没有更大的笼罩力和熏陶力，实用性也造成了局限。但是在这些深长的关切和忧思中，在这些对于政治的设置和进言中，我们可以看到一颗非凡的心灵。它们放到历史的长河中，当是一个重要标记，显出了沉甸甸的分量。

那些酬唱对答的诗文中，有一些质地稍稍不同。这里面有一类触目的文字，即唱和陶渊明。这一百多首唱和诗与其他酬答同僚和友人的非常不同，私语更重，慨叹更多。在他这里有一个奇妙的现象：文字内容的规范限制越多，就越是显出自发的活力和顽皮。这似乎是他应对挑战而焕发出的一种能力。顽皮更容易获得灵妙,而深沉中反要少一些伶俐。文章常常禁锢他的手脚,而诗句则能让他飞翔起来,这在他是一次次解放。作策论敕诏是入世之事,而诗词则是个人的吟唱,这是二者之间大致的界定和区别。

· 真伪自由书

真正的自由书是性情书、自我书,而非"器"之书,不是任何驱使之下的得意风发,不是依赖和仗势所获得的文势。势力会使自己昏昏然,某些人在依仗中放纵自己的文字,误以为获得了自由,其实不过是化身为"器",是作为一个工具所显示的好用和实用。

我们在现实生活中经常看到一种伪自由书,得意忘形之状显露无遗。而苏东坡之自由,是在尽兴之下的自我表达,是拗气之声,是松弛之后的扪心之歌,放逸和尽兴之歌。所以他的意气用于朝廷辩论,就有冲撞,有激辩,能直言。他曾经说:"诗文皆有为而作,精悍确苦,言必中当世之过。"(《凫绎先生诗集叙》)这才是诗人所需要的勇气。逞他人之勇不为勇,纵他人之力不为力。所以我们在生活中,在历史上,最常见到的就是权力庇护下的狂妄无忌,是"给你自由"之后的快意和无畏。这其实是自由的反面,是被囚禁的灵魂的自供状。

放眼各种文字,花花色色,那些伪自由书所焕发的别一种"才情"也不容小觑,虽然它们是大打折扣的。这种貌似畅达无碍、为所欲为,正深藏起一种恐惧,其生命无法得到舒展,不能忘我、忘情和忘性，终究与自由无干。

有人将《西游记》视为一部"大自由书"，是有道理的。其中百般变化的精灵几乎个个残忍而幽默，它们对人世规则和法度的无畏冲撞，就显示了自由。描述这些精灵如何表现自我，真是天地之大无所不有、无所不为。其中那个最大的精灵即孙悟空，是一个跟头就能翻出十万八千里、纵横天宇的角色，他为自尊、为放任而大闹天宫，是一场酣畅淋漓的生命表达。至于他被戴上紧箍儿、伴随师父西天取经的过程，更是一场争取自由、抵御和冲决的尽情演绎。

看过这部自由书，不由得想象人类的局限在哪里，反抗的可能在哪里。我们可以从苏东坡的所有文字中寻找这种答案。我们会发现他和他的同时代人书写了许多寻索和希望，概括起来无非就是一生的挣脱、一生的挣扎和抵抗，是奔向自由而不得。他们一次次寻找这条路，希望用生命写出一部世所罕见的"大自由书"。可惜，这一切努力往往废于中途、荒于半道。

在后世，有多少人愿意接续他们的书写？这需要一个旷达而超越的境界，需要换一个角度去看这世界。我们在世界内外，既是自己又是他人，就在这种进入其中出乎其外的折返中，为个人建立一个新的坐标。

· 一生刑赏

苏东坡出仕时以一篇《刑赏忠厚之至论》获得大用，却想不到"一语成谶"，自己的一生都受尽了"刑"与"赏"。作"刑赏忠厚"之论，仿佛早有预感，年纪轻轻就给自己埋下了伏笔。

　　苏东坡此文论述的观点是刑赏要出以仁爱，以忠厚之心量刑施赏：对人的功劳赏赐过分，无非是仁之过，这不但无害反而有益；而刑责过分，即对人的过失和罪责惩罚过分，就会失去天下人心，让人人畏惧而变得无忠无信、无所依傍。苏东坡在这里为社稷前途计，倡导广恩慎刑，引导天下归仁。

　　他几十年为政生涯里有过多少直谏，结果不仅无功，反而作为罪人受到了最大的刑罚和贬谪，不停地南下北上无一日安宁。这对于一生渴望安定的人，就成为最大的惩罚。乌台可谓大刑，海南贬谪也为大刑，黄州和惠州对他来说，更是苟延残喘之地。这一切终于积成人生最大的坎坷，让他于六十多岁抱憾而逝，一代英杰就此别过。

　　说到一生之"赏"，将其喻为朝廷的"娇客"似乎也不为过。宋仁宗、宋英宗和宋神宗，还有几位皇后，都曾经对他宠爱有加；政坛前辈欧阳修、张方平、范镇、司马光等人，更是对其厚爱提携。其文学造诣受到文坛盟主的青睐，当时的士人举子无不艳羡仰慕。苏东坡确为北宋朝野上下瞩目的一位人物。"是岁登第，始见知于欧阳公，因公以识韩、富。皆以国士待轼"（《范文正公文集序》）；这里的"韩"是宰相韩琦，"富"是名臣富弼。这对于一个来自南国眉山的青年而言，当是莫大的赏识；但其一生更大的奖赏，当是百姓的拥戴、众多弟子友人之爱。当苏东坡离世的消息传出后，"吴越之民相与哭于市，其君子相吊于家，讣闻四方，无贤愚皆咨嗟出涕。太学之士数百人，相率饭僧慧林佛舍。呜呼，斯文坠矣！后生安所复仰？"（苏辙《东坡先生墓志铭》）他的学生李廌作祭文说："道大不容，才高为累。皇天后土，鉴平生忠义之心；名山大川，还千古英灵之气。识与不识，谁不尽伤！闻所未闻，吾将安放！"（朱弁《曲洧旧闻》引）可见当时各色人等都陷入了无尽的悲恸。他们失去了仰慕者、崇拜者，如同失去了一个智慧的源泉、一盏思想的明灯。

　　苏东坡一生所受到的最为永恒的滋养和援助，当为自然山水。他对山川大地深情满溢，将其当成一生最大的依托。苏东坡每到孤寂绝望的时刻，一定会寄情山水。他仰观星辰、俯察新蕊，穿林踏雪、策杖徐行。在徐徐春风里，在葱葱绿色中，小庵高卧，把酒酣歌。正是大自然的抚慰让他得以喘息，积蓄力量，恢复体力，重新唤起前行的希望。他爱山水，山水也爱他。他给予山水多少情感，山水便赋予他多少力量。他与鱼鸟梅竹相亲，与清风明月为伴，与孤鸿幽鹤共眠。自然万物从根本上支持和慰藉了苏东坡，一次又一次地让他从困顿苦绝中挺身前行。

・乌台的前与后

　　从"乌台诗案"之后，苏东坡的人与文都有了一次重大的改变。可以说真正深沉落地的文字出现在这之后。从此他是真悲若欢，歌哭相随。这是一道人生的分水岭，精神的分水岭。一个人从死亡的锋刃上滚过，贫困、恐惧、浮华、苟且、机会主义的小智，都不在话下了。"谪居穷陋，如在井底。"（《与司马温公》）"黄州真在井底。"（《与王元直书》）从绝望的"井底"翻上地面，新的光明就降临了，再一次的生长就开始了。

回望"乌台诗案"之前的诗作，虽然才华四溢，但质地相对后来就多少显出了松软和嫩稚。如同一架生命之琴，老弦并非时时弹拨，而小弦的脆亮之声时时盈耳。文字间，一路顺遂的仕途颜色还是无法遮掩。死亡的阴影从可怕的乌台掠过，剩下的就是另一种色泽了，这时的欢乐和悟彻、徘徊，都有了沉沉的分量。乌台是可怕的，这一经历让我们想起俄国的陀思妥耶夫斯基，当年他从绞架上放下来的那个时刻。对这些人而言，余下的生存就是另一番景致了。他们从此可以展开另一种步履，当少一些畏惧，或将畏惧深深地埋到心底。比起他人，他们更知道恐惧的颜色，熟悉它的深黑色：任何事物一旦被其笼罩，所有的光亮全都消失。

历史记载中，"乌台诗案"有着令人震惊的开端。元丰二年（1079）四月底，苏东坡刚到湖州上任，七月便闯来了一群如狼似虎、满脸杀气的捕吏，他们竟然在州府衙门上将他五花大绑，在众目睽睽之下，把堂堂一州太守如鸡犬一样牵走。这对苏东坡来说真是颜面扫地，屈辱无限。就从这一刻开始，他要在狱中度过一百三十多天，这暗无天日的时光里，死神的阴影几度逼近，随时都可以让生命窒息。绞索一次次垂下，又一次次提离，这样的恐怖怎么设想都不过分。如果说这之前所有的人生挫折都没能让苏东坡产生多少记忆，那么这一次才是一道不可平复的深痕。

走出阴森可怖的乌台，仿佛走向失去颜色的大地，五彩缤纷变成了一幅黑白底片，"深红浅紫"和"雪白鹅黄"（《次荆公韵》）会慢慢泛出，但要假以时日。噩梦经常袭来，不停地警示。"畏蛇不下榻"（《子由自南都来陈三日而别》），"苦泪渍纸笔"（《晓至巴河口迎子由》），他无法写出华章美文，好像诗心已在体内死去，再也不能复活。

经历了乌台的漫长冬夜，苏东坡在黄州的潺潺春溪和梅花细雨中慢慢苏醒。他在地狱里经历的所有梦魇再一次回忆起来，最终还是把它们记在纸上，化为诗文。我们可以假设，乌台之前的苏东坡一定是"轻"了许多，这生命中不能承受之轻将销蚀他；而乌台之后却有了难以承受之重，最终使他化为文学星空中的一颗恒星。

· 细腻耐烦

苏东坡度过了急遽起伏的一生，虽蜿蜒曲折，却总是给人匆匆感，他的行迹从南到北，舟车劳顿，席不暇暖，其匆忙急促每每让人惊讶。我们不可以想象，一个人在如此频繁的辗转中如何安顿自己的灵魂。我们还惊讶地发现，在这样的奔波和劳碌中，他留下来的那些文字中的很大一部分，也同样有一种急就的特征。翻阅他的文字，必会获得一种总体印象，即它们是由一位诗文快手和神手完成的。仿佛可以随时草就、送走、了结。它们到底流失了多少，我们无法想象，不得而知。记载中，"乌台诗案"刚发，家人为避祸端即毁掉了诗人的大量文字。还有党争之祸、佞臣迫害的其他日月，那些与之酬答往还的朋友出于恐惧，也要毁掉一些文字。这多么让人痛惜。

诗文如此神速，就连父亲苏洵谆谆叮嘱、苏东坡晚年才完成的三大著作，即关于《论语》《书经》《易经》的解读之书，也仅仅使用了七年时间。他接续了父亲的劳作，在谪居黄州时，用一年时间完成《论语说》，接着又开始续撰《易传》，然后不断地修改，最后完成于海南。《书传》也是在海南写就的。三部著作长达十七卷，比较起来，它们的完成期是苏东坡一生最为专注和用功的时段了。他极其看重这些著述，就像父亲苏洵一样，甚至认为它们可以了结平生最大的心愿。这里还不仅是对父亲的告慰，还有个人思想学术的实现。的确，这三大著作融入了丰厚的人生经验、为政心得与教训，治学的严谨、饱览与融汇，一切尽在其中了。与那些挥手而就的即兴文章和诗词大有不同者，它们耗去了苏东坡更多的心血。

今天让我们感到奇怪的是，这些呕心沥血、诗人自己极其倚重的文字，竟然在历史的长河中反响寂寥，对它们的深入研究一直未得彰显，这也许是后来人的失误。实际上不仅是这三大著作，连同他那些策制、诏告，都是被疏离的难得文字。它们埋下了一个高阔的灵魂，细密的施治之心，一份良苦用心的大儒交给时代的答卷。这是他关于未来的叮嘱，社会的遗书。

纵观诗人的生活细节，会发现他是一个相当细腻耐烦的人。苏东坡对人对事，一旦沉入局部，总是极为用心。在具体的环节里，他从不给人恃才傲物、大而化之的感觉，更不是一目十行、不求甚解之人。比如他揣摩画作、琢磨造酒，甚至研究炼丹、研制精墨，专于烹饪和医药，都各有所得。他在诸多领域都足够精心专注，对事物辩证细微，总是花费极大的探究实践功夫。如为了考证"石钟山"称谓之来由，竟专门驾船于风高浪疾的江中实勘。如此聪颖过人者却能够亲力亲为，实在难得。

他对玄道的探究从少年时期开始，入山探玄，习服"气"，对"气"的玄妙体味甚至影响到一生。如果没有这些探究和实践，这一生就少了许多趣味，也少了一些依托。他的佛界朋友极多，常与之一起推究佛理。一般人看来凡有大才者皆不耐烦，这在苏东坡处却得到了纠正，我们会发现：真正的才能必来自工细和用心，还有常人畏惧的那些辛劳、那些巨量的劳动，这一切几乎没有什么例外。一个拥有非凡创造力的人往往也是动手能力极强的人。苏东坡一生喜欢设计和制造，凡事都要弄通细节，志趣广博，可以称为医药专家、建筑专家、水利专家、园艺专家、茶道专家和烹饪专家。

说到烹饪，人们自然会想到东坡肉、东坡鱼、东坡豆腐、东坡羹等。"常亲自煮猪头，灌血䐄，作姜豉菜羹，宛有太安滋味。"（《与子安兄》）这是苏东坡写给家乡亲友的书信所言，得意之情溢于言表。在医药方面，他留下了一部药方，让后人一直受惠。

人们有时候会觉得苏东坡的兴趣过于广泛，对吃喝小事有太多兴味，实际上这不过是一个小小的角落而已。品啜生活对他来说是再正常不过的事情，这与他文章的细密、思维的周备如出一辙。他常把一些生活心得转告文朋诗友，既兴味盎然又别有洞悉。在文字记录上，父亲苏洵和弟弟苏辙就没有这么斑驳陆离，他们虽然也受到了他的感染，但总不能像他一样多方尝试。我们有时候觉得这个人不仅兴趣广大，而且精力超人：为政之余、奔波途中，竟细啜滋味并形诸笔墨，记下了如此之多。一抹微云、一犁春雨、一地落英、一篓鱼蟹、一盘蒿笋、一瓯新茗，都能让他忘情地吟唱和记叙。也就是这些文字，更为具体地展现了当年的心思和行迹，使一个人活脱脱地站立起来，音容笑貌毕肖鲜活。的确，仅就细部的专注心和洞察力而言，他实在是远超常人。

· 沉浸于人生的细节

如果一个人不能沉浸于人生的细节，缺乏这种能力，则一定没有出色的创造力，也难以抵御人生的艰辛和危难。我们观察苏东坡，发现他的忘我和乐天只是局部，是一个正在进行中的自足世界。他总是极认真地面对眼前物事，不但解决了一些棘手问题，而且可以由此进入无忧之境。他在拆解这些细节的时候产生了兴味，达到了物我统一、物我两忘的境界。实际生活中，生命细节无所不在，并由此而形成其纹理和质地。人文山水，更有友人和同僚之间、异性之间、常与玄之间，佛理与道理、美食与素淡、大腻与清苦等等，无不透露出生命内部的深层消息。

所有的奥妙都在细部，须得耐心才好。这作为一个道理，一般人往往易于理解，但进入实践时却不尽如此。人们更容易得过且过，失于小聪明，失于粗疏。在苏东坡这里一切恰好相反，他总是缘细部做起。由于他文字中记下的细节太多，这和我们所熟知的大多数人，也包括心思工细的某些文人，是有所不同的。我们可以看到，如果编出一部苏东坡形状图，会由诸多细节镶嵌起来，也正因如此，才显出了人生的别样丰实和可信。用它们来充实和衬托苏东坡的大事年表，可以成为最有趣的部分。

"床头枕驰道，双阙夜未央。车毂鸣枕中，客梦安得长。"这是苏东坡五十六岁时写给弟弟子由的《感旧诗》。一个人像他一样匆促转换人生的风景，一辈子搏于激流，还能留下那么多精细的记录，真是一个奇迹，也真是难得。他是一个善记善描、勤于动笔的人，所以才再现了那么多丰茂的日子。正像托尔斯泰所言，墨写的文字，斧头都砍不去。这些生命与岁月的图像永远不再消失。

我们常常感叹于时间之快、日月穿梭,不知不觉十年二十年即过,仿佛岁月了无痕迹。在苏东坡这里,化匆促为绵长,叠叠相加,细细记录。他一生所度过的生活,不再消散的日子,多于我们常人的十倍百倍,将区区六十余年的生命,用生动精确的再现,一次又一次地扩大和繁衍。他展现的是一个大生命、一条大河流。

· 惜别之诗

我们发现,一个人的一生总有许多相逢和别离,在这样的环节中重复行进。不同的只是对这些环节的处理。在苏东坡这里,无论是分手还是重逢,都常有诗章往还。这里的"重逢"和"分手"是一个泛指,无论是山水、故人、路友、亲人、爱人,都在这个范畴里。每到了这样的时刻,他都会将一首诗交还对方。在今天的人看来,这可能是过于风雅或呆气的举动。如果现在的人重复这种动作,每每交出一首诗,我们会觉得他可笑、滑稽,或许不觉得有多么雅致。

在古代,不仅中国如此,域外也是如此。手边有一部日本的《源氏物语》,打开即可见到类似场景:两个人分手,一个会交给另一个人一首诗;男女相处常以诗往还。历史上那些诗人,比如李白和杜甫,都像苏东坡一样,是写别离诗的能手。中国唐代就留下了许多脍炙人口的诗章,像王勃的《送杜少府之任蜀州》、高适的《别董大》、岑参的《白雪歌送武判官归京》、王昌龄的《芙蓉楼送辛渐》、李白的《送孟浩然之广陵》《赠汪伦》、王维的《送元二使安西》、白居易的

《赋得古原草送别》，难以历数。有时我们甚至会将其当成一种惯性动作。我们看到了这么多的惜别之诗，可见在古人那里已成常态。

对比之下，我们作为现代人会觉得自愧不如，会觉得古人的情怀与生活真是别有天地，他们雅致极了浪漫极了。不过如果我们身边有一个这样的人，我们真的不会觉得他多么有趣，一定会暗自发笑。是的，那曾经是中国文化人、仕人的一种惯性与天性，是他们的一种标准动作。我们静心思忖，甚至觉得一个地区如果交到这样的一群人手里，倒也放心一些，起码会少一些令人惊愕的粗野和蛮横。有那样的情怀和雅致，大概不会粗暴地对待黎民。柔细的心肠，婉转周密的思绪，会容纳得更多，安置得更多，关怀得更多。他们关切自然环境，也关切世道人心，所以我们更可以放心地将物事托付给他们。

不知从何时起，人和人之间的诗文相赠变得迂腐可笑起来，这值得好好研究一番。也许这就是野蛮通行泛滥的开始。我们假设社会管理者有诗之情怀，也必有一份缜密和悠远，会多少让人松一口气。

古人说的"文人多良吏"，其实大致在说"诗人多良吏"。因为当年他们最主要的书写形式是诗，仕人大致也是诗人。时过境迁，几百年几千年过去，生活急剧变化，让人既耳目一新又瞠目结舌。生活变得如此粗俗，其中一个重要的原因，就是失去了诗性。在官本位的社会传统里，治理者总是起到大榜样的作用，他们往哪个方向移动，往往是一种引领，是一个重要的精神指标。胸无点墨的人相逢只会豪饮，只会留下宿醉与呕吐，哪里还可以指望他们作诗。

人的一生会有多少重逢，这在万水千山相阻隔的时代，相会与分别都变得格外珍惜。这固然是一个原因，主要原因当然还是古人更重情分。因为人与人的空间比现在大，他们相距遥远，"相见时难别亦难"。他们远远没有陷入今天的信息疲惫，所以关于彼此的一点消息都格外看重。不能依依惜别，怎么会珍重生命，怎么会珍惜大地上的一切。相比来说，现代人更显得无情无义。

"举酒属雩泉，白发日夜新。何时泉中天，复照泉上人。"（《留别雩泉》）"荷尽已无擎雨盖，菊残犹有傲霜枝，一年好景君须记，最是橙黄橘绿时。"（《赠刘景文》）"有情风万里卷潮来，无情送潮归。问钱塘江上，西兴浦口，几度斜晖？不用思量今古，俯仰昔人非。"（《八声甘州·寄参寥子》）今天展读苏东坡的这些惜别之诗、酬答之章，会感到多么遗憾和惆怅。我们在心底呼唤那个时代和那片自然？不，我们是在想象中品味和描绘那份美好的情怀。

第二讲 不系之舟

· 旅途上

看苏东坡的大事年表，会发现他的一生都在颠簸中，几乎很少有安定的时刻。除了最初在凤翔为官做满了三年任期，再就是在黄州、惠州和海南等贬谪之地的几年煎熬。他喜山水、爱寻访，本来在旅途上是欣悦大于劳顿的，但后来因为无尽的催促和胁迫而不得不匆匆上路，行旅也就渐渐变成了折磨。这种不得安宁的生活常常让他厌烦和忐忑，是不得不接受的心与身的双重磨损。一般来说，人们渴求的幸福首先是能够安居，然后才是其他享受。旅行的乐趣须来自随兴和自愿，来自松弛的心情，而这一切在苏东坡后半截的人生旅程中是很难获得的。

在逼迫和差遣中，他尽可能让自己的步履由急促变得缓慢，设法在一些间隙里寻找一点个人空间，以满足自己。比如说他让自己的赴任之路变得从容一些，从一州到另一州，以今天的地理距离看也许并不算太长，苏东坡却能走上几个月的时间。沿途山水是最好的友伴和安慰，只有寄情于山水，才可以忘掉诸多烦恼，增添无数的温馨和乐趣。山水之间有许多有趣的人,比如说久日不见的文朋诗友,比如说一个让他产生了兴味的异人,都会让其欣喜无比,驻足流连,与之饮酒和对答酬唱,都是莫大的快事。

苏东坡曾写道:"我生百事常随缘,四方水陆无不便。"(《和蒋夔寄茶》)还说:"我行无南北,适意乃所祈。"(《发洪泽,中途遇大风,复还》)这是一个旅者的心声,我们也能够从中听到一种无可奈何的叹息。"百事常随缘","随缘"二字其实是不得不如此的心态。他越来越多地被迫踏上旅途,这已经成为家常便饭。接受他人的差遣是一种痛苦,没完没了的奔走更添折磨。由于安稳的生活被频频打断或终止,一段旅程总是突兀地来临,这就让一个人处于紊乱和飘忽之中。身的移动带来心的不安和动荡,无法坐下来思索,无法在一个熟悉的环境里经营自己的日月,这种难以安顿和没有着落的状态带来的苦楚可想而知。于是苏东坡更为羡慕陶渊明:没有俸禄,生活清苦,但毕竟有一处长居的茅屋,有一片自己的田园。他在心里设问:"胡不归去来,滞留愧渊明。"(《汤村开运盐河雨中督役》)

对陶渊明的这种追慕完全可以理解,很多官场人物在某些时候或可滋生类似的想法,不过也大多是想想而已,没有几个人能够真正进入那样的生活。他们只在想象中满足自己,化为一阵慨叹,最后还得碌碌奔走于眼前事务,这就是命运。

人生若一过客,但在实际生活中具体而真实地充当一个匆促的过客却是另一回事。苏东坡渐渐对这个角色应付裕如,像是一个随时都能打点行装上路的旅人。这是一种奇怪的自我认知,它与内心里的另一个声音、乞求安定的声音是完全抵触的。他每到一地无不做着离去的打算,有时又盼望能有一段安稳的日子。所以我们看到这一路上只要稍有可能，他就要盖房子，而且每一次都要亲手规划，还要四周植树挖塘。他特别重视窗户的设计，要看到最美的风景。屋里总有书房、几案，甚至还有造酒的地方。可惜无论多么美好的创设与打算，最后都会被突兀的催逼给打乱，再次上路。就因为这种紊乱匆促，个人生活总处于无序的状态。

苏东坡的一生为官家驱使所迫，一直处于奔波之中："身行万里半天下，僧卧一庵初白头。"这是他在《龟山》一诗里的叹息。诗中写出了两种人生：一个身行万里，一个卧在庵中；同样长的一段人生光阴里，一个人在苦苦奔走，另一个安卧的人却在不知不觉中白了头发，这是时光赠予的颜色。它缓慢吗？它急促吗？不同的人感受是不同的。奔走对于苏东坡来说既有幸也不幸。有幸在于他可以借此充分认识和领略山川大地，看到常人看不到的风景，阅尽人间颜色，并用一支笔记录这些遭逢，万千滋味涌于笔端。他大量的知识不是来自书斋，尽管那已经极其丰厚了；对于一个自小饱读诗书的人来讲，书中的一切都等待具体的验证，一旦生活中发生的事情与之呼应起来，就会产生新的晓悟和无穷的意味。这些，对于踏上仕途的苏东坡来讲是一门做不完的功课。从朝堂官舍到民间草堂，这一段路走起来其实是非常遥远的，也比想象中辛苦。

古人的行走与现代人的最大区别，在于更真实也更具体，还要花费更多的时间。那样的一种行旅状态可以让生命变得节奏鲜明，簇新而生动，远不像现代赶路人的急切和虚空。比如说今天的人刚刚在东部半岛的飞机上打盹，一觉醒来有可能身在欧洲。风景切换如此迅速，如梦似幻，开始会有些突兀，一旦频频发生也就见怪不怪了。我们对比古人的旅行，面对他们的一些远行细节，会对这种现代的便利感到庆幸或遗憾。是的，这种压缩了的行旅越来越像一场虚拟和假设，因为省却了许多身体的磨损与辛苦，反而显得不那么真实。身体好像在一个虚飘的空间里投来掷去，成为一种奇怪的存在。我们把更多的时间留给了狭窄之地，如厅堂馆舍、城市街区，甚至在极小的斗室里一天天徘徊。我们远离了广袤的大地，辽阔壮丽的大自然被关在了门外。外边是独自存在的另一片风景，我们拒绝了它。现代生活更多的只是人和建筑之间、人和人之间的关系，可即便后者也变得淡漠和遥远，常常熟视无睹。

最后，人类的真实空间在哪里？实际上它正被一种现代魔法拉紧、挤压和密封，置于一个人所不知的远方、某个世界之外。人类变成了一种奇怪的存在物，像小到不能再小的生物标本一样，被锁闭在一些透明的玻璃器皿中。我们本来应该和古人面对着同一片天地自然，可是我们现在真的在很大程度上失去了它，背向了它，走进了一个被称为"现代"的时空，身后的自然之门倏然关闭。

看看苏东坡留下的行走记录，会觉得他的行囊一直放在旁边，随时都准备起身上路。由于远行的催逼来得越来越频繁和出乎意料，久而久之苏东坡也只能苦笑和叹息，进而也只好习惯下来。他对这种畸形生活的抵抗，就是于急促紊乱之中开拓出一片极小的个人天地，让局部的短暂的间歇拉长一点。他是一个行者，一个被迫的或自愿的行者，即便是仅有几日的停顿，也要紧紧地抓住一些机会，敞开自己的视野。我们从记载中可以看到，他常常不顾旅途劳顿，刚刚来到一个住处不久就独自出门，徘徊月下或踏上水畔。仿佛上苍在满足这样一个不安的灵魂：从少年时期就过早地打发他上路，然后就是不停地让其奔走、离开、再离开，而且不得回返。

他真正的故乡就是大地，就是旅途。在那里，他一次又一次地结识，一次又一次地欣喜和惊诧。

·让匆忙变得缓慢

苏东坡常常苦恼于无法长时间经营一间居所、一项事业，不得不努力地适应马不停蹄的生活，从长计议。他想尽一切办法，让自己在匆匆行旅中停留下来，以便有所领略，得以喘息。这也是让生活的褶皱得以伸理的一种方法，让匆忙变得缓慢。最典型的一个例子，就是他由黄州去汝州赴任的过程，不长的一段旅途竟然走了将近一年，这有点不可思议。他一边行走一边访问山水和友人，倒也适意。这在他来说其实是常有的情形，已经成为个人的一种生活方式，一种行进节奏。这在今天的人看来是不可理解的，既过于拖沓又为规矩所不允。除去其他不论，现代人对如此缓慢的行旅是不能忍受的，有了快船、飞机和高铁之后，我们对速度的焦虑不是减轻，而是愈来愈重。如果从甲地到乙地超过了五六个小时，对人的耐心就是一场考验，这不仅是对躯体的折磨，还有内心的烦躁。今天的人恨不得发明一种魔法，把两地之间的所有实在都抽个干净，让其变为真空，然后可以心到身到。好像一切真实的存在与过程都是多余的，只有起点与终点对接的那一瞬才有意义，才和生活发生关系。有时候我们真的喜欢和依赖虚拟，用它取代真实和混淆真实。除了组团参加所谓的旅游，我们对于大自然、对于瑰丽的山水，基本上是无所谓的，无视其存在。

那些能够忘情于山水的人才是真正健康的,可惜这种自然属性并不属于现代人。在一个数字和光纤时代,我们正在让匆忙变得更加匆忙,而且还要一再地提速。人类经过千百年的进化和演变,关于缓慢的享受以及需求已经消失,好像所谓的进步只意味着提速,再无其他。今天,还有可以预见的将来,我们还将不断地加速。数字时代的速度、光的速度、光纤传输的速度,一切远未满足,还需要更快。我们节省了大量时间,却也由此而浪费了更多的时间,因为生活中的各种繁琐正在加速围拢,迅速地将人淹没。我们发现自己正在陷入信息的灭顶之灾,不得不发出呼唤:让我们慢下来、再慢下来。

放慢步履,求得喘息,已成为心底的呼唤。这是生命的觉醒。可惜人类既已上路,就要跟随速度,谁都无法置身事外。我们在不断提速中安身立命,已经是身不由己。按照天体物理学家爱因斯坦"狭义相对论"的说法,速度会使时空改变,这种深奥晦涩的学说到底在讲什么,大多数人当然是隔膜的。我们只不过凭感受知道,现代人的"一天"是那样短促,"一年"就像三四个月。可是我们用来计量时间的工具即钟表却一直未变,刻度依旧,分秒不差。原来速度对时间与空间的作用,不是身在其中的人所能察觉的,就连最现代的计量工具也无能为力。我们使用的只是"人"的工具,而不是上苍的。

苏东坡当年这样对待速度:放大局部和细节,以抵抗时空的变形和扭曲。原来速度的提升从北宋甚至更早就发生了,它一直是这样。宇宙间、冥冥中,一直都在做这种提速的奇怪游戏,将人类玩弄于股掌之间。我们对于速度的焦渴是十分怪异的,它正好暗合了神秘的旨意。我们在默许中不停地追赶、喘息，却以这种提升速度的技能为荣。实际上我们投入的是一个被速度改变的时空，是一场人类的悲剧。抵抗这悲剧的，好像自古以来就有一个绝妙的方法，即诗人苏东坡的方法。这是他以自己过人的聪慧、于悲苦的逼迫中晓悟和发明的，是对我们现代人的重要贡献之一。因为命运让他一生都处在急急奔赴的途中，不得安歇，不得休养生息。他一生几乎没有一个稍长一点的居住地，自离开家乡故土的那一天，就变成了一只"不系之舟"。舟的那一端看起来由朝廷牵拉，实际上是一只更神秘的手在揪紧。

当命运之舟在人生的茫海上飘游，在无方向无始终的徘徊中辗转，苏东坡最初误以为自己是一只少有束缚的闲荡之舟。这是一种误解。在偶然的时刻，在被强力调转方向的时候，诗人才知道自己是一场妄测。他极端执拗，渴望自由，希望至少能够稍稍耽搁一下，以获得一点点所谓的慢生活。苏东坡甚至研究养生，还在下半生继续父亲苏洵中断的工作，开始了"三大著述"。他千方百计地让这只急速旋转的小舟稍稍停留。他对局部和细节的兴趣越来越浓烈，而且心力专注，行动快捷，每到一地或细细考察，或赶紧做事。比如他任登州太守不过区区五日，加上耽搁也不过半月左右，竟然一口气做了那么多大事，还一饱眼福，见到了最不可思议的、耳听为虚眼见为实的"海市蜃楼"。

在倒霉的黄州，他多次游荡于寺院。定惠院东边的小山上有一株特别繁茂的海棠，每年海棠盛开的时候，他必要携客置酒到此畅饮，曾经五醉其下。在这段日子里，作为一名被管制的官吏，基本上没有什么政事，好像极为无聊寂寞。但由于没有公事缠身，又可以活出另一种自在、充实和饱满。他饱赏自然风光,在夜晚也兴致不减。"幽人无事不出门,偶逐东风转良夜。参差玉宇飞木末,缭绕香烟来月下。江云有态清自媚,竹露无声浩如泻。已惊弱柳万丝垂,尚有残梅一枝亚。"(《定惠院寓居月夜偶出》)"高谈破巨浪,飞屦轻重阜。去人曾几何,绝壁寒溪吼。"(《游武昌寒溪西山寺》)也就在这期间,他划船江上,夜游赤壁,留下了脍炙人口的前后《赤壁赋》。这样的不幸落寂之期,我们却能看到一个兴致勃勃的人,一个诗兴大发的人。这种情形诗人一直保持到最后,哪怕是暮年流放岭南,也依然如此。"此生归路愈茫然,无数青山水拍天。犹有小船来卖饼,喜闻墟落在山前。"(《慈湖夹阻风五首·二》)

我们可以想象遥远的北宋,在催促和胁迫之下,苏东坡这样一个戴罪之身究竟如何应对。他在冷寂的时候仍然被监视和管辖,许多时候拥有的自由实在不多,可他总是想尽一切办法让自己从容一些,享受时光。苏东坡用非常具体的欣悦与之抵抗,一壶酒、一块饼、几个黄柑、数枝梅花、一座山、一个村落、一位访友,甚至是一条狗、一个生灵,都会打破寂寥和禁锢。他发现时间可以在某些物体上凝固,变得宽裕和慷慨。就这样,他才没有成为一个悲悲戚戚的生命,没有在黑暗中窒息。

世俗人生往往变为一场追逐:身体向前急赶,身后紧随威逼,就在这前后夹击和围追堵截中直到终了。我们能够抓住的似乎不是时间,而是飘动摇荡的某种颗粒。如果时间是水流,那么这当中会有一些硬屑,可以被我们过滤和抓住。如果让自己停下来,"前方"会像我们一样伫立;我们向前,它也向前;当我们回视"后方",发现它也会停下来。也就在这个时刻、这样的间隙,旅人才获得短暂的喘息。

时光的水流下面有卵石，有藻类，有欢腾的生命。它们在嬉戏，在寻觅自己的愉悦。

・从娇客到弃石

苏东坡少年得志，比起历史上的许多诗人，比如浪漫的天才李白和诗圣杜甫，仕途上仿佛要顺利得多。他很快就接近了朝廷高层，成为人人羡慕的仕子。这时金色的路阶在前面闪耀，一切都那么自然而然。如果他是一个相对平庸的人，只需依从这样的一种惯常节拍行进，即可取得一份丰厚的回报。事实上古往今来大多数官场人物都是循着这样一种方式往前，他们精明着、昏睡着、实现着，没有什么奇怪。其中较为聪慧者将余下的一点时间用来经营：大者经营自己的内心，留下许多或闲适或精巧的文字；小者经营自己的身外，获得物质上的更大满足，享尽机缘赋予的一切，而且可以福延子孙。看来匆促而跌宕的历史关节中，在它的局部和缝隙里足以容纳成千上万的庸碌之人。

像北宋这样一个物质极大丰足、人文相对发达的特殊时代，一位仕人会获得更大的安逸和快乐。那时的官场人物达到一定品级，优厚的待遇是其他朝代很难能够比拟的。当年风气开化，适意而放任的官场让仕人如鱼得水。记载中一个州官的后庭就充满了女优，笙歌宴饮不断，居所非常豪华，可以尽情享受。

苏东坡在仕途顺利之时，不仅数位太后都喜欢他，而且皇上也是如此。仁宗时,诗人初出茅庐就以"大理评事"京官的身份签书凤翔判官;英宗时进入馆阁,而馆阁通常是文人最为向往的清要之职。神宗时,苏东坡先后任职开封府推官、杭州通判,密州、徐州、湖州太守等。记录中宋神宗常常在用餐时阅读奏札,每当停箸,旁边的人就知道他一定是在读苏东坡的文字。这个奇才可以将公文写得神采飞扬妙趣横生,所以看过诸多刻板文牍的皇上,一旦读到苏东坡的文字,喜悦可想而知。皇后们对于苏东坡的喜爱,使他的宫廷生活变得相对顺达,因为她们的暗处关照实在太重要了。即便是在苏东坡最落魄之时,甚至是生死关头,都有一个女人在暗处护佑他。

也许苏东坡与这些权高位重的女人们少有接触,但诗文一定为她们赏读,多趣与传闻也被她们知晓。女子与男人不同,她们更有可能超越刻板的现实,有较大的想象空间,有一些稍稍不同于实务的闲趣和情味,比男人更多了一分浪漫、一分好奇。那些个性毕露的男人、那些诗性丰赡的人物,更能够得到她们的关注。契诃夫曾说:"女人往往喜欢一些怪人。"这里的"怪人"无非就是显著的个性,如不加掩饰的直率、随性的谈吐和幽默之类。这样的特性在一般人那里会被侧目,却能进入另一些人的耳廓或视野,这往往是女人。在她们的听闻中,那些突兀鲜明的言行得到了另一种解释,容易被理解和被宽容。她们也许由好奇到赏识,而后是喜悦和接受。这样的态度,有时会在一个十分僵化和现实的男性社会中稍稍掩藏,当她们一旦走到了政治生活的前台,就会适时而至地援助那个遭遇不幸的男人。

我们谈到"娇客",会想到被一个家庭或群体爱慕娇惯的男子。如果我们把整个北宋朝廷视为一个"最大人家",那么苏东坡就曾在这里受到了类似的宠爱。这个男子非同一般，文章有风采，形象有气度，整个人仪表堂堂风流倜傥，常常让男人嫉妒而女人喜爱。她们欣赏他的机敏多趣，记住这个高爽肃穆、机灵英俊却不失庄重的人。这个男人饱读诗书，丰蕴的心灵辐射到外表，属于那种自带光芒的人，如他自己所言："腹有诗书气自华。"（《和董传留别》）这种华彩是最为动人的，而对于朝廷里的竞争者、对于其他的男人而言，这可能成为刺目的光泽。有人恨不得用一块粗布将其包裹和遮罩，然后像扔一个害物那样抛出，让其远离朝廷。这个"最大人家"的日常生活就是如此荒诞和有趣。

对于这样一个男人来讲，机会很多，陷阱也很多。如果他能够抓住机会，就会成为理所当然的强势人物。后来像我们所担心的那样，不祥的事件一个接一个，一直藏在阴暗角落里的恶僚出现了，他们属于官场上的"食肉动物"，像鬣狗一样擅长合伙捕食。一只在旷野上无忧无虑、不断寻觅快乐的麋鹿，当然是非常危险的。它被围拢、撕扯、啃咬，很快变得鲜血淋漓。血腥的气味又引来更多嗜血动物，就这样，一场残酷的剿杀开始了。

苏东坡并非完全麻木，他出于警觉，已经事先察觉了危厄，曾一次又一次奏请离开，想躲到一个遥远之地。这样一种防卫策略有时成功，有时则无济于事。因为那些食肉动物仍然会记住血腥味，会在风中一路寻觅和追赶，然后再次展开围猎。

苏东坡自走出眉山的那一刻，就要满足父亲苏洵的夙愿，做一块补天之石。这块特异的石头经过精心冶炼，终于摆在了理想的位置上；但不久之后被抛弃，变成了一块蒙尘的弃石。第一次被远远抛掷，是在"乌台诗案"之后。苏东坡出狱，从湖州太守贬为黄州团练副使,官阶从八品,不能签署公文,属于贬谪的闲职,不过没有开除公职而已。他开始恐惧,最擅长的笔墨之娱也大为节制,甚至嘱咐友人断不可将其诗文示人。他在生活中常常欲言又止,在写给密友的书信中不忘叮咛一句:"看讫,便火之,不知者以为诟病也。"(《与李公择》)但这种情形并没有持续多久,就再次故态复萌了。因为他终究还是一位诗人,总是按捺不住,要让自己的心情从笔底流泻。这是一种生命的属性,生命固在,也只能如此。

那一场"文字狱"只是一次吓阻,未能从根本上改变他能言、敢言和擅言,他一吐为快的禀性。成为弃石之后,偶尔还会一显娇客之态,因为说到底毕竟曾为补天巨材,与其他石头仍旧不同。"突兀隘空虚,他山总不如。君看道傍石,尽是补天余。"(《儋耳山》)这是自我归类,在任何时候,他都认为自己不同于常人。"他山总不如",这种怀才不遇化为了自傲和自我肯定,即便在恐惧中,诗人也远离了自卑。

· 自我的拗力

苏东坡的直谏,包括沉沦后回归田园、对于诗画艺术的嗜好、愈来愈深地走入民间、热衷于异人异事等,都出于一种天性。这就是现代人所讲的"自我"。就是这种生命中的强大牵拉或推动,才产生了这样的一个苏东坡。这个"自我"是其本来质地,是基础、核心与源头。它本来就在那里,不曾偏移和丢失,所以一直顽强地吸引他、作用他、固定他。它有不可抵挡的生命的磁性,将一个人紧紧地吸住。他的言行一旦与之发生冲突，或稍有松脱剥离，就会感到撕扯的痛楚，不可忍受。这是一种自然的反应。

自我的拗力在不同的人身上体现出不同的情状，越是敏感强大者就越是容易被它牵引和规定，在行进中受制于它。这个过程往往是生命个体与客观环境不断冲突的一个时段，并渐渐变得不可调和，愈来愈剧烈地破坏他与社会"相对和谐"的关系。出于理性的把握，一个人在生活中或有其他选择，却往往难以实施，最终变得软弱下来。可见"身"和"心"是一对矛盾体：心里要规避，身体却要趋近；本想疏离，另一种莫名的力量却要把人揪紧。苏东坡屡次要求朝廷外放，这是理性的判断；但真正远离之后，又渴望进入权力的中心。现实是残酷的，他最后要被迫走得更远，到黄州、惠州，再过海入琼，进入荒凉蛮夷的南海野地。

人生的不测与危厄，其中的一部分源于自我的拗力，是它作用于生命的结果。它终究是一种神秘的、无法改变的力量。苏东坡在长长的迷途中不断感悟，有时对前路与后路似乎是清晰的，觉得自己正沿着一道隐隐的轨迹向前挪动，生命被其牵引。"惊起却回头，有恨无人省。拣尽寒枝不肯栖，寂寞沙洲冷。"（《卜算子·黄州定惠院寓居作》）这是苏东坡第一次沉沦、惊魂未定之刻在黄州写下的词句。"惊起却回头"，即看到那片灯火辉煌处，那个热闹而混乱的蜂巢，爱恨尽在其中。此刻他作为一只缥缈孤独的鸿鸟，找不到落脚的地方，从一个寒枝跳到另一个寒枝，到处难以停留。在这个时刻，一个惊魂未定的疲惫的生命多么需要一个支点、一个喘息之地。他在生活中何尝不想通融，许多时候也唯恐不周，但一切都无从弥补，作用有限。那个"自我"实在太强大了。违心是痛苦的，他最后还是不能委屈自己。在它的牵拉之下，诗人缓缓地、不可更移地走向一个目的地。

鹰飞得再高，最后还要落到地上。这是生命的隐喻。

关于命运，我们一直尝试用多种方法寻找答案，常常归于迷茫。它超出了我们的理性把握力。谁使我们亏空，谁让我们偿还，仍旧不得而知。那些智者期望在离开之前偿还自己全部的账单，结算之路却十分漫长。

· 诗人的氧气

作为一个常居庙堂之上的人物，日常接触的几乎全是仕人和文人，同一种色调相互感染，毕竟有些贫乏单调。久而久之，就好比生命缺乏诸多微量元素一样，会影响精神的健康。人长期生活在宫廷中，就像植物被滤掉了光合作用的能量，强旺的生长难以发生。在这种状态下，最需要的当然是阳光和风。

这样的情形让我们想起奥地利哲学家维特根斯坦，他曾劝告自己的弟子说："剑桥没有你需要的氧气。"这固然不是指通常意义上的呼吸问题，而是指心灵。它关乎创造力，关乎省悟，关乎对于生存极为重要的心的吸纳。苏东坡以其敏感和强大的知性，最终领悟了这一点，知道宫闱深处并非久留之地。一些繁琐的无时不在的机心较量，所谓的"政争"，让他感到此地光阴不仅廉价，而且因为污染而变得空气龌龊。

当年由眉山北上，苏东坡一路上看到了那么多活泼的风景，民间和田野是那样具体，与那么多人有过密切的交流，心灵的袒露令人无比愉快。这才是真正的生活。在这些地方，他可以享受生命自诞生以来接受的各种滋养，它们来自山水，来自自然万物。绿色的慰藉不可取代，民间的呼唤无比诱人。朝廷上没有小鸟的欢唱，只有笼子里痛苦机械的鸣叫。万物生长与交流的基本条件就是氧气，没有它就没有畅快的呼吸，没有生长和创造。投身于封建专制的尴尬与痛楚，在于从一个斗室移入另一个斗室，由一团浊气换成另一团浊气，场所改变了，气流却并无交换。人真的需要星空和大地，需要拥有迎向阳光的机会。那些仕人汲汲于仕阶，"成功"后得以踞守一座狭小建筑物的顶端，从此也将远离泥土，缺少钙质和铁质，变得面色苍白。

我们可以看到，苏东坡所有诗文中最优质的部分，就是敞向大野的那些篇章，它们全是瞩目苍茫的吟唱。每当他置身于氧气充沛的地方，就会焕发激情，心潮澎湃。这时候的诗人呼吸的是饱含负离子的空气，周身披挂着灿烂阳光。他的心灵得以离开朝廷，暂时从庞大的虚拟中抽身而去。

如果说文字书写是一场虚拟，那么宫闱内的文字就变成了虚拟中的虚拟。这样的人生差不多是一场类似于科举考试那样的进阶竞赛：封闭的考棚前有士兵把守，不得随便出入。为仕的一生其实就是这样一幅场景的缩影。从科举的第一步到仕途的最后一步，大致是一场长长的皇家应试，在一个主题的规定之下努力完成一些标准答案，然后得到赞许和赏赐。一生的虚构开始了，这是致命的游戏：在这间或简陋或华丽的应试考棚里，每个人都必须交出答卷，绞尽脑汁写出生命之章。奇怪的是在这样的境遇下无论怎样尴尬和难以为继，却没有多少人掷笔而去。他们不愿放弃这些，不愿回到野外，白天享受阳光，入夜后坐在故乡的小河边，迎来满天星辰。

宫廷如同一间大考棚，在这里作不出人生的大文章。

踏上贬谪之路，看起来好像离开了庙堂，实际上仍旧是在一个相对封闭的空间里移动。这是一条专设的皇家管道，连接了不同的堡垒，与外界隔绝，仍然没有新鲜空气的流通。诗人在这些纵横交织的管道中挪动，心身俱疲，无比焦灼，只要稍有可能就想凿出一道缝隙，远远地望一眼、深深地吸一口。如果把严密而晦暗的专制体制比喻成精神的囚禁地，那么诗人总是珍惜各种各样的放风时间，在局促而宝贵的间隙里稍稍舒缓一下，发出忘情的自语。这由他留下的一些文字为证。他只在这个时刻才敢于抱怨、诅咒、沉吟、倾诉，是特殊空间里的心灵产物。

· 梦的悟想

在苏东坡那里，庄周梦蝶是一个反复出现的意象。人生的这种虚幻和省察，大多不是沮丧和颓废时才出现，而是迷茫和追溯时才发生。这在苏东坡来说是极为重要的一个时段。他注目自己的梦幻，认真对待，把现实中发生的一切与之对比和印证，努力探究它们之间更真实、更深层的联系，找出二者的奇妙关系。

庄周梦中的那只蝴蝶与醒来之后的自己，到底哪一个更真实？这在庄周那儿研究过，在现代人看来不过是一场戏谈、一个可笑的命题。苏东坡当年也未必觉得不可笑，但经过更多的生活历练、不可思议的遭遇和折磨之后，再也笑不出来了。他觉得梦和现实不是一种简单的幻觉与真实的关系，也不是像海市蜃楼一样的折射和显示，而是有着深不可解的谜底。梦的繁琐和复杂，一觉醒来后瞬间化为回味，仍有许多扑朔迷离的部分，却无法把它们从记忆中抹去。在那个特殊的时空中，有些情境是历历在目和极为清晰的，而且并不比现实中的经历更简单和更粗糙。

梦境究竟是生命中再现的一段失忆生活，还是潜意识里某些假设和预告？是一部分岁月和思想碎片的勉强连缀，还是一次偶然的回返？梦境与生活的同一性，在于一生的漫长跋涉，最终仍要化为记忆和感受保存在脑海里，或模糊难辨或清新具体。梦境和真切的生活经历有时竟然能够混淆，就此而言，它们再也分不出多少不同。哪一个更真？是否可以彼此替代或翻转？这就成了一个大问题。这是一个形而上的命题还是一个科学理性的追究？二者分野实在太大了。

人生真如梦幻一样短促和闪现，这是人在恍惚中常有的感受。苏东坡在海南的时候曾经遇到一位七十多岁的老妇，笑嘻嘻地问他："内翰昔日的富贵，是不是像做了一场春梦？"这样的妙比竟然出自荒蛮之地的老妪，使苏东坡大为讶异，以至于久久不能释怀。后来这个故事传开去，许多人都称呼那位老太太为"春梦婆"。这个故事被记录在宋代赵德麟的《侯鲭录》里，苏东坡自己也曾写下这样的句子："投梭每困东邻女，换扇惟逢春梦婆。"（《被酒独行，遍至子云、威、徽、先觉四黎之舍三首·三》）可见所言不虚。

这位老太太真是了得，她比"庄周梦蝶"来得更具体、更现实和更贴切，使苏东坡又一次彻悟人生，算是一次正中脉穴的强烈刺灸。

俗话说"人生如梦",说多了反而形不成警醒,但苏东坡在海南遇到了这位具体的老人,相互谈论间引用的是自己真实的人生经历,其意义也就大为不同了。那是锥心刻骨的生活巨变,而且正在进行中。自眉山至海南,这是怎样的一幅路线图,苏东坡自己可以清楚地画出来:由无数细节组成,痕迹纵横,有的流畅有的艰涩,高低起伏不一而足。究竟是一只怎样的巨手捉住了他,让他以一具血肉之躯画出了这样复杂的命运轨迹,真是奇妙无比费解无比。

苏东坡在旅途中经常做梦,一些大艺术家常有的人生恍惚,在他这里并无例外。许多时候这虽然不是理性的总结,也算灵光一闪的晓悟。"那知梦幻躯,念念非昔人。"(《再过常山和昔年留别诗》)"夜来幽梦忽还乡,小轩窗,正梳妆。相顾无言,惟有泪千行。"(《江城子·十年生死两茫茫》)"休言万事转头空,未转头时皆梦。"(《西江月·平山堂》)"人似秋鸿来有信,事如春梦了无痕。"(《正月二十日,与潘、郭二生出郊寻春,忽记去年是日同至女王城作诗,乃和前韵》)他谈梦的诗句数不胜数,如仔细检点一下,在两千七百多首诗中,含"梦"字的大约有近三百首;三百五十多首词中,带"梦"字的多达六十首。"古今如梦,何曾梦觉,但有旧欢新怨。异时对,黄楼夜景,为余浩叹。"(《永遇乐·彭城夜宿燕子楼,梦盼盼,因作此词》)"世事一场大梦,人生几度秋凉。"(《西江月·黄州中秋》)更有"人生如梦,一樽还酹江月。"(《念奴娇·赤壁怀古》)

梦境与现实关系的重构与交错,也是悲喜交加的认知。梦在回味中变得漫长,而梦中人并不觉得身在情境之外,不仅没有这样的超脱,相反会深深地执着其中。现实生活中的人又有什么不同? 他们同样纠缠在哀怨苦乐的细节中。人在宇宙之位置、时间之位置,需要时不时地远距离思索和审视，而这又非一般人所能为。如此苦乐漫长的旅程毕竟一步一步走过来，起起伏伏惊悚跌宕，从古至今来而复去，一切都在不可思议地发生着，奇怪到令人生疑却又无可奈何。一切仿佛自然，一切又是那么突兀。生活中总是闪过一些似曾相识的场景与物事，当我们还来不及认定和追踪的时候，下一个场景又开始了。这就让人感到了记录的重要：要将一个个场景适时记下，留给自己和他人，以印证是否为梦。

"夜梦登合江楼，月色如水，韩魏公跨鹤来，曰：'被命同领剧曹，故来相报。他日北归中原，当不久也。'"（《梦韩魏公》）这个梦做于海南，奇怪的是梦后诗人果真北归了。这是多么怪异的一种现象，多么奇特的一种能力，当然不是虚构。在生活中许多人也偶有类似的事情发生，真是太神奇了。可这一切既是真的，也就足以令人深长思之。

实际上人人都是梦想者，不同的是苏东坡之类的杰出人物是一些大梦想者，会在梦中攀至不可企及的高度，创造出更烂漫的场景。他从梦中来又到梦中去，本身就是一个梦幻，一个梦幻中的身影。

现实可以化为历史，历史也可以变成梦幻。

· 居所

晚年的苏东坡这样总结自己的一生："身如不系之舟。"（《自题金山画像》）这个关于漂泊的形象比喻，并非意味着闲情和自为，而是在说没有停泊的港湾。港湾之于船，其重要性好比居所之于人。

第二讲 不系之舟

苏东坡要不断地变换任所，更有一次次流放，长久的停靠地是没有的。说到这里，他生命之舟的最大泊地应该是故乡眉山，而且就从那里启航。苏东坡一辈子都想念故土，只是不得归去。"吾家蜀江上，江水绿如蓝。尔来走尘土，意思殊不堪。"（《东湖》）"春来故国归无期，人言秋悲春更悲。已泛平湖思濯锦，更看横翠忆峨眉。"（《法惠寺横翠阁》）"长安自不远，蜀客苦思归。莫教名障日，唤作小峨眉。"（《障日峰》）印象中，好像只有杭州这个地方的山水之美多少超过了故乡。再后来苏东坡又相中了另一个好地方，那就是常州的宜兴。他对弟弟苏辙讲，自己最后要在宜兴定居。

一生长旅，中间要有一个长长的歇息，或一次最终的停留，苏东坡竟然没有选择故乡。可见当年常州宜兴是一个多么好的地方。苏东坡想在那里盖一个终老的居所，这成为一个美好的梦想。他托人买地置产，为自己最后的旅程做一个完好的打算。像所有不停奔波的人一样，总想找一个归属地，仿佛这多半生不能停歇的脚步，最后就为了这样一次寻获。这个居所远在天边近在眼前，当他能够停下来，自认为寻到了一个理想之地时，就一定要用心营造，让梦想变为现实。这是怎样的时刻，欢娱占据了苏东坡的全部身心，也成为他最大的欣悦。他开始为此劳碌，不惧辛苦，感到非常幸福。

越是步履匆忙越是渴望安定，盼望有一天能够安稳下来。苏东坡辛辛苦苦地打造出一个满意的住所，准备在这里劳动度日，这已经是最大的奢求了。可惜总有一个驱赶的声音响起来，逼他上路并从速离开。新的任命一道又一道，显然故意不让他在一个地方稍稍停留：人还在赴任途中，另一道改任的诏书已经追在了身后。这简直是催命。即便在最苦的流放地也不得久留，总有一只恶意的手一再地驱赶，使他忍受动荡和折磨，一直到死。他在几十年里不断地打造心爱的居所，又不断地弃之而去。我们可以想象这是怎样的残酷，他对这一切又是多么厌恶和憎恨。

关于生活，苏东坡曾经有过那么多美好的设计，那么多享受的方法和嗜好。他酒量不大，却最愿与朋友一起痛饮。他想炼丹，修炼"内丹""外丹"，对那些异人的养生方法极为着迷。他善于书画，自己制墨。他一有机会就要经营一个别致美妙的好窝，这里有酿酒室、丹房、贮室，而且周围一定要有大量的树木，特别是竹林。如果有可能，还要有一个好邻居。

在黄州和惠州这两处停留时间稍长一点的贬谪地，他亲自修筑的居所都是相当讲究的，当然也历尽辛苦，花掉了所有的积蓄。为了这次难得的安宁，他热烈地幻想，费尽心思，不厌其烦且饶有兴趣。尽管倾注了无数精力，最终的结局却大致一样，无非是被一道新的催命符悉数毁掉：赶紧收拾行装急急上路。好像一切都在重复，一切又刚刚开始。就这样曲曲折折坷坷坎坎，一边蜿蜒向前，一边想象着下一个人生站点、那个休养生息的小窝。痛苦不堪的流离中，苏东坡竟然几次托人置田，只想有一天能够和弃官归来的陶渊明一样，做一个自耕农。

他的理想曾在黄州一度实现，但也仅有四年的时间。这似乎是他最低的生存需求，也还是无法实施。诗人劫数未尽。最后，直到接近人生终点的儋州，在无肉、无食、无药的至苦之境中，他还是在寻觅一个属于自己的住所：被官家残忍地赶出破败的官舍，幸有善良的儋守张中和当地土著帮助，在山坡上搭起了一个草寮。"朝阳入北林，竹树散疏影。短篱寻丈间，寄我无穷境。"（《新居》）就是这样的一个新居，建在了蛮荒之地和风雨飘摇中。苏东坡在这里吃着芋头羹，读着仅有的两本书，养了一条叫"乌嘴"的大狗，吞食生蚝，过着极其辛苦却也自得其乐的生活。

这只被潮水冲来荡去的苦舟，说到底另一端还被牵拉，那条长索仍然握在朝廷手中。有时候我们会觉得多少有点怪异：一个居所对一个人来讲是最起码的需求，可对于曾居高位的苏东坡，一位天才人物，竟成为一生最大的奢望。他一次次苦苦打造，还要一次次将其丢弃。世上总有不测风云，风雨袭来，人人渴念遮风避雨之地。有没有这样的地方当然是大不一样的，它是衡量幸福或悲戚的基本指标，而就是这个小小的指标，苏东坡耗掉了终生都未能实现。

他在海南岛荒凉的草寮里，时而期待返回北方，时而准备度过余生。他永远是一个外乡人、一个他者，似乎只能以天地为庐，以心灵为所。

· 自由为至物

一个时刻被管辖的官吏最容易忘记自由，丢失自我，陷入无边的庸碌而不能自拔。苏东坡一生都把自由当成"至物"，时刻追求它获取它。如果要在这方面找出一个榜样，他最仰慕的就是陶渊明了。这个人曾经和他一样为仕做官，最终却能够摆脱拘绊回家种地，经营起自己的一片田园。

苏东坡知道陶渊明为获得这样的生活付出了怎样的代价，也知道陶渊明最终积贫而死。但即便如此,也还是深深地羡慕对方。那个醉卧东篱下的形象让他着迷,因为他知道一个官场人物能有这样一段喘息和自在,已经是相当奢侈了。苏东坡是一个酒量很小的人,却迷于造酒,酷爱杯中物。他饮酒,写诗吟唱,陷入爱欲,许多时候只为了摆脱和寻找。他几十年中得而复失、失而复得,都围绕着"自由"两个字。直到生命的最后时刻,他口流鲜血,心中仍装满了遗憾和悔恨:终生不得自由。其实从故土起步的那一刻就算自投罗网,在网中挣扎的时间可真长,如一生那么长。在最后一次北上的渡船中,其实已经到达人生的终点,这时候的诗人才恍然明白:一切都来不及了。

苏东坡有一位挚友,姓陈名慥,字季常,是东坡为政之初凤翔上司陈希亮的儿子。陈家是功勋世家,门第显赫,陈慥在洛阳有公侯一样豪华的大宅,后来竟然率领家人在光州与黄州交界的穷山僻岭间结庐而居,布衣素食。苏东坡在奔赴黄州的贬谪途中,迎面驰来一匹白马,近了才看清马上之人是陈慥。他前来相邀,将落魄诗人接到简陋的山居里盛情款待。陈慥的隐居生活深深地迷住了身陷不幸的苏东坡,这让他想起了当年凤翔山中初遇的情景:两人并肩马上,谈论兵法和古今成败,自谓一世豪杰。而这次相见,昔日"使酒好剑"的贵公子已变为山中隐士。

苏东坡不能忘记陈慥的闲适自在,白马骄姿在眼中化为一个永久的影像,结于视网。那匹白马象征着什么,他完全知道,只是可望而不可即。自己与那个自由驰骋的身影之间究竟横亘了什么,简直言说不尽。那既是真实的千山万水,又是一道社会与精神的深渊,后者更是一道坚不可摧的阻隔。苏东坡仿佛置身于一个打造得无比顽韧强固的牢笼,看上去却若有若无无形无迹。它的打造者遍布朝野,苏东坡自少年起就投入了这个打造的工作,包括整个苏氏家族,最用力的就是父亲苏洵。可是父亲又告诉他与苏辙自由的宝贵,曾经带领他们多方探求,甚至将兄弟俩送到山里去学道。父子三人在自由和束缚之间奔突,矛盾重重,试图找到一个缺口脱身,结果全都失败了。

　　在一些间隙里,在劳碌与磨难中,苏东坡所能获得的一些欢娱,都是在仅有的一点自由中实现的。当他任由自己的心性享用时间的时候,微笑就在脸上绽开;没有了这样的时光,心灵就开始干枯。自由是生命的活水,稍稍得到滋润,心田就会有一次生长,抽出绿芽。苏东坡把这些抽绿发芽的愉快情节一一记录下来,等于书写自由。所以后人看到的这些文字大多畅快、欣悦和多趣,感受的常常是一个旷达乐观的苏东坡,而不是双眉紧蹙、贫困痛苦、潦倒绝望的苏东坡。这当然不是完整的印象,除此之外更多的还是困窘和苦闷。我们只有从诗人的大事记中加以检索,而不仅仅是依赖他自己写下的轻快文字,才会触摸到真实的诗人。我们发现他实在是过于珍惜生活中的那些宽松和欣然、偶得的流畅和欢娱,所以一定要记录下来。这些记录可以自我欣赏、抚摸和品味,一次又一次地重温。如果一定要将苦恼和悲愤悉数留下,那只能是一次次强化和重演,结果会令自己伤绝。这是不可忍受的。

　　我们经常沉溺于诗人品尝美食的场景,仿佛和他一起品咂着生活的甜味,听到了他满足的、小小的啜饮之声,感到了美酒在齿间流动所带来的安慰和畅美。实际上这正是自由的味道。

· 阴浊小世界

说到北宋以及类似的朝廷宫阙，古今来不知令多少人感到神秘，而且还有那么多人想争挤而入；最想不到的是当有人果真如愿以偿，一切将完全出乎所料：自己竟然跌入了一个阴暗污浊的、狭窄的小世界。从这一刻开始，他就要告别明媚的阳光和充沛的氧气，在一个特异而曲折的空间里享用和忍受，直至死亡。由于缺少照晒和新鲜空气，霉菌丛生的腐败是必然的，这从来不以某些宫廷人物的意志为转移。敏锐如苏东坡者，对此肯定有所觉悟，也必然有所超越。苏东坡多次请求外放，就是出自这种恐惧和痛楚。为了能够再次享受阳光、吹拂清新的气流、领略大江大河大山，他曾经奋力挣脱。作为一个地方官可以稍得舒缓，因为毕竟离开了朝廷，有一点自处的权能，多少按自己的意愿行事。他能够建设和规划，兴办一些利国利民的事业。总之越是远离那个人造的大型蜂巢，就越是接近宽松之地，越是可以亲近美好的自然。封建宫闱之厚重狭窄，落满灰尘脏腻，这一切只有从远处回望，才能看得清晰一些。

从宰相之位退下的王安石和苏东坡有过一次金陵相会，书上这样记载："东坡自黄徙汝，过金陵。荆公野服乘驴，谒于舟次，东坡不冠而迎揖。"（宋·朱弁《曲洧旧闻》卷五）王安石经常穿着俚野便服骑在驴子上，这已足够可爱。对比那个威赫严厉、大权在握的宰相，骑驴老人让人觉得特别亲切。衣冠不整的苏东坡也是一样。他们都经历过上层生活，在那场激烈的党争之后，多少人蒙难，又有多少人获宠。他们两人作为新旧党的重要人物，这次相逢该有多少感慨。

当年的王安石是一个胜利者，身为宰相，手握生杀予夺大权，严厉而迅猛地推进新法，使司马光和苏东坡等先后遭难。就是这样一种对比鲜明的命运，一段激烈冲撞的历史，使他们的重逢变得奇异。出乎意料的是，这次相逢一个在驴上一个在舟中，两人分别下驴弃舟，双脚落地作揖问安，谈笑风生。这种人生场景实在稀少，仿佛一瞬间个人恩怨全部消失，剩下的只有人之常情，只有两个回归自然的生命。苏东坡当时还是戴罪之身，在同样郁郁不得志的骑驴宰相面前，如释重负。他们交换诗文，一同吟唱，话旧谈新，何等畅快。此刻置身于山水之间，周边是绿色，是喧喧鸟鸣和水流，而不再是厚重的宫墙，也没有毕恭毕敬的群僚和至高无上的皇帝。在那个权高位重之地，在密不透风的体制中，任何生命都被扭曲，像王安石这样清廉的能吏，像苏东坡这样抱负满满才华横溢的诗人，竟全无机会展露真实的自我。在那个阴冷的处所里，人必须全副武装和紧紧包裹，舍此便没有生存的机会。

而今一切都变了，他们以不同的方式，步出了那个阴浊小世界。

所谓的治与被治、牧与被牧，二者之间是一种诡异的关系。这种封建专制政体的发明是人类历史的必然，还是一种偶然和巧合，大概已很难回答。如果绵延了几千年的专制统治等于黑暗的代名词，那么关于文治武功的伟大记录又该怎样辨析？作为天下"最大人家"的罪恶，它的虚妄与残酷，又该怎样注解？对此，伟大的史家司马迁以及许多此类人物，尚且不能够给我们一个明确的答案。旷世大智孔子有着强大的反抗性，并有朴素而严整的思想，虽不能简单称之为理想主义者，却能够将自己推崇的一种政治理想人格寄托于"周公"，然后申明变革之志。不过无论如何，"周公"还是一个大牧者，是一个牧羊人而不是一只羊。

羊和人的界限与角色也可以打破、互换，但令人震惊的是，最终的结果却没有什么不同。

苏东坡主动要求离开京城，既是一种聪明，也是为了求善。在当时的首善之区汴京，物质生活虽然丰足便利，但仍旧不是宜居之地。这里太喧哗太拥挤，而且积累了太多的阴谋与龌龊，有那么多的倾轧计谋，党派林立，利益交错，污浊不堪。这种生活消磨心性，浪费生命，终日庸碌没有尽头。我们从书中记载可知，苏东坡一旦离开，能够主政一方时，比如在杭州、密州和徐州任职期间，做了多少民生大事。他大兴水利，施政惠民，不必动辄掣肘生乱，能多少放手做一些想做的事情。当地生活也多姿多彩，颇为尽兴。总之苏东坡在那几个地方任职还是相当潇洒的，也算是一生最为得意的几个阶段。其实这种外地为官的滋味在最初踏上仕途的凤翔时就有体味。

两种生活的对比使他深深地确认，疏离权力中心是多么重要。做一个近臣似乎威赫，实际却要生活在一种毫无光彩的阴影里。这里没有个人意志，更不能施展腾挪，偏离半步即有不测。如果走出宫墙，走得再远一些，才会看到另一番景致。尽管在外地为官也难以不管不顾大干一场，但总比身陷朝堂宽裕得多。这里虽然不能实现更大的抱负，或许还能有所作为。近旁没有一道道阴冷的目光，这太重要了。人在一种盯视下生活，多么痛苦。

"首善之地"说到底不过是权力和物质的聚拢，是一处较大的人工巢穴，它悬在风雨来袭的枝丫上，其实不堪一击。一个为仕之人，难堪之处在于他置身"首善"感到痛苦，一旦远离也会悲伤，甚至要开始无穷无尽的仰望和怀念。这种矛盾古来皆然,鲜有例外。苏东坡的可贵之处在于多了一份清醒,远离后能够松弛下来,留下一部部诗文佳作。他引以为荣的"三大著述",大致也是在黄州之后的倒霉期写出来的,那时离"首善之地"就更远了。这之前很难做这一类事情,那时的富足、权力、威势、显赫,作为一种人生的假象,许多时候不过是一层装饰而已。那种"善"是一种伪善,是伪装和包裹。现实的苦难与生存被遮罩起来,隔在厚重的宫墙之外。一望无际的田野与丘壑之间有活泼的溪水,有葱绿,有无数的生灵。这种生命繁衍不息的善,才是真善。

· 舟行海市

这是一次愉快的旅行,不,这仍旧是任职之旅,不过这只"不系之舟"驶向了登州。这可能是苏东坡唯一一次走向大陆的最东端,山东半岛的海角。这里不属于多水的南方,实际上很多里程靠乘车或骑马,最终来到了登州知府的任所。这在他的一生中算是一个特别的时刻,因为是在"乌台诗案"之后大难不死被贬黄州、脱胎换骨般度过五年陌生而欣慰的农耕生活之后,走向的第一个实有权柄的州守位置。

在黄州生活的第五年,也就是苏东坡四十九岁的春天,他出人意料地被皇上委任为汝州团练副使,官职虽然低微,却向都城靠近了一步。他在赴汝州的路上尽情地放松了一回:观察庐山,考证石钟山,与弟弟一家相聚,并探访了金陵的王安石。他走得多么从容,好像是一生中步履最为迟缓的一次。不过他实在是疲惫了,在大恐惧之后的松弛中需要好好镇静一下,看看大梦醒来后的鲜亮风景。看山不是山,看水不是水,看友人也有些异样。人生原来就是这样戏剧般地变换,如梦似幻。

汝州是瘿病多发之地,用今天的话讲就是"粗脖子病"。也许出于惶恐和忌惮,苏东坡迟迟不愿挨近新的任所。他一边考察访问、行走游历,一边思虑,最后忍不住还是给朝廷上了一表。因为一个旧梦泛上心头,他再次想到了去常州宜兴定居的事。当时还不到五十岁的苏东坡,记载中已是发稀齿衰。他拖着残病的身躯,真想最后能做一个田园梦。就这样,在奔赴汝州的途中,通过一番恳切奏请,竟然被恩准居留宜兴。这对他来说是多大的安慰,一生筹划终有着落,一切即将变为现实:"十年归梦寄西风,此去真为田舍翁。剩觅蜀冈新井水,要携乡味过江东。"(《归宜兴,留题竹西寺三首·一》)

如果苏东坡沿着这条路一直走向宜兴,或可进入一个平静的港湾,得到最后的休憩之所。他在这里可以有更多著述,一部文学史也将改写。但事情就是这样诡谲,命运最终并没有做出这样的安排:就在一切顺畅进行的时候,热烈的五月来临了,京城发出的一纸任命正在路上。

这次让他去了一片特异的土地,即素有仙人传说的东部海角登州。那里从秦代之前就活跃着一些研习长生不老之术的方士,以求访仙境而声闻海内,是大陆的边缘。诗人实在无奈,只得改调船头。这时候的苏东坡是欣喜还是战栗,只有自己知道。出乎所有人的意料,他到任登州仅仅五日,皇上竟然又以礼部郎中的任命召其回京;

第二讲 不系之舟

更不可思议的是，诗人还朝仅仅半月，又升迁为起居舍人，就此走向一生的辉煌。这是后话。

苏东坡在登州任上不过五日，又因事拖延十天。在极短的日子里，他却留下了特异而丰厚的记录。我们可以设想诗人登州之行的快乐，这不仅因为重新启用，还让其靠近了修仙之地。登州治所在蓬莱，蓬莱阁是标志性建筑，它下临茫海，能够常常看到传说中的"海市蜃楼"。可惜苏东坡的任期只有区区五日，加上流连也不过半月，令人难以置信的是一个匆匆过客竟办成了诸多大事：调查政务民情，登阁观海并写下诗篇，上《乞罢登莱榷盐状》《登州召还议水军状》两道奏章。

这真是一位名副其实的能吏，稍有机会就释放出那么多热能。登州之行发生在诗人身上的这些感人故事都有确凿记载。最为神奇的还有想之念之的海市奇观，这传说中的奇幻被他亲身经历，整个过程写进诗中，刻在阁上："东方云海空复空，群仙出没空明中。荡摇浮世生万象，岂有贝阙藏珠宫。心知所见皆幻影，敢以耳目烦神工。岁寒水冷天地闭，为我起蛰鞭鱼龙。重楼翠阜出霜晓，异事惊倒百岁翁。人间所得容力取，世外无物谁为雄。率然有请不我拒，信我人厄非天穷。"（《登州海市》）他真的见到了海市。

后人对苏东坡迅捷高效的办事能力感到惊讶，不由得设想：如果让其稍稍延长一点登州任期，又将留下多少业绩。诗人自少年时期就心怀仙道之梦，而北国登州恰是实现玄志的最好去处，迷茫海域中就有"三仙山"，在此久留，或可亲踏寻仙之路。登州给予的最大满足，可能就是得以目睹"海市蜃楼"了。可惜他匆匆而来，节令不合：行至登州已是初冬，而海市现于春夏，所以当地人说"今岁晚不复见矣"。苏东坡笃信神灵,他在凤翔、密州、徐州、颍州任上,都曾为解除大旱向山神和上苍祷告,也都如愿以偿。这一次他特意去海神广德王庙祈祷,结果又一次再现神迹:第二天海市就出现了。

这一件实有记录的奇事让我们想到了许多:人的力量,上苍的力量,大自然和心灵的力量,这一切在多大程度上能够汇合?在苏东坡与上苍合作的记载中,不断出现一些触目的文字,把神奇一次次拉到了我们眼前。

因为苏东坡,登州才更像登州;因为苏东坡,海市滋生出更大的诱惑。

· 浩然和快哉

"一点浩然气"是苏东坡有名的词句,经常被人引用。这是苏东坡在那一刻的期待和自许。有"浩然之气"方有"快哉",苏东坡一生都在追求这种境界,而且时有所获。他玩性大,投入深,经常是单纯一时,转身即忧国忧民。一个人只有胸怀历史的超然,才有所谓的"浩然"。这种"浩然之气"在人生的危难期会暂时收敛,但不会根绝,它仍然存于胸中。所以只要风暴和劫难一过,又会有"大江东去"之豪迈,有前后"赤壁"之壮赋。如果只有"浩然"而没有"快哉",或空有"快哉"而无"浩然",人生境界必会狭窄。只要有些许机会,只要进入某一情境,苏东坡是绝不放过"快哉"的,"浩然"之情也涌流而出。

"快"是酣畅,是一次冲决和一鼓作气,更是果断。不吐不快,不做不快,不尽兴不快,不坚持到底不快。"堪笑兰台公子,未解庄生天籁,刚道有雌雄。一点浩然气,千里快哉风。"(《水调歌头·黄州快哉亭赠张偓佺》)这里的"刚道有雌雄"多么有趣,这种句子也许只有苏东坡才能写出,如此曲折、幽默、深沉和洞微。雌雄何见?阴阳何为?"浩然"与"快哉"怎样纠结一体,到底是感受还是经验,是人生的颜色,还是关于未来的张望和猜度,全靠我们想象了。

"浩然之气"会支持这"一快",说到底仍然是因为生命中气的充沛,是根底深厚。它源于孟子的"我善养吾浩然之气"。"是气也,寓于寻常之中,而塞乎天地之间。卒然遇之,则王、公失其贵,晋、楚失其富,良、平失其智,贲、育失其勇,仪、秦失其辩。是孰使之然哉?其必有不依形而立,不恃力而行,不待生而存,不随死而亡者矣。故在天为星辰,在地为河岳,幽则为鬼神,而明则复为人。"(《潮州韩文公庙碑》)这写韩愈的文字真是千古奇篇,在苏东坡所有的文字中至为有力、酣畅和洞见,是一篇文辞丰茂、极为鲜见的豪畅之文。他把亚圣孟子的"气"字解释到了极致,不仅是妙解,而且是至解。很少有人会诠释得这样充沛、形象、直观而又幽深。这是孕化万物、创造万物的一股力量,它不察而又绝无虚渺,因具体和实在而可感可知;它无生无死,上天入地,化河川、生星辰,在幽冥处为鬼神出没,在阳世间成为人生。伟大之韩公,不过"气"而已。

世间的一切、我们所知道的一切,不过"气"而已;"气"对于诗人本身也属于一切。一切归于一、小于一、化为一。我们可以想象,在最悲伤的时刻,如果没有这一点"浩然之气",没有这生命的中气和上苍的启示加以衔接汇合,人该是多么孱弱和可怜,它将奄奄一息以至于消灭。但它终于充沛起来,从星空、山川获得力量,二者融为一体、结为一体，于是就产生了永恒。在这种体谅和达观、重新崛起和平静的相对中，"浩然"和"快哉"也就产生了。

"快哉"是知悟，是摆脱迷茫，"一点浩然气"进入胸襟后，无尽的"快哉"即油然而生。这两个汉语词汇所能包含的无尽意蕴，在这里徐徐展开。它囊括了一切隐秘、玄机，是天地之中的某种至大的"应物"，并借一个平凡而又奇崛的生命，向我们透露出来。

· 逆境与顺境的平衡

不同的处境都要人去经历，这是必要发生的。杰出如苏东坡者，尚且要经受残酷的"乌台诗案"，这一生最触目的黑暗。它像一座沉沉的山岭，将人生隔在了两面；又像一把锋利的刀刃，将人生横断切开。前边是平顺，后边是艰险，世界竟然有这样奇怪的平衡之力，真是让人无语。我们作为后来人如何破译，如何设问：先逆后顺或者先顺后逆，究竟哪个更好？一个人所拥有的强大行动力，在生活中的实现力，究竟在前好还是在后好？当一个人经历了逆境，积累了丰厚的经验，一定会增强警觉性和抗压力，变得更加"皮实"还是相反？而遭遇逆境越晚，越是可怕的摧残，顽韧聪明如苏东坡者，以不足五十的壮年变得齿落发疏："君奴亦笑我，鬓齿行秃缺。"(《岐亭五首·四》)"心衰面改瘦峥嵘，相见惟应识旧声。"(《侄安节远来夜坐三首·二》)青春之期火力旺盛，或能够抵御悲惨的灾难，而到了老迈之期则是另一回事了。

诗人二十二岁一鸣惊人，引起欧阳修的赞叹，皇上的赏识，其文路和仕途看上去一片畅达。诗人在世时不止一个人编辑过他的文集，出书多部，这在北宋时期是极不容易的。他的成名比较东晋的陶渊明、西方的凡·高，又是何等不同，何等幸运。像他一样才气逼人的李白略好一点，当年的盛名却无法与他相比，而另一位杜甫则要差得多。生前就享有盛名并一直延于后世，这种情形实在少见。这只有世界上极少数的幸运儿才会有，如西方的歌德和毕加索等人。

艺术和诗境是一种奇怪的东西，它由于高妙深邃，不仅需要创造者非凡的悟力和才力，而接受者也同样如此。个案总是属于天才，在乌合之众那里，在世俗眼中，越是绝妙高超的艺术越是隔膜，它们通常需要时间的追认。伟大艺术的标准隐在无测的幽暗与时光中，总是依赖卓越的个体，而且要在更长的时间里与更多的人达成共识。所以极少数杰出的诗人和艺术家是个例外，他们会在较短时间内得到大面积的认同，赢得广泛的赞许，声隆盈耳，这种幸运既帮助了他又损伤了他。这其中也只有极少数极冷静者可以摆脱喧哗和围拢，再次回到个人的幽寂，在自我的空间里保持原有的创造力和感悟力。

在喧闹中，一个具有极大创造力的人物如毕加索，仍会颓唐和松弛，表现出对完美和巨量劳动的绝望和恐惧，最后涂抹了那么多轻浮廉价的东西。他走入了游戏，因为被悲观攫住了。这一次被攫住，竟然没有生还的机会，只好在这种可怜的状态下等待最终的结局。苏东坡最大的幸运，是上苍用另一种办法来帮助他，这就是在他抵达毕加索的那种茂盛的生长期、声名巨隆期时，命运却以灰暗的颜色来包裹他。作为一个生命，周边温度骤降，炽热变得冷静，而不至于痴迷和谵妄，这太重要了。也许苏东坡这样一个不吐不快、游戏不断的性格，特别需要上苍的这种帮助。有一只莫名的手把他推向一个角落，给他酸楚，给他悲观，给他黑暗，给他常人难以忍受的痛苦，让他呻吟，让他低声长吼，然后再使他慢慢地安静下来。

这时候天才能够再次复活，成为原来的自己。

苏东坡当年达到怎样的盛况，明代李绍在《重刊苏文忠公全集序》中写道："其为文章，才落笔，四海已皆传诵。下至闾巷田里，外及夷狄，莫不知名。其盛盖当时所未有。""士大夫不能诵坡诗，便自觉气索，而人或谓之不韵。"（朱弁《曲洧旧闻》卷八）当年并非数字信息时代，苏东坡的诗作竟能远达北辽、东夷，像朝鲜日本这一带的文人都以他的诗为标杆，以吟诵他的诗为荣耀，真是一种文明的奇观。这不仅因为他的诗才高，而且还因为他的文运好。有时候诗才与文运是互不相干的两个东西，杜甫，特别是陶渊明和凡·高这一类人物，才华不可谓不高，盛名却要等待后来，可以说文运不济。文运不会影响他们的艺术价值，但总给人诸多遗憾和不安。对于当事人，这种情况又会变得更加严重，因为艺术家会因此而欣悦若狂感觉良好，或者沉郁沦落。凡·高死于绝望、潦倒和自伤，陶渊明死于饥饿。伟大的才能所寄寓的躯体毁坏了，一切也就不再继续。好在已有的一切已经足够了，它们是不朽的。一个人的沉浮荣辱皆有定数，世人会归结于这样的认知。它或许不错，或许还有一些难以解释的奥妙。我们会看到命运中潜藏的平衡力，一切都掩在这无测无察之中。

苏东坡在物质生活上有过奢侈的享受，在文章上曾经焕发出炫目的亮光，也同样有着突兀的、大幅度的震荡和变化。如果把命运的曲线描绘下来，会发现向下与向上的轨迹正可抵消，折中为一条平坦的直线。如此平衡即为人生，它的实际轨迹总是蜿蜒向前、起落不定的。那些不够显赫、没有记录，也没有总结的芸芸众生也会如此吗？当然同样没有例外。有的属于内藏的精神，有的属于客观的物质，无论如何，低回和起落都是存在的。那些被时间之手渐渐揭开的神秘终究会袒露出来，只是常常因为太过晦涩而产生误解，大概并无太多的差异。善与恶、贫与贵、生与灭、大与小，都是如此。

· 只有名花共幽独

黄州之孤寂，在诗人那里可能是首次体验。初到贬谪之地，他甚至没有落脚的地方，只好寓居定惠院。在小小的寺院里，他咀嚼着一切，享受难得然而又是陌生的孤独。他一个人行走、徘徊，这对一个热闹惯了、意气风发的诗人来说是少见的。一场大恐惧突然结束了，他被一只巨手轻轻地放在这个地方。这里有和尚，有禅意，有天籁的汇集。他可以有足够的时间回望和前瞻，这时候目光就变得深长了，所有景物都是另一番颜色，有的变得淡漠，有的愈加浓烈。也就在这样的时光中，他有一次闲步，在篱笆旁看到了一株开放的海棠。这让他有掩不住的惊喜，站在那儿久久不愿离开。就这样，一首绝妙的诗诞生了，这就是脍炙人口的《寓居定惠院之东，杂花满山，有海棠一株，土人不知贵也》。多长的题目，古人不愿将其简化，苏东坡的诗题尤其长，有时简直像一篇诗前小序。他在一场惊心的考验之后镇定下来，独自沉思。这在他是少见的情形，是煎熬，也是难得的一个机缘。显然他在以海棠自喻："陋邦何处得此花，无乃好事移西蜀？寸根千里不易致，衔子飞来定鸿鹄。"他以为它的种子是一只鸿鹄从天上飞衔而来。"天涯流落俱可念，为饮一樽歌此曲。明朝酒醒还独来，雪落纷纷哪忍触。"

可惜他的名气太高，即便遭遇大难，深藏定惠寺，也仍然不能长时间隐迹。果然，不久就有那么多的人前来探奇，而且还得到了当地最高长官黄州太守的照拂。武昌的王齐万兄弟、杭州的僧人参寥、云游四方的西蜀道士杨世昌、家乡老友巢谷、岐亭的陈季常，还有琴师崔闲等，都先后来到黄州陪伴，有的在这里一住就是一年。

他仍旧无法寂寞。他的寂怅可能在友人离去、在半夜、在独自伏上窗棂观看满天星斗的时刻。由此可见人生寂寥不完全依赖身外，主要还是心内。一颗冷寂之心，即便是再大的热闹也不能剥夺，但这需要重大遭遇之后，需要巨幅的跌宕和震动结束。这是可遇而不可求的，也没有人寻求这样的际遇。但它落在了诗人身上。生活中有多少人遭逢了这样的时刻？当然很多，他们这时可以回味，享受那种"失败的美好"。远离了胜利者的庆典，失败的那种苦涩，那种严厉的苦味，此刻却能泛出丝丝甜息。我们在这个时候可以收获更多的东西。失败比之胜利，竟然有着不可替代的"优越感"。这种优越独属特殊时段和特殊的人：尽可以一个人享受这时光，不需要他人帮扶、参与和陪伴。真实的孤单是无法陪伴的，没人能够进入他人心灵深处。这不仅是一杯苦酒，还是一杯烈酒，劲道之大足以让人久久沉醉，然后慢慢醒来。

一切不出所料，又出人意料，苏东坡来到黄州的第三年，写出了著名的书法珍品《寒食帖》。有趣的是他还写了一首酒后晚归、敲门不应的小词，让黄州太守徐君猷大惊，误以为这位贬谪之人已经逃逸:"夜饮东坡醒复醉,归来仿佛三更。家童鼻息已雷鸣。敲门都不应,倚杖听江声。长恨此身非我有,何时忘却营营。夜阑风静縠纹平。小舟从此逝,江海寄余生。"(《临江仙·夜饮东坡醒复醉》)关键两句是"长恨此身非我有,何时忘却营营",还有"小舟从此逝,江海寄余生"。身为不系之舟,当然非我所有;难忘的"营营"是一切痛苦的根源。狗苟蝇营之"营营",让诗人嘴角露出了不屑的一笑。皇皇大事却为"营营",有趣而豪迈。这只有黄州的苏东坡才能说出,只有"醒复醉"的苏东坡才能感悟。他想起孔子的"乘桴浮于海",想乘舟远逝,走向江海。余生如何度过倒也未知,但仍然要寻找落实,还是放逐到世外,都很难定。他到黄州的时候只有四十四岁,离开已四十九岁,而这五年恰是一生中少有的大安之期。虽然身受重大委屈,却开始了久居的打算,亲自设计居所,落成于大雪纷飞之时,故名曰"雪堂"。

关于这个理想的居所,他写道:"雪堂西畔暗泉鸣,北山倾,小溪横。南望亭丘,孤秀耸曾城。"(《江城子·梦中了了醉中醒》)真是用心缜密,也获得了极大的欣悦。他说自己在这里可以"起居偃仰,环顾睥睨"(《雪堂记》)。这幢想必是美丽舒适的建筑落成之后,又在朋友资助下盖了三间瓦房,取名"南堂"。这个南堂也让他欢欣无比:"江上西山半隐堤,此邦台馆一时西。南堂独有西南向,卧看千帆落浅溪。"(《南堂五首·一》)有了这样的空间,也就有了另一种享受,这里没有宫中的荣华浮糜,却有清福,这期间他的创作也达到了一生的高峰。在耕作方面,他终究得以实践,也就更加靠近陶渊明:辛苦开垦了黄冈东面的一块坡地,从此便有了"东坡居士"的名号。这个时候他发现自己头发全白,看上去真像一个老人了,好似所有这一切,都强化了"晚年"这个意象。一家老少二十多口齐聚黄州,在这样的人生场景里,他更加相信自己是陶渊明转世:"只渊明,是前生。走遍人间,依旧却躬耕。昨夜东坡春雨足,乌鹊喜,报新晴。"(《江城子·梦中了了醉中醒》)

名花独幽,芬芳扑鼻,香气愈传愈远,洋溢于天地之间。诗人在大跌宕之后有了更多的沉郁,也有了更广大的情怀,前后《赤壁赋》《念奴娇·赤壁怀古》,终成为古今两大豪迈诗文。从此他的写作进入了特异的、不可取代的沉着期,而且有了更加深沉的著述心情。这意味着诗人走出了最大的苦境,也走向了更具意义的创造。

·此地食无肉

海南岁月可谓苦到了极点,比黄州不知严酷多少倍。按照惯例,官员每到一地要给朝廷上一道谢表,这样的文字一般是唯唯诺诺、满怀感激,但是这一次苏东坡却无法掩饰心中的苦闷和郁愤。他写道:"臣寻于当月(四月)十九日起离惠州,至七月二日已至昌化军讫者。并鬼门而东骛,浮瘴海以南迁。"这里面有"鬼门""瘴海"这些刺激的字眼,显然表达了深深的沮丧,其意不言自明。他在《与程秀才书》第一简中写道:"此间食无肉,病无药,居无室,出无友,冬无炭,夏无寒泉。"从来极少抱怨的苏东坡现在如此吐露满腹苦楚,坦然以告,想必是极为艰困。"如今破茅屋,一夕或三迁。风雨睡不知,黄叶满枕前。"(《和陶怨诗示庞邓》)这样的破败居所,之前从未遇到。这是真正的露天之屋,不能挡风也不能遮雨,有点像陶渊明最困窘的时刻。他在向一个不幸的诗友倾诉、求得安慰，是少有的关于苦熬的记录，相信没有任何夸张。

实际上苏东坡在海南的境遇比许多人想象的更加艰难，比他诗中所表达的更加不堪，这里时时有断食之危。为了防备饥饿而死的不测，他竟然练习起道家的"龟息法"。所谓"龟息法"就是像龟蛇一样每天望着东方，吞咽初升的太阳之光，据说可以不再饥饿，甚至强身。苏东坡在《学龟息法》中说，元符二年海南这个地方稻米特贵，有了绝粮之忧，他与儿子苏过一起练起了这个玄妙的方法，以便不吃不喝渡过危难。这是无粮断炊时的救命之方，可见苏东坡几临绝境。后来当他稍可舒缓，便开始筑草屋，再次唱和陶诗，继续"三大著述"。他的生活就是这样，无论怎样艰难，仍旧能够走向读与写的轨道，这像生命一样重要。不然，他真的无法延续自己的日月。在腥风苦雨的海南，他煎熬着、仰望着，喃喃自语，随时准备迎接死亡的到来。这期间没有一个女人陪伴，也没有更多的亲人，只有最小的儿子苏过跟在身边。

从惠州到儋州，七年摧折，无论是生理还是心理，都是难以迈过的大坎，是他的三大炼狱。说到这里我们不得不提到一个可爱的生灵，它一直在艰难时刻陪伴着他，即一条叫"乌嘴"的大狗。它与诗人一起生活，一起串门听故事，最后北归的时候一起上路。后来人会因为它的陪伴而由衷地感谢它。我们从诗人有限的文字里去想象它的音容笑貌，想象它作为另一种生灵所拥有的慈悲和忠诚。我们可以相信，没有它的陪伴，苏东坡的日子将更加难忍。

苏东坡是一个美食家，对食物充满了兴趣，这是他的人生享受之一。对多才多欲的苏东坡来说，食欲那么重要，然而却要在这里过起"食无肉"的日子。为了抵挡这种贫瘠，他不得不让自己努力适应海产的腥味，还对儿子发明的一种所谓的"芋头羹"大加赞美，说它是一种"至味"和"美味"。这当然是一种幽默，也是口腹极为虚空时唤起的味蕾的敏感。他觉得无论是海物还是芋头羹，都有难得的滋味，要好好品尝，就像品尝余下的一段人生。

一生喜好热闹，简直是无伴不游的苏东坡，在海南除了"食无肉"还"出无友"，真是枯寂的日子。但他很快与那些不通语言的土著取得了沟通。他爱人、爱一切生命，走到哪里，友谊就铺展到哪里。他盖草寮的时候，当地土著纷纷伸出援手；土著们有了好饭，就一定招呼他，最后竟变成了一个期待："北船不到米如珠，醉饱萧条半月无。明日东家当祭社，只鸡斗酒定膰吾。"（《纵笔三首·三》）他找当地土人聊天，困难地听着他们的"缺舌"；他要听故事，土人没有故事，他就让他们讲讲鬼故事，哪怕是编造的也好。这里再无富家子弟，更无杭州和汴京那么多的名伶歌妓，没有妙曲，没有倩影。当年那些女子可以与他和诗，共同书写大字，比如徐州的马盼盼等名妓伶人，都有过一些往还。而今，那一切都成了绮丽的梦境。

海南的梦大多是单调的黑白色，但对他同样难得。没有这样的场景，他的人生相册就简单了许多，也轻薄了许多。这是沉甸甸的一沓，让我们垂下目光翻阅。可惜很快就翻到了最后一页。

· 求证生之意义

苏东坡的一生是不断求证的一生。他在迷茫中寻找，以其敏感多情及特异的能力，从山水、两性、种植，从口腹之乐、诗文书画，从佛道、友伴、亲情、一生功业，所有的一切中求证生之意义。他说："所谓自娱者，亦非世俗之乐，但胸中廓然无一物，即天壤之内，山川草木虫鱼之类，皆是供吾家乐事也。"（《与子明兄》）他在空寂漠然中与另一个诗人陶渊明对视："细察我与汝，相因以成兹。忽然乘物化，岂与生灭期。梦时我方寂，偃然无所思。胡为有哀乐，辄复随涟洏。"（《和陶形赠影》）类似的唱和还有许多，要求证人生之意义，需要终生探求。这里有假设和印证，有局部的实现，有白天的劳碌，也有深夜的省悟、综合与总结。

　　他在苦难中求证欢乐和幸福的可能，无论怎样的境地都没有放弃。生的意义与欢乐和幸福的关系，都在盘算之中。比如"乌台诗案"后的黄州时期，他竟然能够写出"长江绕郭知鱼美，好竹连山觉笋香"（《初到黄州》）。极其痛苦的惠州，他写出了"日啖荔枝三百颗，不辞长作岭南人"（《食荔枝二首·一》）。在至悲至苦、随时都有死亡之虞的儋州，他吟唱"他年谁作舆地志，海南万里真吾乡"（《吾谪海南，子由雷州，被命即行，了不相知，至梧乃闻其尚在藤也，旦夕当追及，作此诗示之》）。"九死南荒吾不恨，兹游奇绝冠平生"（《六月二十日夜渡海》）。这是怎样的豪志，这不是幻想中的抒发，而是经历后的写照，实在值得钦佩。"兹游奇绝"，可谓所言不虚，荣辱沉浮如苏东坡者古来鲜见，当然配得上"奇绝"二字。也正因为如此，人生才格外值得留恋。大游戏、大惊险、大传奇，在他这里一应俱全。我们不得不钦佩历史，钦佩上苍，钦佩这一奇异的存在。

　　生之值得留恋，真的需要印证；但即便如此也仍不能满足，因为"虚无"总是给人更多的提醒。所以我们需要在日常生活中不断地强调"意义"。苏东坡从独守到结伴，从白天到夜晚，总是自觉不自觉地处于一场场求证之中。他最终有否结论，还需要我们从文字中慢慢寻索。他的弟子兼好友黄庭坚在《跋子瞻和陶诗》中写道："子瞻谪岭南，时宰欲杀之。饱吃惠州饭，细和渊明诗。彭泽千载人，东坡百世士。出处虽不同，风味乃相似。"在这里，敏悟的黄庭坚做了一番多么好的总结。他不得不指出"时宰"，也就是宰相章惇，其实是想将这位才华盖世的人物杀死：出于各种阴毒的机心，将老迈的苏东坡一贬再贬，唯恐不死。这是整个人类官宦史上极为罕见的一个曲折蹉跎的例子，整个故事让人读来悲愤交织、疼痛难忍。人心竟至于如此，让人震悚。

黄庭坚说苏东坡"饱吃惠州饭"，是说即便在那种境况下，诗人也并没有绝念和冷凄到吃不下饭的境地，而且还能够仔细从头与陶渊明唱和。那个彭泽令陶渊明是千载不朽之人，而苏东坡也是百代罕见之士。他们是不同的出身，又置身于不同的时空，但二者的品格风韵却极为相似。在这里，可贵的是苏东坡的大弟子黄庭坚像老师一样，把很早以前地位卑微、躬耕田园的诗人看得极其高耸，将两人并列，写下了这一段佳话。

由此可见，生存的意义并不在于富贵荣华，也不在于公认的世俗成就，而在于心灵求证之后的觉悟。它指向了更高处，于无常和不测中寻到了永恒的元素。这种觉悟就像在浑茫的时间之水里抚摸，十指滤出了珍贵的颗粒。这颗粒为他们所获，是心灵的拥有，将带着它们走向一个未知。如果人生在结束的时刻还能够带走什么，那么它一定不是物质财富，不是官位和荣耀，而是那些觉悟的颗粒，它们属于精神范畴，属于思悟的记录。由此我们再次回味起一位当代作家（马尔克斯）的妙论："记得住的日子才是生活。"是的，先是记住，然后才铭刻入心，它们合在一起，称之为"生活"。

·张望和走神

很少有人像苏东坡一样，长时间地站在人生的十字路口遥望打量，好像一时不知何去何从。这时候他驻足不前，茫然四顾。这是从他留下的文字中所感受到的。一切异能之士都有这种形而上的耽搁，这种时刻对他们也许有着最大的意义。就此来说，他的"走神"似乎比唐代的李白还多，稍有不同的是，苏东坡似乎并不把自己看成"天外异人"。当然他偶尔也会觉得自己来路不清，归路不定，"为何而来、因何而去"的问题，对他来说也同样存在。他一直在设问和寻觅，觉得自己似乎是一个假设、一个符号、一个供神灵和他人测试的标本、一个被莫名的力量遣使的游魂。"此身如传舍，何处是吾乡？"（《临江仙·送王缄》）"吾生如寄耳，初不择所适。"（《过淮》）"人生如逆旅，我亦是行人。"（《临江仙·送钱穆父》）特别是那些唱和陶渊明的拟古诗，更有一种张望的感觉。这种神态是诗人文字中留下的，也是匆匆旅途中给人的印象。而他那过人的乐观，就掺杂在这样的间隙之中。他不断地将"梦"找回来，细细回味，将各种场景和经历比喻为"梦"，实际上也是恍然一悟的时刻。他专注于现实事物，仍然有幻想和梦感，这是常人所不多见的。"梦中历历来时路，犹在江亭醉歌舞。尊前必有问君人，为道别来心与绪。"（《木兰花令·宿造口闻夜雨寄子由、才叔》）"余晚闻道，梦幻是身。真即是梦，梦即是真。"(《参寥泉铭并叙》)总有一种奇幻和未知在牵扯他的心灵，所以常于奔波中停下来，开始走神，恍惚进入了又一个梦境，以至于分不清它与现实的关系、自己身在何方。

在现代，人们也常常"走神"，但那是一种无可奈何的焦虑和欲望所致。物质主义的欲望引起的"走神"只能使人更疲惫、颓丧和沉沦，这完全不属于形而上的牵引，没有那种牵挂和瞭望。陷入物质主义的折磨，就好比在泥淖中辗转和滚动，只会变得愈加脏腻。而诗人的那种"走神"和"遥望"却不啻一场洗涤，让人能够从眼前的污浊中一跃而出，在滚滚浊流的岸边稍稍停留、回视，寻找各种可能。东晋的陶渊明如此，唐代的李白杜甫如此，北宋的苏东坡更是如此。古往今来，谁能达到这一境界？我们可以从汗牛充栋的文字中去辨析一些名字：屈原、王维、西方的大哲人康德，大物理学家爱因斯坦，这样一直历数下去。

强烈的世俗物欲就像一块污浊斑驳的布，把我们包裹起来，连一点空隙都不留，直至窒息。这时候的人再没有活泼的灵魂，已经徒有形骸。数字时代的人并没有在假设和虚拟中获得觉悟，不仅不会"走神"，而且非常专注。可惜我们盯住的只是冷漠的荧屏。

· 到此一游

人们常常用"风流才子"四个字来概括苏东坡。实际上这样说太过笼统，诚如研究者们所言，他同时又是一位能臣、辩才、旅行家、建筑师、丹青高手、诗酒天才、美食家和药草专家等，类似的头衔还可以说出许多。说到他的游历，可以大书特书，他一生走过的地方太多了。这不仅是因为宫廷的频繁差遣，一再地改变任所、无尽地起伏跌宕之故，还来自个人特异的情怀。他来到世间，即到此一游：忘情饱览，不停地书写和记录，与山川、星空、绿色、友人一一应答。一双清澈的眼睛与万物对视，世界满是奇迹，两眼簇新，激荡喜悦，一生都是童年。他给这个世界留下的痕迹之多，令人叹为观止。一般人将他随手抛掷的一些文字视为新奇，连缀起来可成为一部长长的游记：记心灵、记世界、记过程、记细节、记慨叹，这样的人生真可谓盛大。

如果说人的一生不过是取一瓢饮，那么苏东坡的瓢要大于常人数倍。在黄州，人们经常看到劳作不停的苏东坡腰上系了一个大瓢，真是大饮者的形象。"野饮花间百物无，杖头惟挂一葫芦。"（《刘监仓家煎米粉作饼子，余云为甚酥。潘邠老家造逡巡酒，余饮之，云：莫作醋，错著水来否？后数日，余携家饮郊外，因作小诗戏刘公，求之》）每个人只是取一瓢饮，东坡此瓢也大。他的生命痕迹既繁复又深刻，当是十分自然的现象。我们把他看成一个不可复制的异人，一个大动物，并借用那句有趣的比喻：大象过江，截断横流。其独行者的形象，已被生动记录。

这样的一个生命降临世间，看到了什么，带走了什么，刻下了什么？我们可以从他的以及关于他的所有文字中寻求答案。这位行者的足迹踏遍大江南北，从宫阙到民间，从海滨到河畔，曾与那么多人结伴而游，也常常独自远行。一枝寂寞的花，一条蹿跳的狗，灵鼬和飞鸟，翩翩而过的水鸟，一枝含笑的野桃，一条惊窜的大鱼，都留在了他的视网中，不再消逝。他仰卧舟上，酒后酣睡；他心中的赤壁是那样雄迈和宏阔,他眼中的西湖又是这样曼妙。大江浩浩东去,西湖比作西子。以一颗仁心去"应物",以童稚的眸子去抚摸。这样的一个人离去千年,行迹仍在,芬芳犹存,气息永远留在天地之间。我们从秦岭一带的凤翔到杭州、密州、徐州、湖州、登州、颍州、扬州,再到北部边陲定州,一路南下英州、广州、惠州、藤州、雷州、横渡海峡,直到琼州和儋州,都可以辨析那一串足迹。

从这些记载和传闻中,我们看到的是一个生机勃勃、精力充沛的生命。他的惊世大言和悄声细语一起留下。他是女人眼里的伟男子,是皇上心中喜厌参半的臣僚,是政敌手中的烫手山芋,是父亲引以为傲的儿子。无数的人痛恨他,无数的人怀念他。他留下了万卷诗书,招人忌恨,惹人喜爱,时过境迁仍争议不断。他之痕迹无可消失,已经化为永恒。

仅仅六十六岁的人生却如此壮阔,成为一条不折不扣的巨流。在这段旅程中,他将生命的皱褶一一伸理开来,得以放大和延展。苦难可以使岁月变长,化为漫漫黑夜。这条大河有一泻千里之浩,有无尽的阴晦幽深,有积下的深潭和漩涡。那么多值得铭记的日子、标志性的事件,更有难隐的心曲。他既内向又外向,既喧嚣又沉默。按今天的平均寿命论,其人生也短;按所创立的事业、经受的磨难与深刻的参与来看,又过于丰厚、曲折和繁琐。这样的奇崛漫长、大起大落、重复交叠,令人目不暇接。他的整个人生好像一出久久不得终结的长剧,高潮迭起,难以落幕。

从历史上看,一生多富贵而少跌宕,最后升至一个高点而后缓缓谢幕者,似乎大有人在。郁郁不得志者也不鲜见。二者交错镶嵌,互有抵消也时有发生。但像苏东坡这样将一切堆积起来,走向极处,实在是一种奇观。六十余年有点短促,煎熬和跌宕又显得太过漫长。可见真正的人生长度不是简单的年轮数字,而是要把全部皱褶和曲折拉直才能度量。就这个意义而言,苏东坡的确度过了一般人不可比拟的长长的一生。所以关于他的文字、他自己写下的文字如此之多,也就不足为怪了。

· 忍受

我们作为后来者,许多时候会心生疑问:苏东坡屡屡遭难,南北奔突,为何不于流放途中逃离?再说当时不比今日,信息闭塞,荒野无边,当有更多隐蔽的角落和生存方式,他能如此忍受,就有点不可思议了。诗人愚笨如此还是胆怯如此?我们会一再地假设和追问,无法回答。他本人设想的陶渊明的模式、隐士的模式、地方官的模式,最终都因各种缘由不得实行。或许因为官场的甘味与苦味是一体的,只要品咂也就难以忘却,让诸多幻想和梦境一直纠缠。可能对他来说,入世抱负不能毁于一旦;更大的可能是作为罪身已经无法逃匿,一入体制就不得解脱。比如在黄州,因为一首寄身江海的小诗,黄州太守就以为他真的逃了,吓得亲自上门探寻,而这个太守还是他的好友。好友尚且如此恐惧,可见苏东坡的自由之身早已不在。

逃逸的机会在古代的确比现代多,苏东坡始终未逃,个中原因大概十分复杂。说他畏惧,可能还言之太满。更大的缘由也许是为仕之惯性,是传统知识人的心理束缚。作为耕读传家的苏氏家族来说，所能达到的至境就是入仕为官，这条道路一旦踏上，也就成了不归路。苏东坡给弟弟子由的一首诗中写道："眼看时事力难胜，贪恋君恩退未能。"（《初到杭州寄子由》）"贪恋君恩"，无一例外，如李白，如杜甫。苏东坡谈到杜甫时曾说："古今诗人众矣，而杜子美为首。岂非以其流落饥寒，终身不用，而一饭未尝忘君也欤？"（《王定国诗集叙》）"杜子美困厄中，一饮一食，未尝忘君，诗人以来，一人而已。"（《与王定国》）实际上，这对他自己何尝不可以引用？在最为窘迫的时候，每每提到君恩还是感激不尽，在流放途中的谢表，在得意和失意中的那些文字，都把"君恩"二字挂在嘴上，战战兢兢如履薄冰。这里面当然有恐惧，有虚假的敷衍，但实在还有另一些因由在，那就是君臣情分和报国心志。

当年的皇帝实际上也是社稷、国土和尊严的混合取代和象征，有非常复杂的蕴涵。苏东坡之忠，古往今来一切文人志士之忠，还不能够简单贬抑。我们可以怜惜，也可以从中看到一些令人敬重的品质。服务于皇上，有时候就是服务于社稷，起码在当时是这样看的。他最终忍受下来的理由很多，比我们今天所能想到的还要多。一个对自由痴迷追逐到无以复加的人，竟然放弃了那么多机会，到底说明了什么？时过境迁，我们今天已经无力回答了。实际上更多的理由也许潜伏在那儿，难以说出。一些人的自我拘束和苟且，才是更可怜的。这与诗人不可同日而语。假设苏东坡当年做出了惊天动地的大幅度动作，我们又会怎样评价？

没有这样的机会了，历史不能假设，我们也只能看到苏东坡拖着一个多病之躯，从海南得赦，渡海北归。这个时候他有过拒绝，并且付诸了行动：希望中途留下来，等待一声应允。没有朝廷的恩准，继续北上。这条"不系之舟"的绳索再一次被揪紧,在凄厉的北风中发出震荡。这条绳索揪紧再揪紧,生命的苦舟一直向北。凌厉的北风让衰老多病的苏东坡瑟瑟发抖,还远未走到北方就倒下了。好在这人生旅程的最后站点是常州,是他一直渴望的定居之地。

第三讲 一生功业

• 两个假设

我们对苏东坡的一生常有惋叹，忍不住就要做一番假设。历史上的苏东坡如果发生这样的情形该有多好：顺利实现自己的抱负，成为一位左右时局的政治家，哪怕官居宰相之位几年的时间；拥有大把松闲自在的光阴，酣畅淋漓地将诗文写个痛快。可真实的境况是，他在这两个方面都未能如愿以偿，虽在不同的阶段努力尝试过，可惜二者都远远没能满足我们的想象。对于他这样一个几乎无所不能的天才人物，该是多大的遗憾。为什么会留下这样触目的人生残缺？我们一而再再而三地追问，发现毁去苏东坡大半生的，最终还是所谓的功名仕途，是许多读书人都渴望的宫廷之用。说到底，苏东坡的确是毁于宫廷的摧折。

当然人生和历史都难以假设，真实的情形是，没有这些毁坏就没有现在的苏东坡。我们瞩目更多的还是他文学与思想上的成就，特别是与一生连在一起的那些大磨难大起伏。剧烈的跌宕和接踵而至的一次次摧残，最后都化为深刻的痕迹留在文字中，这就是他作为一位思想家和艺术家的纵深地带，是最重要的色泽和存在。没有这些他将单薄得很，甚至是无足轻重的。就此来讲，我们又很难区分哪些是毁坏哪些是成全，也无法把不幸和有幸截然分开：它们更有可能是双面一体、相辅相成、缺一不可。而平时我们在生活中面对一种事物，习惯上只愿取其一端，这实际上是一厢情愿，是肤浅的期许和人为的简化，任何事物都不会是这样。

诗人自己究竟在多大程度上自我定位于一个艺术创造者，我们还不知道；显而易见，最让他牵肠挂肚、最耗时最用心的还是从政生涯。他十分谨慎地处理自己与朝廷的关系，不敢稍有懈怠；在政事上，没有比他更用心的操劳者了。如果一开始就把他放到一个无所事事、没什么现实大用的环境，比如说像唐代诗人孟浩然那样到处游走，一定会让他极其焦虑和沮丧。孟浩然因此而留下别致高妙的吟唱："夜来风雨声，花落知多少。"何谓"风雨"，何谓"花落"，我们可以想象很多。如果孟浩然当年得以出仕，成为朝廷重用的官吏，又将是怎样豪情焕发。他鞭打快马、潇洒英武的样子同样也不可假设。但那样肯定就没有了后来的孟浩然，没有了一位飘逸、散淡、在笔墨游戏中张望长安的孟夫子了。而苏东坡是完全不同的命运，他仿佛一开始就处于一个十字路口，走向何方都会有远大的前途。我们今天瞩目的只是他的政绩和文采，而后者只是前者的余音，是它的副产品。

他为政的过程中多想留下一些更大的劳绩，却总是难以实现。他在密州、徐州、杭州这些相对独立、能够由自己主宰政务的时段里，果然做了很多有意义的事情，既有机会落实一位仕人强烈的社会责任，同时又将诗人的个人嗜好表现得淋漓尽致。赏花、逛寺院、找玄人聊天、与异人厮磨，那样随性和畅快。记录中他在杭州太守任上，一天公事之余最愿去的地方就是普安寺或祥符寺，进寺就寻一间静室，脱去官服，让护卫为他按摩。这可以看成一个权力者的放松和享受，也可以视为仕人迈进了另一个空间。在这样的时刻，他的脑海里徘徊的当是另一些东西，思绪得以偏离和超脱繁琐事务的纠缠，轻松自如地漫流起来。

我们不难确认最初的苏东坡，包括他的父亲苏洵和弟弟苏辙，最高的志向和期待到底是什么。他们当然不是为了做一个光彩灿然、展现旷世之才的文人，而是当一个权高位重的报国者。那个年代至高的人生理想就是成为治理者，走向一人之下万人之上的位置。这是他们的最终目标，而且苏辙和苏轼只差一步就登上了这个高位。然而最终就是这个强烈的诱惑和远大的理想，使兄弟二人受尽人生磨难。特别是苏东坡，一生曲折起伏悲凉凄惨，差不多成为一个令人惊怵的仕人标本。作为一个极其敏悟的人，他后来虽然多有悔悟和愧疚，有深省，但已经太晚了。即便是在这样的时刻，体制的甘味和甜味也仍旧难弃，因为毕竟品尝过。

苏东坡也曾发出这样的感叹：平生除了写诗作文再无其他快事。原来在一些特殊的时刻与心境下，他就吐露了埋在心底的志趣和热忱。在想象与抒发、梦幻与倾诉之时，他总能获得最大的满足。可叹这种兴致不能持久，无论怎样依依不舍，也还是要走开，转向沉重的仕途经济。

假若苏东坡是一个拥有更多闲暇的人，将大量时间用来书写和游历，狂放不羁地豪唱、作漫长无尽的山水之赋，又会怎样？或许诗文的数量能够多出许多，但境界与色彩却不一定超越今天。说到底诗文不过是心灵的映像,是整个生命的综合传递。诗人因诗文而获罪,却又因获罪而大放异彩。文章不过是纵横交织的人生痕迹,过于顺遂和简化也一定意味着单薄。

· 植造无休止

苏东坡在《楚颂帖》中写道:"吾性好种植,能手自接果木,尤好栽橘。"还在《戏作种松》一诗里写道:"我昔少年日,种松满东冈。初移一寸根,琐细如插秧。"可见他从小就喜欢种植,是一个在山川野地里忙个不停的少年。他喜欢盯视一个生命怎样与自己发生更紧密的关系,看到一株苍绿在手中存活并茁壮成长。这看上去不过是一种嗜好与性情,其实不然。

能够不断地种植,是人的一个重要品质,它可以体现在一切方面。这与毁坏和摧残是两种力量,是两种心灵在客观世界中的直观表达。为什么要让大地一片葱绿,为什么要让枝叶果实累累,这个问题其实并不好回答。这就像我们目击狂扫千野的惨烈毁灭一样,一定会痛彻追问:为何要如此绝情、冷酷残忍,为何对其他生命包括动物和植物如此忌恨,以至于这样暴虐杀戮? 罪恶令我们瞠目结舌,惊而无语。我们当然要回到人性,只有从这里追问才能辨析大仁善和大罪恶。它们源于两种不同的生命原色,置于二者中间的,可能是很大的一片庸常,人在这个空间里可以向两面倾斜。苏东坡属于前一种大善。他喜欢大地上的一切友伴,愿与它一起生长,在煦风里活动,迎接灿烂的阳光。这种人生最大的快乐和好奇就来自生长,来自生命的生机勃勃。这样的人生是一场烂漫的奔跑和抒发，是一种书写和诗意。这样的天性是先天铸就的，很难更移和改变。

孟子讲"性善"，荀子讲"性恶"。孔子只说了一句"性相近，习相远"，从一旁绕过，看上去好像更为超脱，实际上却包含了至大的深刻。人性中许多时候不是善与恶的简单分野，而是更复杂难解的元素纠缠在一起。苏东坡一生都没有停止植造。宋代地方官一任最多三年，他每到一地都留下了大量植造的记录。他总是大肆植树造林，修建房屋，兴修水利，乐此不疲；即使在极短促的任期内，也没有停止这些工作。他似乎不能容忍生活与自然环境中的缺憾，总是想方设法在力所能及的范围内让一切变得葱茏、完美、茂密和芬芳。他将自己的安居之心推及广大，处处体现了一颗柔软的仁心。然而上苍故意不让他安定下来，总是让他匆匆而来匆匆而去，好像有另一种力量在考验他，检测他的耐心和意志。

只要有时间、有机会，只要不是在旅途中，苏东坡就一定是在建设中。"种枣期可剥，种松期可斫。事在十年外，吾计亦已悫。十年何足道，千载如风雹。"还说："遗我三寸柑，照坐光卓荦。百栽倘可致，当及春冰渥。想见竹篱间，青黄垂屋角。"（《东坡八首并叙》）当他贬谪惠州，再次做长居打算时，便耗去所有的积蓄，在白鹤峰上建起一座新居。新居筑成同样要用那些喜爱的植物来陪伴："当从天倖求数色果木，太大则难活，太小则老人不能待，当酌中者。又须土礎稍大不伤根者为佳。不罪！不罪！柑、橘、柚、荔枝、杨梅、枇杷、松、柏、含笑、栀子。"（《与程全父》）他寻找幼苗，心思缜密叮嘱细致，真是一位好林工和栽培者。就是这样的一种心灵，他当然不会忍受苍凉和荒漠。

实际上人生来就是在荒漠上，神灵交给人的一个最大任务就是植造，没有绿色就没有甘泉。《荒漠甘泉》是一本书的名字，讲的是心灵与无所不能的上苍之间的关系。心灵的荒漠决定了视野的荒漠，它是无边无际、无时不在和无所不在的。人常常用一双失望的眼睛看着周围，难以接受这种触目的现实。不过有人很快就没了哀怨和绝望，奋起而为，以全部的生命和热情去寻找、汲取、浇灌。甘泉就在心里，有了这样的觉悟，苦难和贫瘠都可以变为甘甜与丰饶，绝境也可以化为坦途。

苏东坡有着不竭的精力，那是一种强旺的实践精神，一种让生活化为艺术的热望和追求。有些人会把"文人无行"的说辞看得自然而然，认为他们只做一个倡议者和计划者就够了，已经算是尽了职分；而在另一些人那里，比如心情热烈到不可按捺的行动者，却一定要亲手去做并看到结果，要尽善尽美。

· 建筑者

苏东坡这样的人，不太可能将设计居所这一类大事和乐事拱手让与他人，而一定是亲手去做。在他看来，种种实际的谋划和设置是最有意趣的。他对此类事务一直是兴致勃勃的，简直没有疲惫的时候。即便在人生最沮丧时，比如黄州、惠州、儋州三地的风雨飘摇之期，他仍然为自己设计了尽可能好的居所，同时像以往那样大搞种植，让周边环境变得适意。这是一个擅长将生活诗化的人。"去年东坡拾瓦砾，自种黄桑三百尺，今年刈草盖雪堂，日炙风吹面如墨。"(《次韵孔毅甫久旱已而甚雨三首·二》)"已买白鹤峰,规作终老计。长江在北户,雪浪舞吾砌。青山满墙头,鬖髿几云髻。"(《迁居并引》)在黄州,他为了实现自己的居住理想,整天忙碌不已,晒得脸色乌黑。在惠州,他把新居筑于江水环绕之中,抬头即是青青山峦和朵朵白云。

黄州居所命名"雪堂",是洁白无瑕的形象。什么人才配住"雪堂",实在引人想象。苏东坡刚刚从阴森污浊的乌台中脱身,从构陷的烂泥中挣出,就要住进"雪堂",可谓出淤泥而不染。"雪堂"之名号源于修筑中的春雪纷飞,主人干脆把漫天雪景绘上四壁,没留一点空隙。他起居俯仰,左右全是白雪。"雪堂之上兮,有硕人之顾顾。考槃于此兮,芒鞋而葛衣。"(《雪堂记》)他在这里引用了《诗经·卫风·考槃》,其中写了一位隐士敲打木盘,穿着芒鞋葛衣,大声号唱,自得其乐。"新居已覆瓦,无复风雨忧。桤栽与笼竹,小诗亦可求。"(《次韵子由所居六咏·六》)居所进展如何,具体情状,他都告诉了弟弟。兄弟二人是苦旅中最亲密的一对友伴,虽然很难见面,各自忙碌,但一有机会就要互答诗文,倾吐一腔苦乐。

因为一个风餐露宿的人急于为自己找一个遮风避雨的地方,又好似遍体鳞伤的动物挖一个巢穴,所以总是尽快地筑居,这好比燕子衔泥,苦鸟啄洞。我们看到歌唱不止的百灵是怎样辛苦地为自己在枯草间做出一个精美的小窝,以不可思议的耐心和技巧编织一个完美无缺的小草篮,然后安栖、恩爱和生子。看着自己的幼雏毛茸茸地长起来,张开稚嫩的嘴巴呼唤,发出最初的鸣叫,然后飞上高空,歌声响彻云霄。诗人就是那只百灵。

苏东坡随时要化虚为实,将无形的诗情变为有形的存在。这种能力和情志在人世间是最可宝贵的，无论用于己还是施于人，都会极大地改变这个世界。这既是理想主义的，也是理性主义的。在密州、徐州、杭州、颍州，只要稍有可能他就修造不停，引水、筑堤、勘矿、炼铁、挖"小西湖"。他手中完成或正在完成的工程总是那么多，即便是晚年流放岭外，也依然关心当地的水利建设。他的实践精神简直无人能及，总是将自己丰裕的心性外化为真切的生活，这是多么可贵的秉性和人格。为普通劳民改善一处环境，他可以冒着触犯天颜的风险，一口气给朝廷上无数奏折。他在这方面的坚定意志是惊人的，已经完全不顾个人得失。在他垂老投荒、流放岭南的时候，已是不得签署公文的罪身，也仍旧不倦地关心民生，千方百计造福一方。在惠州这样的苦难之地，他仍然要出谋划策四处奔走，在东江和丰湖上修建两座桥梁。在至苦的儋州，他曾亲自编写教材，教书育人："幽居乱蛙黾，生理半人禽。跫然已可喜，况闻弦诵音。儿声自圆美，谁家两青衿。"（《迁居之夕，闻邻舍儿诵书，欣然而作》）"穷则独善其身"，这时候的苏东坡已打破这条惯例，"穷"也要"兼济天下"。潦倒之人自顾不暇，无处呻吟，却要大睁一双热目帮助他人。作为一个生命，他已经被残酷地毁坏，可只要一息尚存就要振作，就要释放自己的热量。这是他在大地上写下的最为感人的诗行。

　　苏东坡一生的建设自里而外，又从外到内，循环往复以至最后。毁坏、修复、再拆毁、再筑起，不断地添砖加瓦。在自己的篱笆内，在陌生的旅途上，在闹市在穷乡，在一切阳光能够照射到的地方，他都没有停止做工。"兼济天下"在他不是一句轻掷的大话，而是少年和血缘的许诺，他花了一辈子用来践诺。

诗人由北向南、由南向北地奔走，早该疲倦了。可是直到最后的暮色渐渐笼罩，他的脸上还带着微笑。

·才与能

"才"为先天素质，比如感悟能力和心智状态等。而"能"被视为行动力，是用来落实的。苏东坡可以说二者兼备，是极为难得的"才"与"能"的统一。当他把心中的谋划化为行动的时候，也就是将"才"与"能"合而为一的时刻。他在任时一丝不苟地施政，卓有成效地工作，都需要"才"与"能"的合力。比如在地方抗洪修堤兴办大众事业，在朝则屡屡谏言，锐利争执，力陈己见，都是"能"在落实"才"，也就是展现行动力。如果一个人有"能"而无"才"，或者反过来有"才"而无"能"，也就干不成什么大事，这是生活中最常见的现象。

知而不做是无"能"，说到底"能"是用来落实心志的本领，不过从实际效果上看，却往往是得失皆备。"能"者有建设，有实现，但也因此而更具破坏性。这让我们想到了现代的某些"开拓型"人士，他们"能"很大，但有时也成为危险人物。"才"因"能"而显，也因后者而得到客观判断。一旦能力将才华加以外化和扩展，就不再是一己之事了，而必定要涉及其他，使他人获益或受害了。可见如果没有"能"，没有行动力，也就不会伤害或援助他人了。可见这种行动力的拥有和实现，一定是涉外和涉世的，很难做到洁身自好。一个人如果"才能兼备"，那就可能度过极不平凡的一生，或卓有建树,或危机四伏。如此看来人有"才"而无"能",或安于"才"而怯于"能",倒多少可以自保平安。比如有人只注意保持内在的浪漫和想象,一生只完成纸上著作,生活中的危厄或许会少一些,但毕竟虚飘了一些;只有"才"与"能"并重,让实践与想象发生互证关系,一个人的生命才开始变得有力。

"非才之难,所以自用者实难。惜乎!贾生,王者之佐,而不能自用其才也。夫君子之所取者远,则必有所待;所就者大,则必有所忍。古之贤人,皆负可致之才,而卒不能行其万一者,未必皆其时君之罪,或者其自取也。"(《贾谊论》)苏东坡对用世之"才"以及后果了然于心,但许多时候却总是尽力而为,绝不避害就轻。"知其不可为而为之",是古往今来知识人的一个品格。周备而全面的辨识力也是"才"的一部分,于是患得患失也就成为某些人的常态。落实一种思想必有后果,而这如果以个人为中心,又有远近之别。苏东坡在政事上的执拗坚持,会有多么可怕的结局,已经赫然写进了历史。当时的这位冲撞者对后来的结局不可能一无所料,因为他如此睿智、聪慧和洞察,这种心灵特质也属于"才"的一部分,盛大弥漫到整个生命的角落,怎么可能无知昏昧到如此地步。入世的责任和勇气,才是他不顾一切的根本原因。这种心灵不是让他过于自信,而是成为更加有力的推动和催促。一切都不可阻拦,现实的利害和隐隐的恐惧都开始避让。在这个时候,"能"且稍稍退后一点,它不言而喻地跟随与辅佐,按照心的指向勇往直前。"能"一旦与"才"分离,也只能成为一个单纯的工具。然而这个工具需要锐利、有效和直接,心灵就要不停地打磨它,使它变得如愿以偿。

我们由此很容易联想到楚国的屈原,这是又一个"才能"过人的浪漫主义者。他恃"才"而纵"能",一直走得很远。众所周知,诗人最后投入了汹涌的汨罗江,化为自然的一部分,不再存在也不再失去。如果没有那些心灵的记录,没有《离骚》《天问》《九章》,也就彻底淹没了一个最生动、最撼人心魄的关于天才和行动的个案。这样的大小故事在历史上一再发生,关于英雄的悲剧上演不休,幕布垂落复又升起,一出又一出没有终了。

有的生命原来是这样强大、执拗,无休无止地撞碎自己。没有悲剧哪有世界,哪有所谓的历史诗篇、所谓的史诗。

史诗里不全是英雄,失去了魔鬼,也就构不成波澜壮阔的冲突。

· 热烈冲动之弊

对于自己无法改变的性格即命运,苏东坡当然是越来越清晰。而且我们相信他从政之初就并非模糊懵懂。他读到的历史文字太多了,知道历史上关于命运、关于坚持的种种结局。可是这一切都无法让他从根本上改变自己。他可以在岁月中不停地修葺,让其变得完美,却不是走向怯懦和孱弱。他的完美在于同理想的向度一致,而非其他。"多生绮语磨不尽,尚有宛转诗人情。猿吟鹤唳本无意,不知下有行人行。"(《次韵僧潜见赠》)"从来性坦率,醉语漏天机。相逢莫相问,我不记吾谁。"(《次韵定慧钦长老见寄八首并引·三》)自我本如此,不管不顾自嘱自勉,自始至终。"不知下有行人行","猿吟鹤唳",都出于本能。人在世俗之中时有醉语泄露天机,那仍然是自我的属性。醉语就是天真之语,是畅饮之后才有的。

苏东坡是俗语所讲的那种"直肠子"。"乌台诗案"后,他也曾经吸取教训,用力禁止自己的诗作流传开去,而且怯于动笔,但只过了很短的时间就"故态复萌",仍旧大放心曲。官场上所习惯遵行的严谨和拘束,他远远不够,本来就是一个嘴巴不够严的人,还时有醉语。比如为了反对新法,他对皇上宋神宗恳切而激烈地进言,出门后却将皇上的赞赏讲与同僚,结果被政敌王安石等人加以利用,也引起更多人的提防。这种行为本来就是为仕之忌。他的这种不周与随性,当然是性格使然。其实这样的天性最不宜于从政,就像李白和杜甫不宜做官一样。这一类人最后投身于政界,对个人而言是一种大不幸,对国家而言则是一种大幸。

在宫廷这个密闭阴浊的小世界里,苏东坡这样的人等于是一束光。这个世界有另一种声音回荡,才会打破沉闷。可惜这样的地方从来容不得他们,就像冷漠容不得热烈,密闭容不得缝隙一样,这个地方最需要的就是一起窒息,从黑暗走向黑暗,最后再完结于黑暗。然而作为一个来自生机盎然的蜀地眉山的人来说,这样的生活持续下去是完全不可能的。他必要把自小习惯了的那种生机和鲜亮,一再地移植过来。最后他只能成为一个流放者,被驱赶于野,去做他的野生之梦。就这一点来讲又成全了他的艺术,使他有了另一种收获,尽管付出太大。

就此,他对命运、宫廷、人生与社会,都有了更深的认识,所以也就有了更大的文章。

与挥挥洒洒的尽情吟唱完全不同,从政之途实际上是一种藏锋之术、隐忍之术,在专制主义的"家天下"传统里就尤其如此。只有离开这条道路,那点"浩然之气"才会泛上心头,举步远途,感受扑面而来的"快哉之风"。在接下来的行程中，他将越发认定固有的追寻，惊讶自己居然忍下了那么多。一波又一波的追悔总是来得太迟，总是无法改变。

他和朝云生下的唯一的儿子使他欣喜不止，为此作《洗儿》一诗，吐尽委屈："人皆养子望聪明，我被聪明误一生。惟愿孩儿愚且鲁，无灾无难到公卿。"人生坎坷归结于此，不过是一种无奈。他当然知道，一切都因为生命品质的不同，哪里是什么聪明和愚笨之别。他不过是用一种浅显平俗的语汇来发泄罢了，回答的也并非自己。诚实坦荡与阴暗狡诈的人性之别，同聪明与否没有更多的联系。强烈的诗性一定是热情的，而冷漠与镇定既是社会的需要，也是处世的要求。善藏者不可以为师，因为他们不会将心曲吐个干净。一个人没有隐藏的角落，一切都倾吐净尽，摆在明处，当然是非常危险的。

俄国的陀思妥耶夫斯基在成名之后，历尽屈辱磨难，最后吐出了一句肺腑之言："我们在明处，他们在暗处。""我们"是谁，"他们"又是谁？这里既指向了某些具体的人，但又不尽然。"他们"就是险恶、庸俗、普遍的人性的龌龊，而"我们"是一切明朗的人性，是生长的状态。"我们"当然属于所有的天才，"明处"和"暗处"的区别，注定了一切天才皆是悲剧。陀氏接着说："那些折磨者在暗处，我们在明处；他们人多，而我们人少。"

改变一切的那只手，显然不在人间；它有更大的力量，它是一只无所不能的巨手。

· 三次大遣散

苏东坡说到自己的"三大功业",实际上不过是三大苦难。可见苦难比起富贵和安逸,总是给当事人更深刻的印象。它们深深地楔入人生深处,难以拔脱。在一次又一次的挣扎中,它们会留下强烈的刺疼,所以也就格外难忘。在这个抵御和反抗的过程中,诗人没有倒下,即感觉自己建立了一辈子最大的"功业"。"功业"是事功和伟业,通常不会和苦难的挣扎画上等号,当我们努力寻索和体味至此,才算理解了苏东坡,也算理解了生活以及我们自己、我们人类的命运。

黄、惠、儋三州之前,苏东坡的生活还是安逸的,那时候他有很多的仆役,家人也得到幸福的团聚。他在宫廷为官,特别是身居高位时,当是十分优渥的。宋代对高官待遇优厚,当时享乐之风极盛,苏东坡和其他同僚一样难免奢华。记载中他蓄养了很多歌妓、伶人以及服务的仆人,有堂皇的居所,而且建在了最好的地段。这既是当年为政和日常生活所用,又是很难例外的风习。人脱离了风习也就脱离了时代,也就不容于世俗。除此之外他还有外地任职的经历,这时候,那些习惯了在都城汴京生活的一些家庭成员、一些跟随者,就不得不另作他谋。

苏东坡常常举家迁移,有时候到富裕的苏杭一带,有时候到比较清冷的密州一带。许多时候他只身一人上路,亲人不能随行,尽管身处"牧者"的高位,但远迁跋涉毕竟辛苦。因为难以安顿,在京都陪同他的家小,那些仆人和女子,很难继续围在四周。当他到了新的任所安定下来,稍稍如昨的生活才能开始。灯红酒绿,笙歌不断，一连串的聚会和迎来送往，少不得有一些服务者。苏东坡当然多情，风流才子的名号是无法抖落的。他勤于劳作，也颇能享受，挥挥洒洒。一个有权有势者安顿自己要容易得多，但有时也很麻烦，如同俗语说的"树大阴凉大"。苏东坡一次次改任、定居和再次上路的间隙里，有许多忙碌和操劳。最难割舍的是旧友的分别：有人死去、有人远走，新人不断补充进来。他要重新适应和接纳这些变化。每一次遣散都伴随着一些凄凉和悲伤，也不得不如此。

聚拢多盛，遣散就多大，一个时代和一个人都是如此。盛唐与大清有多么惊人的聚拢，遣散也是轰轰烈烈。北宋是一个文官至上的时代，似乎是官僚阶层中文人最得意的一个时期，他们放肆地享受物质，十分幸福。在当时和后来，都有知识人不惜笔墨赞誉这个时代。他们大概忘了，这种奢侈的消费总是以黎民的痛苦为代价的，朝与野的巨大反差如数记在了书中。宫廷人士所有的奢华，都是以劳民的贫苦和辛酸作为基础和前提的，在当年，一旦形成制度确立下来，有些人也就渐渐习惯了。当时皇帝后宫佳丽上千，官僚自然效仿，妻妾成群十分常见。苏轼父子三人在这方面算是较有节制，从记录上看父亲苏洵和弟弟苏辙一生只有一个妻子，生活安稳，敦厚朴素；苏东坡则是这个家族的例外。在文字记载特别是他自己的诗章中，可以见到多位女子的身影："予家有数妾，四五年相继辞去，独朝云者，随予南迁。"（《朝云诗并引》）那是在苏东坡又一次遭难、大势已去、众妾作鸟兽散的特别时期。这时唯独忠诚可爱如朝云者追随诗人，共克时艰，成为他最大的安慰，让其深深地感动以至于作诗纪念。陈鹄的《耆旧续闻》中说，有人见过苏东坡的手稿，上面所记载的《贺新郎》一词中提到的"榴花"，也是他的一位美妾，"东坡有妾名朝云、榴花,朝云死于岭外……惟榴花独存,故其词多及之"。

可见北宋时期,生活奢靡是官场的常态,就像百姓的苦难属于常态一样。专制统治总是以残酷剥夺民众为基本特征的,这丝毫没有什么奇怪。敏锐如苏东坡者,在这种普遍生态之中该有一些痛苦。当然他不是圣人,追随时代之俗,在他和关于他的许多诗文中多有记载。田汝成的《西湖游览志余》卷十记载:"子瞻守杭日,春时,每遇休暇,必约客湖上,早食于山水佳处,饭毕,每客一舟,令队长一人,各领数妓,任其所适。晡后,鸣锣集之,复会望湖楼,或竹阁,极欢而罢。至一二鼓,夜市犹未散,列烛以归城中,士女夹道云集而观之。"这一段记载想必真实客观,那种游玩的恣意与盛况清晰再现,活画出一幅北宋官场游乐图。

过于奢华的享受当然会有后果,会引起诸多神秘的平衡。结果正如我们所知道的,他用一生的苦难,大致抵偿了身为利益集团要员的奢侈。朝云之名当来自宋玉的《高唐赋》:"妾在巫山之阳,高丘之阻,旦为朝云,暮为行雨。朝朝暮暮,阳台之下。"朝朝暮暮,如此沉迷。朝云约小苏东坡二十六岁,初入苏家仅有十二岁。就是这个爱妾,在最困窘之期陪他一路南下,远赴瘴疠之地,忍受屈辱和饥寒。这成了一个佳话。

这种不得已的遣散既是苏东坡对下人的怜惜,也是当时形势使然。他的一路行走携风带雨,打湿了周边衣袂。直至苏东坡来到恐惧的大坎,就是从湖州太守任上被五花大绑拖至乌台的时候,一切都将发生翻天覆地的变化。而后就是免死,贬谪黄州,等于死而复生了一次,也让其得知了命运的本来颜色。这之后尽管还有登州的崛起，有再次还朝的富贵生活，但一切都不比从前了。

· 三州功业之外

"问汝平生功业，黄州惠州儋州。"(《自题金山画像》)苏东坡后来总结一生时只谈这三州，可见一路走来，无论多么高的职位和多么大的建树，对他来说都不如这三州经历更具人生分量。这是他人生的三大挫折，是常人无可忍受之期。然而这三大炼狱却成为他最难忘怀、最大的冶炼地和铸造地。就在这些地方，他一次次重塑了灵魂，也发出了沉重的心灵之声。

但这三州之外，作为客观的目击者，却有无论如何都不能忽略的部分。按照世俗眼光来看，他的从政或者说人生的辉煌期，恰在这三州"功业"之外。我们首先想到的是朝廷上一位有名的诤臣，然后是杭州、密州、徐州的经历。那些通常被视为华彩乐段的，却被他本人忽略，在他简短而直接的概括中，竟然没有提到。由此看来所谓出色的政绩，在诗人那里并没有留下刻骨的记忆。而人生的最大考验与磨炼，才是人生的至大功业。

一生总结，以苦难三州为要，想一想所包含的内容，令人怦然心动。如何从地狱中一遍遍挣扎而出，其途经以及心路历程，终难忘怀。有了这三州之险，其他也就不在话下了。一个人与不可抗拒的苦难相搏相持，最后挺住，就是最大的成就了。那是怎样的一种苦境，记载中苏东坡至黄州也才四十多岁，就变成了这样一副颓相："十年阅凋谢，白发催衰疾。"(《冬至日赠安节》)读来令人痛惜。

"莫把存亡悲六客,已将地狱等天宫。"(《次韵答元素》)这就是他在黄州写下的诗句,其中的"地狱"和"天宫"相挨并列。"五亩渐成终老计,九重新扫旧巢痕。"(《六年正月二十日,复出东门,仍用前韵》)五亩坡田成为他度过老年的计划,一切都做好了最后的打算。一个遥远的身影变得越来越清晰,随着诗人的穷困潦倒,一双眼睛尽管变得愈加昏花,却能够切近地看到走在前边的那个人,即陶渊明。

一个人最终要"挺住"是多么困难。"挺住"和"胜利"之间到底是什么关系,在苏东坡这里已经讲得相当清楚了。人生真的能够"胜利"吗?有过"胜利"吗?马上回到我们脑海的是他在朝廷的显赫、他一再受到的无以复加的恩宠。皇后的钟爱、皇帝的借重,以及他在一些州府上的卓著政绩、造福一方的事功、好到不能再好的官声。盛名之期,他每到一地往往都引起围观,百姓争睹太守,雅士蜂拥而至。难道这还不算一场场"胜利"?可是到了最后,他却把这一切看作阵风刮走的尘土,好像全都不复存在。这就是人生的真相。所谓"胜利"总是虚幻短暂的,瞬间即可消失,而"挺住"却是生活下去的基础。没有倒下和崩塌,这已经是很大的成功了。

我们看到的苏东坡,是一个华丽富贵、焕发出不可一世的豪情壮志的伟岸人物吗?不,他也许更像一个苦苦奔走、百折不挠、躲避死亡、在万丈深渊面前双手紧紧揪住一线牵拉的幸存者。仅此而已。如此看来,我们完全可以同意他对自己命运的归结,即忽略那三州之外的其他事功了。只有另一些记录者去书写其他,他本人已全部遗忘。

现代人几乎个个渴望"胜利",追逐成功,所谓的"能拼才能赢",所谓的"强者为王""出人头地"。这是物质主义时代的生存逻辑。这样的时代,许多人会以谈论"三州功业"为耻,与诗人苏东坡正好相反。诗人略去不谈的那些部分,却会成为现代人最感兴趣、最自豪的罗列。多少人梦想骏马与金带,宠幸和赐予,却不知道荣辱与循环原是常态,一切难有例外。

原来"三州功业"不过给我们讲了一个朴素的、同时又是惊心动魄的关于"挺住"的故事。

· 他们在苦熬

苏东坡看过了太多的苦难,目睹了无数人在苦熬。在别人看来,诗人自己许多时候倒好像是个例外,其实未必。不同的是,在一般人那里苦熬多止于物质层面,而他除此之外还要陷入精神的苦境。有人或许认为诗人自青年时代就"熬出来"了,从此只要不出大的波折,谨慎为之,也就衣食无忧了。想不到命运弄人,他的一生正因为过早地飞黄腾达,再加上生性耿直,偏要遭受更多的磨难,甚至几次面临生死之虞。今天的聪明人可能暗自思忖:眼见得一手好牌被苏东坡打成这样,太可惜了。许多人恨不得以身试法重来一遍,以为自己会是一个更精明的弄潮儿。这不过是可笑而轻浮的假设,也是平庸之辈的苟且之思。

苏东坡在中年之后即被划归到另一个群落里,成为一个流放者。在大多数时间里,他都是以一个受难者的心情去度过和体验的,这使他能够在自我反省、稍稍庆幸和感同身受中,比较和体味真实的人生。

　　苏东坡在凤翔、密州、湖州，也包括相对富裕安逸的苏杭一带任职时，看到了那么多人间惨象。当年世间苦难竟到如此地步：有人不得不把亲生婴儿溺毙或抛弃；他在乡间巡视经常看到一些路倒，一些暴露在田野的枯骨。这让他忧心如焚，不得安眠。谪居黄州期间，他想尽一切办法挽救那些即将被抛弃或溺毙的婴儿。这是他至为动人的一些为政细节，它们叠加一起，让我们做出新的鉴定。他不是一个轻许空言的浪漫文人，不是一个仅仅能够忘情于山水的享受者，更不是一个止于风流雅趣的官吏，也不是一般的勤勉仕人，而是一个深深沉入现实的忧思悲悯者。水灾、旱灾、蝗灾、瘟疫，无处不在的生之艰困和惨烈在等待他。只要睁开眼睛，就会看到无法消除的现世苦难，古往今来概莫例外。任何时代都有官家发下的豪言，做或不做、真做假做，都是一场考验。无论是怠政还是勤政，都无法将这些苦难全部根除。我们最常见的就是无能为力，是掩耳盗铃的自夸和自许，就像鲁迅先生所说："瞒和骗。"

　　像苏东坡这样官居三品、朝野公认的能臣才子，也要在无以复加的苦难中挣脱和挣扎，更何况一般劳民。当我们看到蓝天、阳光和青山，看到欣欣向荣的绿树、潺潺流水、肥沃的土地，看到脸庞像红苹果一样的孩子，不免疑惑和质疑：好生生的世间，何来如此深重的苦难和如此多的悲伤、如此多不敢正视的罪恶？触目皆是痛心疾首，以至于让人不敢相信，恨不能用梦幻去回应和替代。可惜真实人生就是如此。人类生息繁衍的这个世界有那么多戕害、计谋、残忍、心机，更有不顾他人死活、卖掉良心的阿谀逢迎。我们对同类、对其他生命赶尽杀绝，换来无所不在的诅咒。这么多的诅咒之声是人类无法消受的。人类在诅咒黑暗,黑暗里却又隐藏着对人类的无数诅咒。

· 享受与尽责

检索诗人自己以及有关的庞大文字,会发现斑驳陆离颜色缤纷,应有尽有。如果将其一生划分为尽责和享受这两个部分,可以说都得到了详尽的记录。这样一位杰出的人物,最容易被他人罗列功业,像如何解决民生问题、诸多政绩等,都不会遗漏。不过这一切仍旧无法掩盖和排除另一面:他作为一个大权在握者的任性,还有奢侈。我们后人津津乐道于诗人修造的密州超然台、杭州的迎宾官船,还有其他一些莺歌燕舞之盛;在徐州修筑起十丈高的黄楼,是宴请海内风流雅士之地,欢歌通宵达旦。这一切也只有身居高位的人才可以兴办。虽然这在当年远非个别奢华,但也是可为可不为之事,所以只能视之为一种放任和享受。那些脍炙人口的娱乐场所的描述,既记录了他的作为,也载下了他的"潇洒"。

他初达密州时曾有讶异,因为与之前经历的杭州比起来真是天壤之别。他在《蝶恋花·密州上元》中写道:"灯火钱塘三五夜,明月如霜,照见人如画。帐底吹笙香吐麝,更无一点尘随马。寂寞山城人老也,击鼓吹箫,却入农桑社。火冷灯稀霜露下,昏昏雪意云垂野。"这个时期正好是新法推行之时,以往配给的大量公务接待费骤减,这让喜欢大宴宾朋的苏东坡非常郁闷。他对新法更加憎恶:不仅危害黎民,而且还殃及自身。其实自古以来官场的奢华都为人痛恨，因为实际情形往往是黎民不得果腹，官人却大腹便便。花钱如流水，没有节制，那种遏制权力的力量当然很难来自权力本身。王安石作为一个改革者，以及所有类似的改革者，其动人之处就在于他们对于自身的拒绝。这其实是最困难的一个动作。在这方面，即便是理性和仁善的苏东坡也不免有些惶惑。密州期间，因为没有钱财挥霍而发出的抱怨就记在诗中，而且在他看来是理所当然的，少有愧疚。过惯了阔绰日子的苏东坡，是极不习惯于这种清贫生活的，物质上的挥洒自如与纸上的浪漫豪情大多是一致的。他在这两个时刻都同样慷慨，同样放肆，这既是他的局限，又是当权者的局限、人性的局限。他的超越和仁慈，只在另一些具体的场合流露出来，就像他不能时时豪气大发、诗才迸溅一样。

走出眉山之后，他如愿以偿登上高位，加入了另一个阶层。后来厄运降临，他不得不一次次成为罪人。但这时他已经享有盛名，作为一个贬谪之人，仍然能够享受到其他人难以拥有的东西。盛名之下，一切自然不同。虽然已为罪身，每到一地还是有地方官员送酒送肉，即便是负责看管他的最高首长也对其另眼相看，关爱有加。在谪居黄州的时期，太守徐君猷居然成为他的好友："始谪黄州，举目无亲，君猷一见，相待如骨肉，此意岂可忘哉！"（《与徐得之》）这封信是写给徐得之的，他是徐君猷的弟弟，也是诗人的好友。这个徐太守后来调赴湖南途中不幸病逝。东坡以戴罪之身居于黄州，徐太守还经常带上自己三个年轻漂亮的侍妾和上好的酒菜，邀诗人登上栖霞楼宴饮，不醉不归。也许这时的苏东坡不敢把自己当成一个高高在上的特殊人物，可是其他人、包括后来人，却一定让他做这样的人物。

平心而论，好的官吏不是不能享受，而是享用"应得"的一份，不能掠取和贪婪。这是一个最低的标准。就这个标准来说，苏东坡算是一个"合格"的官吏。他对于美食、豪居、朋友、女子，皆能受用、体贴、爱护和体味，在这些方面既有很高的要求，又能随遇而安，择其长处而用之。作为一位仕人，他应对裕如，不曾懈怠，每到一地都有美谈，所谓"官声甚好"。我们以前谈过他在登州任职仅仅五天，加上逗留盘桓也不超过半月，却做了那么多的好事，工作效率之高无人能出其右。更惊人的是他在京城担任断案职务时表现出的异能：本来政敌想用无比繁琐的案件牵扯其精力，使他无暇言政，却想不到他竟然干得那么出色。记载中他处理公文总是一挥而就，却又毫无疏失，实在是为政的天才。就享受与尽责这两个方面看，他似乎都做到了极致。

· 才子的定与戒

真才子固风流，也往往是一个能够掀风引潮的角色，而不会是袭蹈俗腻套路之人。如水性杨花之流，如沉迷物欲脂粉之流，不过是一些俗物。这绝非苏东坡的品质和气概。所以，古往今来小才子一定是因袭，大才子一定是创造。苏东坡属于后者，所以不会走入套路，而是主动掌控一切，心有恒力并能适可而止。他常有定戒，而且在同僚和朋友中也能推行，是极为可贵的。

他经常劝说朋友一定要慎之又慎，即便是身居高位和京城得意之期，虽有乐饮，虽爱女子，但远非一个贪杯好色之徒。他在《记故人病》一文中说:"戒生定,定生惠,此不刊之语也。如有不从戒、定生者,皆妄也。"他的这些悟彻,当来自个人的逆境生活,尤其是那场至大变故之后。

贬至黄州,他曾经严格实行过孤室独守痛省,这对于一个喜好热闹、出门必得结伴而行、诗酒常伴的文人来说,确实有些出人意料。当时黄州城南有一座安国寺,里边有茂林修竹,水榭亭台。每隔一二日,苏东坡必要前往焚香打坐。他在这段时间里时而自省冥思,达到了物我相忘、身心皆空的境界。"一念清净,染污自落,表里翛然,无所附丽,私窃乐之。且往而暮还者,五年于此矣。"(《黄州安国寺记》)他竟然在长达五年的时间里一直坚守修持,这对任何人都是很难的。他对好友王定国以文字警示:"粉白黛绿者,俱是火宅中狐狸、射干之流,愿深以道眼看破。此外又有一事,须少俭啬,勿轻用钱物。"(《与王定国》)可见他自有操守、原则和底线。

皇室的荒淫奢靡之风污染整个利益集团,其中一分子如苏东坡,却最终成为难得之清流,这是他确保任何时候终不颓废、得以挺立的基础。坏的榜样也是极有力量的,腐蚀之力可以大到无穷。所以许多北宋官人蓄奴无数,生活极为腐败,连一些素有良吏之称的大文人也在所难免。可贵的是苏东坡浅尝辄止,最终有定有戒,做到了人与文的统一、言与行的统一。

一个人即便在世间取得了非凡成就,其本质到底平庸还是卓越,仍然要看"定戒"的有无。有恪守,有禁忌,有真理的追求,有严刻的持守,才会是这其中的真正卓异者。而许多人相信既是天才,就可以恃才纵欲,荒唐不足为怪;既是幸运儿、弄潮者,上苍也就偏爱,理该得到赦免。这真是极大的误解。世间没有这样的例外，也没有这样的侥幸，经过了足够的时间之后，每个人都将各归其位。

· 中庸和顽皮

中庸和顽皮往往被视为两个对立的元素，然而在苏东坡这里却是一个例外。这里的中庸不是通常意义上的认识，不是庸常折中和模糊求安。这里的"中庸"只取本义，是一种理性的选择，而不是折中取之，不是含混求稳，所以真中庸者，并无碍于顽皮。

记录中苏东坡的顽皮简直多极了，这不过是一种自然而然的流露，渗透于举手投足间。在日常生活中他似乎无时不顽皮，即便在严苛而激烈的宫廷争斗、与同僚相处，也常常如此。比如旧党重新上台执政，他与司马光在废除新法上产生了争执，辩论得面红耳赤，以自己长期在州守任职上的经历为例，坚持新法不可尽废；司马光意气用事，执意不肯；苏东坡面对恩师，面对曾经共同抵御和斗争的老友，感慨无限，回到家里痛苦地对妻子喊道："司马牛，司马牛。"从文字上看，"司马"作为一个复姓已足够端庄和稳健，与一头倔强的"牛"连在一起，别一种意味就出来了。还有一个传说，自然也是打趣，他与政见对立的王安石开过绝妙的玩笑：王安石认为"波"字为"水之皮"，苏东坡就说，那么"滑"字就是"水之骨"了。是否杜撰无可考察，但也的确活画出诗人快活、机智和伶俐的性格。

苏东坡所持守的是真实和清晰的理路，极端化和意气用事的快意在他这儿是比较少见的。许多人会认为，作为一个激扬焕发的诗人，任凭自己的激情一泻千里，甚至会有一种不管不顾、不计后果的倾向。但真实的苏东坡，特别是在施政过程中，是相当谨慎和缜密的。他尽可能将事物的各个方面加以仔细推敲，而不是凭借想象让情绪将理路淹没，堵塞理性的通道。如果那样，不仅对一个为政者是极大的忌惮，就是日常生活中的人也是非常危险的。顽皮体现了他性格中活泼丰盈的一面，那是人性的温度、是真性情，但思路终究还需要冷静严密。这不仅是一个社会角色赋予的要求，也应该是一个完整的人所固有的品质。凡事走极端、凭热情，甚至迁就于党派情感，都是褊狭和逼仄的。如果说苏东坡在最初的宫廷生活中还有类似倾向，那么当他历练日久、经过了剧烈跌宕、从艰辛的低谷攀爬上来之后，那种青春的勇气和果决仍然没有丢掉，多出的一份，就是追求真实的坚定和执着了。

顽皮作为性情中的自然流露，在诗文中经常展现，也在别人的记录中俯拾皆是。给人的印象是，他与父亲苏洵和弟弟苏辙大为不同。父亲严谨肃穆，是一个严厉的家长；而弟弟更像一个官场俊才，清醒干练而又稳重务实，远不像兄长那样随性和恣意。记录中东坡诗文经常叫朋友喷饭，他曾对鼻梁受创的朋友刘贡父作诗戏云："大风起兮眉飞扬，安得壮士兮守鼻梁。"(《渑水燕谈录》卷十《谈谑》)。好友李公择身材矮小，东坡戏称"短李风流更上才"(《南乡子·席上劝李公择酒》)。在他众多的诗词歌赋中，随处流淌出这种快活、戏谑和随意，有一种轻松自如的格调。它们远不是正襟危坐的产物，作者没有紧皱眉头，而是极为舒展，机趣闪烁，时而低吟时而惆怅，即使在最为困苦焦灼的时刻，也有自嘲和讥讽。那些睿智和别样的深邃，就在其间。

他的活泼和顽皮，在激烈的政争时加重了辛辣的讽刺，有着更大的刺激和损伤力，让对手狼狈不堪。这或许是他始料未及的。他性情之纯真、意兴之率直、政见之锐利，三者合而为一。当时的争斗空间里既弥漫着一种浓烈的火药味，还掺杂着奇怪的游戏和逗趣的韵致。有时他显得口不择言，说过即了，但留下的却是掷地有声的沉重。这是认识和见解的分量，同时又伴以率性和纯粹。这样一种奇怪的综合与呈现，在刻板、阴晦与幽暗的宫廷生活中，实在罕见。

在那样的场合里，任何一点个性和棱角都会留下后果，有时甚至是致命的。

苏东坡对于自己的生命品质似乎是颇为自满和清晰的，他在《宝山昼睡》中写道："七尺顽躯走世尘，十围便腹贮天真。此中空洞浑无物，何止容君数百人。"胸襟开阔而且"空洞浑无物"，这是真实的写照吗？对立的一方可能认为一切恰恰相反，那里边满是玄机，是器械齐备的武库。这样的认识也有道理，因为他们似乎陷入对方凌厉的言辞、不留情面的攻讦、严密周备的思路所织成的一张围网中无法挣脱，感到了强大的攻击力和围剿力。但对于苏东坡自己来说，却完全不是如此。他一切都无遮无掩，不曾设防的宽大心胸可以容下各色人等，无论多么阴险、尖刻、乖戾，都可以悉数纳入。

他的顽皮确是自我流露，而非轻浮。他的中庸表现在稳重和理性，追求一份无欺的生活。一举手一投足皆出自天性，这也是自信的表现。中庸使他拥有了人生的支点和立场，不依附、不漂移。这样的人生不会着力于机心，而只能认真执着。

苏东坡的表兄文同曾经与其在京城共事馆阁，他的《往年寄子平》一诗记下了对方年轻时的狂放和任诞："往年记得归在京，日日访子来西城。虽然对坐两寂寞，亦有大笑时相轰。顾子心力苦未老，犹弄故态如狂生。书窗画壁恣掀倒，脱帽褫带随纵横。喧呶歌诗踊文字，荡突不管邻人惊。更呼老卒立台下，使抱短箫吹月明。清欢居此仅数月，夜夜放去常三更。"这首诗太生动也太具体，画出了诗人当年情态，确是极难得的文字。

· 仁心如才盛

历史上的"风流才子"太多了，这其中不乏自私狭隘之徒，他们将所谓的"才华"涂在表层，像一个符号和徽章一样顶戴身上招摇过市，实际是无足轻重的人生。这些"才子"不过是一些概念化的表演者，不会给世界留下什么有价值的东西，只是划下一道道紊乱潦草的痕迹而已。这些生命是孱弱的，密集如蚂蚁，为口腹之欲碌碌奔走。在一段时间里，这样的人物颇有欺骗力，因此也会取得丰厚的回报，获得一些机会。但假以时日，一切也就清晰了。这些人一度拥有了一切，什么名声和财富，应有尽有；但他们唯独缺少仁慈和怜惜，缺少最基本的正直。

苏东坡在任所上常常呕心沥血，操劳不已，有时达到一种忘我的状态。在凤翔，他为那些在激流中放木筏、常有生死之危的民工呼号不已；在密州，他面对铺天盖地的蝗灾欲哭无泪。历尽摧折之后，为了安度晚年，他反复奏请皇上才得以在常州定居，却因为一位老妇人的恸哭，白白放弃了花尽积蓄求购的一处房产。他的一生常常有"不忍"两字跟随。忧心常常使他无以排解，断送仅有的一点享受。他希望自己遗忘在酒宴笙歌之中、山水游历之中，可最终仍旧无济于事。他经常为此矛盾、愧疚和不安："除日当早归，官事乃见留。执笔对之泣，哀此系中囚。小人营糇粮，堕网不知羞。我亦恋薄禄，因循失归休。"（《熙宁中，轼通守此郡，除夜直都厅，囚系皆满，日暮不得返舍，因题一诗于壁》）塞满了囚室的犯人让他难过，为之流下长泪，这些人无知、贫困、绝望，且不知羞耻，对自己可怜而悲惨的处境近乎麻木。"三年东方旱，逃户连敧栋。老农释耒叹，泪入饥肠痛。"（《除夜大雪留潍州元日早晴遂行中途雪复作》）他当年是不忍看，我们今天是不忍读。

人的心肠只要足够柔软，就会盛满忧伤和绝望，苏东坡就是这样的一个人。他无法回避，因为职责所在，不能做一个旁观者。与其他人不同的是，他要服务黎民，是一个所谓的"牧者"，羊群有生命之虞，"牧者"就不能垂手而立无动于衷。他的一生留下了那么多文字，从义理皆备、言辞恳切、锋利洞彻的策论、表状、奏议，到无边无际的浪漫抒发，还有那些情趣、机敏和惆怅，一切都掩不住心底的悲叹。他写道："秋禾不满眼，宿麦种亦稀。永愧此邦人，芒刺在肤肌。平生五千卷，一字不救饥。"（《和孔郎中荆林马上见寄》）读书与实务，思想与现实，就这样差异分明。一个长于作文者，如同一个朝廷里威严的能吏一样，对照苦难的生活现状，常常有一种至为悲伤的痛感：一种空荡无为、苍白可怜的人生感受，油然而生。"轼在钱塘，每执笔断犯盐者，未尝不流涕也。"（《上韩丞相论灾伤手实书》）这里记录了他审决案犯的一些心情。面对这些受难者、毫无希望者，他忍不住流下眼泪。这通常不是一个威严官吏的表现，但是毫无办法，他就是这样一个人。

历史上不乏为民请命的文人和官吏，但像苏东坡这样体察下情、疗民之疾、与之情同手足的人实在不多。他之抗争、之辩白、之斗法，都是不忍之心驱动的结果。他不得不以身犯险，冒着极大的危难放手一搏，不计后果，这种莫大的勇气也是以仁心为基、为据、为本。作为一个上层人物，一个名动朝野的天才，却又能如此"接地气"。

我们所见到的苏东坡，其最大魅力其实并不是那些脍炙人口的诗章、那些想象绮丽的文辞，而是与这些文字密不可分的那个灵魂。二者结合在一起，才有了逼人的力量。那种强大的涤荡力让人久久不能平静，难以忘怀，更超越了一般的审美意义。

· 能吏和文豪

苏东坡多能、多趣，几乎在各个方面都有非凡的展现和表达。纵观之后，我们会得出"能吏"和"文豪"这两大结论。实际上只要是文章大家，其周密和创造无论用到哪里都会功效卓著。作为一位文臣，他的策略与筹划功夫固然深厚，但解决具体实务的能力也令人叹服；将这两个方面集于一身者，更是罕见。一个诗文家甚至精于武事，能够在边陲用兵防务，兴办水军，在许多重要的民生工程方面都有重要贡献。记载中他在密州为太守，曾亲率武装成功剿匪；在杭州身穿将服统领兵士，威风凛凛；在边塞定州虽然只有短短八个月，即把涣散松懈的军备整顿得有声有色。"酒酣胸胆尚开张，鬓微霜，又何妨？持节云中，何日遣冯唐？会挽雕弓如满月，西北望，射天狼。"(《江城子·密州出猎》)这首名作表达了诗人的豪志，实际上只要一有机会，这种豪志就会化为壮举。

历史没有留给苏东坡那样的机会，没有像辛弃疾那样，真的冲上战场与敌搏杀。但是从他仅有的几次武装尝试和关于安边备军的奏折中，完全可以看到一位胸中自有千军万马的安邦之才。除了长于武事谋划，他对经济事务也表现出高明的运作能力，如在杭州太守任上，为了免除民众饥荒，曾抓住机会策划屯粮发放，从而避免了一场危机。他在一些政务细节上极为专注和务实，完全没有粗枝大叶的作风。在颍州，他反对耗费巨量财力物力的水利工程，在奏章里详细分析地势水情；而其他一些力主实施的官员只不过骑着高头大马巡视一番即做决定。这在他来说是不可接受的。他知道一旦动工就将耗去无数血汗，亲自率人探究，在水道区间每隔二十五步立一竿，竟然立下了近六千根竹竿，把上下游落差考察得一清二楚，然后重新规划。他作为一方官吏，如此缜密和用心，让人想起一篇大文章的条理和构思：一丝不苟，字字落实。

历史上做大事者，常常需要一位真正的书生，气度、信心、行动力，都源自对客观世界知之深度，源自对人类全部文明的吸纳和蓄养。这里我们再次想起了孟子的话，"我善养吾浩然之气"，有了这种气概，才可以从容无畏地行动。

苏东坡离开了高高在上的朝廷，就有了更多实践和证明的机会。有人会认为凭其文名之大，历史记录中一定更能彰显政绩及其他，正反两个方面都会得到充分传扬。经验中类似人物固然容易被理想化，在口耳相传和文字记载中得到强化，但一切仍要尊重基本事实，要确凿存证，不能虚构。人们已经习惯于在道德及其他方面制造"圣人"，但无论如何还须据实认定。苏东坡被后人一再提起的徐州抗洪及其他，都实有所据，绝非虚构。中国历史上首座官办医院是苏东坡在杭州所创，在徐州他率人开发煤矿，并兴办炼铁业。他的《石炭并引》中写道："岂料山中有遗宝，磊落如礜万车炭。流膏迸液无人知，阵阵腥风自吹散。根苗一发浩无际，万人鼓舞千人看。投泥泼水愈光明，烁玉流金见精悍。南山栗林渐可息，北山顽矿何劳锻。为君铸作百炼刀，要斩长鲸为万段。"此诗将煤炭燃烧时的情状写得清楚，指出它和一般柴火不同，即便"投泥泼水"都不能止息，而且越发地焕发光亮，被视为奇观；用它冶炼的长刀该是多么锋利，"要斩长鲸为万段"。这里不能不再次提到他在开封府任推官时，面对极为复杂、多有牵涉的棘手案件，竟获"神断"之誉，被赞为"决断精敏，声闻益远"（《东坡先生墓志铭》）。戏曲中常常说到的"包公风采"，在这里让我们见到。

"轼二十年间，再莅杭，有德于民，家有画像，饮食必祝，又作生祠以报。"（《宋史·苏轼传》）这是正史对苏东坡的记载。

· 浪漫的枝丫下

浪漫的茂长难遮理性的枝干，华丽的言辞须有清晰的理路。苏东坡是一个不唯新不唯旧、思辨力极强的人物。世人常记住他的一些趣味和风采，噱头，各种传说。他自己的一些闪动异彩的文字更是加重了想象。出于审美的快感和愉悦，后人愿意构画出自己心中的苏东坡。在多于牛毛的文字里，在一部部野史中，人们编造出许多关于他的耸人听闻的故事。一些离奇故事附丽其上，以讹传讹。

比如他本来没有妹妹，可是一个流传甚广的故事中，竟然把诗人秦观和一位聪颖美丽而又顽皮的"苏小妹"撮合在一起。

人们也常常认为，一个豪情万丈的浪漫诗人一定是任性纵情的，很难在实务中发挥长处。这样的看法竟然在当年的朝廷中、在新党的代表人物如王安石那儿也有过。王安石认为苏东坡逼人的文辞来自纵横家，来自孟子和荀子等流脉，而不是一个真正的原儒。他的同党更把苏东坡诬为一味狡辩的文人，是只图口舌之快的辩士，对国家政事一无所用：这样的人物有百害而无一利，皇上应速速弃之。对这些议论和贬斥中伤，最高统治者宋神宗是犹豫的。有时他在矛盾中优柔寡断，不知该信谁的更好。他每每为苏东坡的奏表而感动，有时又在这绚丽的一泻千里的语流中感到惶惑。也许我们觉得苏东坡应该使用更为朴素直接的文字来表述自己的政见，还公文以应有的品质，只有这样才能更准确地彰显主旨。由此看，苏东坡在这方面也稍有疏失，但没有办法，因为这是他的本来面貌，是自小形成的行文习惯。

他是一个激昂的歌者，一个饱读诗书、被古往今来才华横溢的文人深深熏染的读书人。他采用的语言方式既来自血脉，又来自熏陶，它们已无可改变，这一切就表现在苏东坡的策论和奏表中，它们一如诗章，想象奇异，纵横捭阖。比起他的韵文和闲文，这些文字已经显得肃穆沉郁了许多，但还是有无法遏制的洋洋洒洒，这在那封著名的万言书中得到了充分的表现。对于政务繁忙、日理万机的宋神宗来讲，这篇奏章实在是太长了一点，而且有咄咄逼人的口气、势在必得的坚持，读来太过刺激。不要说在肃穆凛然的封建宫阙中，即便在一般的官场上，苏东坡的这些策与表都显得过于热情和放肆了。放肆是大忌，热情更是大忌，只会引火烧身。他没有及时让自己冷却，让情感降到冰点，让干硬和冷酷与周边环境相谐调。没有这样的隐藏力和忍耐力，在朝廷立身是万万不能的。

在北宋那个特殊的政治语境里，有些物事又与一般历史阶段大有不同。自宋太祖以来，吏治大异，因为自开国之初就立下了文人政治，而且提倡大开言路，不准以言治罪。这就使北宋产生了寇准、包拯、范仲淹、欧阳修、韩琦、司马光、范镇等一大批直谏者。他们都是一些真正意义上的文人，更是诤臣，能够直言不讳，作振聋发聩之声。北宋的文人就是在这个"黄金时代"里，培育出一种勇谏的性格和进击的力量。少年苏东坡就是在这样的理想氛围中长大，有自己心中的高大榜样，效法他们、追逐他们，一直到走入朝堂。实践的机会一旦来临，浪漫的气象就会焕发，它和勇气结合一起，冲腾而出；就像一棵从眉山移栽到宫廷之上的树木，不合水土却又绿叶蓬勃。这种生长是如此的突兀和冒险。这里很快夜幕四合，没有光亮，危难之期很快到来。不需要等待太久，砍伐的巨斧已经举起。

后面的情节我们已然知道，他遭受李定和章惇一类人物迫害，九死一生。

第一次大贬谪结束，他再次身居高位，与重新掌权的旧党人物并立朝堂。这是他一生最值得珍视的一个时段，只要不傻都会抓住这个机会，而苏东坡却没能做到。此时的诗人在地方州府久经历练，实践经验异常丰富，已经是饱尝各种滋味的务实者了，所以才对旧党的卷土重来保持了一份警觉和质疑。也许从常情来看，他对司马光的冲撞与反对是大为不宜的，甚至可谓不智之举，但这一切在真理的追求面前都不算什么了。他根据的是自己的实际经历和诸多事实,而非一己之私,并没有一味反对新党之政。在这里,他既不是保守派也不是改革派,而是一个求真派和务实派。那个意气风发、同时又有点意气用事的苏东坡,已经成为过去。那个在人们眼中下笔千言如有神助的俊才,如今已经变为实际操作的能手,富有理性精神,是第一流的实践者。他的足迹遍及七州,可以毫不费力地援引无数例证,好像生来就是解决棘手问题的能手。

历史记载中有一件趣事,涉及北宋著名诗人李之仪:他曾经跟从苏轼到边远的定州做幕府,妻子是才识高远的名门闺秀,她从初见苏东坡的疑虑,到观察下来的折服和感叹,都得到了十分清晰的记录。这位女士在旁观看诗人如何处理公务,原以为这样的人物难免有空谈和游说之弊,想不到此人处理政务异常迅速、有条不紊、干净利落。"邂逅子瞻遇余方从容笑语,忽有以公事至前,遂力为办理以竟曲直。""信一代豪杰也。"(《姑溪居士妻胡氏文柔墓志铭》)

人们常常将浪漫情怀与缜密理性及务实精神作对立观,是一种莫大的误解。没有理性的枝丫,浪漫的绿叶就难以丛生茂长。我们只看到这棵强旺的巨树庞大丰满的形状,像青烟一样喷薄而上的气势,却忽略了内在的决定力:它有坚强的骨骼、粗壮的身躯,更有深深扎入泥土的根脉。那些游走于地泉和砺石的生命脉管是如此顽韧、发达和深刻。我们看到了后者,理解了后者,再去仰望空中的挺拔昂扬,结论和感想也就迥然不同了。粗枝大叶,是人们容易犯下的一个错误,一个差之毫厘失之千里的大错。真正的浪漫者、风流者,必定拥有更强大的根基,不然就是一场虚妄的夭折。

尽管苏东坡命运多舛,坎坷无尽,从高巅滑下深谷,但他绝对不是一个失败者。他是作为一个顽强抗争、百折不挠的形象,屹立在历史尘烟之中。他以区区六十余年的生命，创立万卷诗章、三州功业，更有功业之外的累累硕果。当我们尝试走近并进入它的内部时，会发现其中曲折无限，琳琅满目。那些不可思议的长廊，那些让人赞叹的穹顶，都是最大的建筑奇观。

· 策论奏议及诏诰

有些现代读者也许不会在意诗人的另一类文字：诗词文章之外的"公文"。它们是那些代拟文字、为政期间面向朝廷写下的文字、求仕旅途上留下的一些心志。这些文字是苏东坡作为一个"人臣"所留下来的。孔子有"君子不器"之说，强调真正意义上的"君子"须拥有更完美更理想的人格，不仅仅要有执行力，还要有创造力；不能只是满足于做一个好使善用的工具，而是具备个人的发现力和能动性，总之应该是一个相当主动的生命。这种说法好像与他的"述而不作"相抵触，其实不然，那不过是孔子用作变革的口实和由头，是防御用的伪装。在提倡"克己复礼"的时候，他强调自己没有什么"发挥"和"创造"，而只是因袭周公之礼，实际上当然不会如此。孔子貌似一个"器具"，一个因循守旧的执行者，实际上却是一个藏有刀锋的进击者。"复礼"意味着一场大胆的变革，这变革的锋芒与步骤，假以时日就会一点点显露出来。清晰、深厚、沉雄如孔子者，当然不会那么平庸老实。比如说他上任司寇仅仅七天就诛杀了少正卯，是何等迅捷的出击。后来苏东坡调侃孔子的这一行动，说他之所以那么迅疾地除掉政敌，是因为自料在任时间可能极为短促，如不快些动手就来不及了。

怎样做一个"君子",是否成为一个好的"器",这肯定是缠住古往今来所有从政者的一个严肃命题。"君子不器"是不可能的,一旦为"器",则必为"大器"。从这个角度看,苏东坡在朝期间代朝廷拟写的许多诏诰,更有科举和为政时期所写下的那些策论与奏议,我们读来会深深地沉浸其间,并且一再地发出惊叹。这其中埋藏了那么多智慧,有如此充沛的热情、不可更移的治理意志。即便是那些代拟的文字,它们虽有体制的规范,但仍然也还有个人的文辞风格和意志空间。作为有法定约束力的敕令,当然是极为迅捷和有效的,所以代制文字的重要性自不待言。连同口宣、批答、祭文、歌辞等,无不留下诗人的才情与风貌。那眉宇间的神情、口吻和声气,都时常袒露,一如诗人的其他文字,具有难掩的文采、机趣和利落,甚至有饱满的情感。它们借以皇上的口吻,吐露的是人性的温暖,一些心曲显得格外动人,散发出迷人魅力。苏东坡的志趣和理想都掩于其间,借力远播。除了少数人知道这其中的微妙之外,朝廷之下是少有察觉的。

这些代制文字,有许多在第二次大迫害时被恶僚们拿来推敲问罪,可见文字狱无所不用其极。有人说这些文字是"谤讪先朝",要求朝廷给予最严厉的惩治。由此反观,足可见苏东坡执笔时彰显的个性和气概,仍然存留其间。这些文字具有一种不可泯灭的价值,今天的人当一一鉴别,不可一律视为官样文章。试想,如果届时换了他人捉刀,不仅文气会变,内容也将大有差异。

人们历来瞩目的是他的一些虚构文字,特别是诗词文赋,对那些相对艰涩的公文都有所疏忽,很少论及。但这些另类文字是直接裸露的思想和主张，它们的主要价值不在审美，而在其他。我们要从这些文字当中寻找一条理路，尝试接通昨天和今天，还有未来。这样的一种重大功用和使用，难道不足以吸引后人吗？从这些缜密的记录中，我们能够感受另一个苏东坡，想象他是如何在两种文字之间自如地游走腾挪，二者关系又到底如何。哪个为本、哪个为末、哪个属于中心、哪个属于边缘？这些文字究竟是诗的对立物，还是它的衍生品？是它的统一体、它内藏的某些更坚实的部分？

如果说苏东坡笔下的这些策论和诏诰，是同类文字中最有文采的，可能谁都不会怀疑。

那时诗人正值青壮，就文章历练和整个经历来看，已经到了厚积薄发之期。在其他人那里，这还是一个初始和发端的阶段，而苏东坡完全不是如此。这与他的家学、与父辈的影响有关。在"堂前万卷书"里畅游的少年，经过严格的训练和学习，已经是一个成熟的胸有成竹的为政之才了。他的那些策论立论精当，理性通透，文势浩，文气正，文意远，文思周，充满了远见卓识。只可惜，它们没有像他的诗文一样，在现代人这里得到深刻的解读和认知。

在芜杂的网络时代，在声色犬马、娱乐甚嚣尘上的时刻，苏东坡的这一类文字离我们更加遥远。它们非但不能化为最好的引鉴，反而成为一些陌生的堆积。我们宁可援引一些虚浮的大言，也不愿接近那些掷地有声的思辨。今天看，这些篇章的确有政治家的长远洞悉，也是少有书生意气的道德家言。它们实际上应该与其诗文共同宝藏，就某一方面的价值论，甚至更高。面对现实和历史，它们辩证、恳切，而且庄正，虽然难以流布，却有无法遮掩的夺目光彩。

我们更多地将苏东坡视为一位才华横溢的文学家，而非一位杰出的知识分子，尤其不是一位杰出的政治家。这是认识的误区。他的诗文得到推崇和流传，是因为作为艺术而更少争议。一旦涉及社会治理、政治和文化价值取向，就一定会仁者见仁智者见智，成为晦涩生僻的部分。而苏东坡恰恰是在洞见和思辨中，展现了独特的价值。这对于一个文明深厚的古老民族来说，当是最可引鉴的宝贵财富；就某一方面论，可能比那些诗词和文赋还要重要。

我们可以设想：如果今天耐心通读这些文字，将它们一一还原，就会在数字时代的文字沙尘暴里化为一处处绿洲，让我们享受难得的风景。我们还会发现，在不断更迭的人类历史中，有一些常理总是接近甚至是不变的。

忧患常在，兴衰有故，客观环境的置换引起了人性的无尽演化。我们如何对待这演化、这时代，当是一个至大至深的命题。

· 盛名之下

苏轼成名甚早，宦游各地，文字广播，每一落笔则"流俗翕然，争相传诵"（朋九万《东坡乌台诗案》引舒亶《劾苏轼奏》）。他在徐州登燕子楼所作的《永遇乐》一词，刚刚完成就"哄传于城中"（曾敏行《独醒杂志》），相当于网络传媒时代的"热搜"人物。当他大难不死从海南归来，乘船沿水道北上，正是酷热暑天，诗人在病中身披短袖上衣坐在船上，运河两岸成千上万的人都闻讯赶来，苏东坡不无惊恐地对一旁说："莫看杀轼否？"（《邵氏闻见后录》）

多少人爱慕他，把他视为奇迹。北归一路万人争睹，可见当年盛况。他的一生,这盛名既帮助了他,也让他受尽摧折。他招来的忌恨无边无际,不可尽数。在朝廷与同僚中,他的文名实在太大了,大到了同侪难以接受的地步,后来连告发的奏折中都有"与朝廷争名"这样的古怪罪名。朝廷聚拢覆盖一切的力量和权威,竟然受到了诗名的威胁,这是怎样一种历史奇观和精神奇观。那一场乌台劫难,说到底也包含了宋神宗对诗人的忌惮与不快。或许皇上并无杀除之意,只想威吓一下这个名高才盛的人物。"东坡何罪?独以名太高,与朝廷争胜耳。"(《元城先生语录》)享有如此盛名者反对朝廷新政,当然不是小事,想必为朝廷所恼,而那些恶毒的臣僚也正好利用了皇帝的心思。

嫉妒之心一朝呼唤出来,其毁灭力是很大的。由于当年不是多媒体时代,所以就传播来讲,要与苏东坡的诗文竞名争胜是很难的。当时尽管有民间小报,有朝廷官报,但那些媒体仍然难以与竞相争刻、贩卖于街市的东坡诗文相比。东坡文字千变万化、灵动异常,既通俗易懂朗朗上口,又富有文采神韵,可以说是妙语如珠。事实上很少有什么文字能够比苏东坡的诗文再易于口耳相传,所以在民间有极强的传播力。苏诗不仅繁多,而且佳句迭出,传诵不休。它的别致与犀利,总是给人特殊的快感,在当年具有强大的娱乐功能。这盛大的文名实在是得失相伴。这样的一位人物一旦遭难即万人瞩目,由于仰慕者众,让那些痛下狠手者也有所顾忌;即便是被贬谪到最可怕的境地,也仍然能够得到当地最高长官的照拂和安慰,许多人以能够与之共饮一杯而感到莫大荣幸。

我们常说的一句话是:"盛名之下,其实难副。"在苏东坡这里一切正好相反:"其实"还要大于"盛名"。他拥有的内在品质与价值,正在时间里慢慢挥发和生长。在今天这样的娱乐时代，由于诗人所拥有的诸多元素，恰好来到一个更大面积传播、获得更多喜爱的时段。相比历史上的其他文化人物，他太有趣、太平易、太可流布。仿佛人人都喜爱他，都可以将他说个明白。但真正的苏东坡，也就在这世俗的言说和演绎中消逝和淹没了。

我们可以在所谓的"苏海"中畅游，但对于深渊里潜藏的那些沟壑和巨垒，很可能一无所见。诗人的"盛名"再一次覆盖了自己，他和我们一起来到了"数字传媒时代"。

・初无志于著述

与李白和杜甫等人不同，苏东坡虽有文章作法之至论，如那篇有名的《文说》，但仍然还不是一个专心于著述的人。他的写作常常是临时的、即兴的，凭才气一挥而就，更多给人这样的感受，属于"趁笔快意"（叶梦得《石林诗话》）者。也许我们可以举出他的篇幅与数量，来说明他专于写作的文心和雄心，其实不然，因为仅由数量还说明不了根本的问题。

综观他的文字，一种恍然即兴的品质较其他文人更重，许多时候显得明快有余，沉潜不足，才华显著，果断而不犹豫，是这样的特征。朱熹曾说："坡文雄健有余，只下字亦有不贴实处。坡文只是大势好，不可逐一字去点检。"（《朱子语类》卷一三九）纪晓岚说："然东坡以雄视百代之才，而往往伤率、伤漫、伤放、伤露者，正坐不肯为郊、岛少一番苦吟工夫耳。读者不可不知。"（纪昀评点《苏文忠公诗集》卷十六）苏东坡自己也曾经作诗说："夜读孟郊诗，细字如牛毛。""人生如朝露，日夜火消膏。何苦将两耳，听此寒虫号。"（《读孟郊诗二首·一》）从他人的感受到自己的心得，有一些特质似可确认，他的确没有某些文章大家的"笨重"，也少了一些沉郁。这种明快、犀利和机灵，这种妙语与才具，其实也是一把双刃剑。他诸多的文字当中，有极大的一部分还属于过客之文，旅人之文，酒后之文，既没有苦心经营感，又没有生命深层的沉痛感。"我诗为闲作，更得不闲语。"（《徐大正闲轩》）这样的情致与风景，其实也与浪漫主义无关。

事情有所变化当然是后来，诗人长贬黄州、惠州、儋州之期，所谓的"三大功业"之期，一切才有了大幅度的改变。他一生的峰巅之作大致在这之后，而且更重要的是，他开始论经注经，进入了自己的著述期。这也是一生的例外。诗人玩心太重、入世心太重，这又显出矛盾重重。在大多数时间里，他都是一位好官吏，而且用心最重，一直心系朝廷，这在他也是好理解的。

比起父亲苏洵，他的著述心要淡得多。父亲曾专心研究《易经》和《论语》，在生命的最后阶段叮嘱儿子接续下去。忠厚的苏辙开始做起，后来由苏东坡最终完成。从记载上看，这个工作是贬谪黄州之后开始的。这时的诗人开始脚踏实地，着力甚大。

"三大著述"最后完成于海南。三部书一共耗去了七年，时间不长，实在是拥有大才华者所能为。三书一共十七卷，包含《书传》三卷，《论语说》五卷，《易传》九卷。苏东坡曾说：留下这三部书也就死而无憾了，可把思想、心志、传统和家学留给后人。他好像对自己的诗和词并没有如此高的寄托。可见著述对他们苏家而言、对诗人自己而言，有着特别重大的分量。由此我们也可以明白接受者和创造者之间的差异是何等大：我们惊叹的部分，创造者本人却是相对轻淡的；而我们基本上予以忽略的部分，却是他自己用功最大、牵挂最深、最不可遗忘的。

诗人自己知道他有诸多诗词文字诞生于清闲时刻，不过是游戏而已，随写随掷；有时是不吐不快，有时是机趣还答。古人为得一佳句而捻断数根须的情形，在他这里是绝对没有的。也正因为如此，他才会有那么多轻快的佳句，有那么多通俗的流传。它们有一种随性之美、自然之美、偶得之美，而没有处心积虑的深奥，自然也少了那种撼动人心的力量。深刻的自省与追究、灵魂的拷问与罪感，在苏东坡的文字中是较少的。我们如果把"伟大"一词、把一件过于庄严的行头披挂到诗人身上，在许多时候会觉得不合体量。

· 诗人与诗国

古代的中国，说到底还是诗书之国。在这个国度里，几乎没有知识人不会作诗，从《诗经》的时代到清代再到民国，皆是如此。韵文之魅，无可言表。走向散文时代之后，诗的衰落究竟是悲是喜，还要从长视之。在诗的国度里，逢友、送别、喜丧，一切皆有诗的出现。私诗公诗，连乌台绝命之刻都有好诗在场。苏东坡那一首写给弟弟的绝命诗之所以动人心魄，就在于他真的看到了死亡的阴影从眼前掠过："柏台霜气夜凄凄，风动琅珰月向低。梦绕云山心似鹿，魂飞汤火命如鸡。眼中犀角真吾子，身后牛衣愧老妻。百岁神游定何处，桐乡知葬浙江西。"（《予以事系御史台狱，狱吏稍见侵，自度不能堪，死狱中，不得一别子由，故和二诗授狱卒梁成，以遗子由》）后来有人对这首诗的某些句子不以为然，觉得直白。实际上这是一首用意深邃、别有他图的文字，既有震悚、阴森的恐惧，又有一些曲折的心曲。与其说是写给弟弟的告别诗，不如说是抱着一线希望：他知道此刻产生的任何一个字符，都会引起另一个人的关注，那就是至高无上的宋神宗。他想用一种悲戚、殷切、绝望的笔调，引起那个人的怜惜，唤起一点恻隐之心。果然，此诗的目的最终还是达到了。

一首诗竟然有这样大的功用，能够改变生死命运，可见它之重要绝非妄谈。以诗成大事者并非罕见，用诗一吐豪迈更是常有，一部中国诗史就记录着这一切。上到皇帝下到黎民，皆有好诗。

无论如何，世界的诗意萧索必然不是吉兆。凝练文字、规范文章、国民风格，皆为一体。像今天这样电游视像飞舞凌乱，可以说浊水横流，哪里还会有什么诗意。诗与世道人心怎样紧密相扣，实在引人长思。孔子说："诗可以兴，可以观，可以群，可以怨。迩之事父，远之事君，多识于鸟兽草木之名。"（《论语·阳货》）由此看自古以来诗之功用，完全不是散文可以替代和传承的，也不是现代自由诗可以取代的。

· 将岁月记录在案

当年的苏东坡没有写日记的习惯，但到了最后，他的诗词文赋也许比一般的日记载事更详。他的大量诗文中不仅有许多事件，还有情绪与氛围、有当时所发生的一切。日子匆匆逝去，没人将其细细记录，所以就像无形的江水淌过，难以留下什么。如果岁月的痕迹刻下来，累叠一起，就会看出生活的前进与波动。就这个意义而言，记录真是事关重大。它不仅是一个仪式，一个习惯，而是一种生命的求证和回顾，是一种时光的特别挽留方法。我们可以沿着它的痕迹回望来路、遥望后路。就这个意义上看，苏东坡的一生算是经历了双倍乃至几倍的生活。人生庸碌，弹指十年，往往没有多少可记忆者。如果用诗文记录生活，这正是文字产生后的最大功用，也是一部分人拥有的专利。

打开苏文，抚摸他四十多年的歌吟不绝，按住这些生命的痕迹，有一种特别的重逢感和相遇感。除了这些痕迹，我们再无更多可依凭者。当年没有图像，没有录音，更没有云空间，这些文字也就成为不可复制的信证保留下来。事实上无论是过去还是现在，几乎很少有人像苏东坡一样随手记下，而且是这样声情并茂，生动之至。它们活画了一个时代、一个人，留下了这么多故事。于是我们对一些细节不再依靠想象，而是直接触摸。我们可以一再地复述，在复述中还原一个人、一些生活，这也是后来人取之不尽的材料。我们也由此明白，为什么言说苏东坡的文字会有那么多。李白、杜甫、陶渊明等人，都没有苏东坡这样多的纪事诗、唱和诗，这实在构成了一幅繁复斑驳的景象。

通过文字追求不朽，是很多人的理想，并且为此奋斗一生。文章是进阶之物、建功立业之物，所以自古以来被视为至大事情。而我们今天一再激赏的东坡文字却有不同，它们的主要部分往往不是为了记大事而存留，没有那样的目的、初衷和结果。诗人的兴味是短促的，许多时候也是得过且过的。那些在生命中引起撕扯、留下深刻创痕的记录，在其诗文数量上并不占有主要篇幅。那样艰辛煎熬的时刻，他可能更多地留给自己咀嚼，而没有形成文字。当然，这些文字再现的空间之外，仍然还有一些铭心刻骨的呻吟和感叹；但死里逃生的大劫之后，更多的却是一种达观、超然、居高临下的对于人生和历史的审视，给人的仍然不是感动，而是其他。

  诗人这种浩叹的高远和雄阔，令人无不动容。它既是胸襟又是心智，既是情绪又是理性，无数的元素综合一起，完成了一首千古杰作。这就像他的整个诗文一样，以其丰沛、多姿多彩和泥沙俱下，绘就了一幅巨幅画卷。后人可以扬弃和忽略其中的一部分，如那些琐屑偏僻的文字；但省略和挑剔之后，也仍然知道它们存在的价值。苏东坡正因为这诸多斑驳和芜杂的文字，让其才华和声名超过了成就：它们与其他文字一起，汇成了一条大河，或者说一片海洋。

  这种书写到了最后，与诗人的初衷有所不同。苏东坡也许不是一个清晰而专注的记录者，但他留下的全部文字，其效果和结局，却是那些以文字追求不朽者、那些目的性十分清晰的人所难以达到的。

第四讲

深爱和沉迷

• 诗意地栖居

"人在大地上诗意地栖居",这是德国哲学家海德格尔引述古典诗人荷尔德林时说过的一句名言,通常被认为是至理至境,但真要做到却很难。我们想想诗人苏东坡的一生,会觉得他在一些时候似乎做到了,更多的时候却是求而不得。这里不仅是指他的顺境之期,也还有逆境下的考验与鉴定。"诗意"是一种发现,更是庄子说的"应物",是书写绚烂之诗的过程,是通感,是畅达,是一体之悟,是化腐朽为神奇的能力与本性。这里面需要精神的境界和力量,需要远远超脱于物质主义之上的那种心灵的飞翔。

"宁可食无肉,不可居无竹。无肉令人瘦,无竹令人俗。"(《於潜僧绿筠轩》)这里的"竹"蕴藏着无限的诗意,而"肉"代表了世俗的所有物质享受。苏东坡春风得意的时候,可谓被诗意所簇拥,这时候丰盈的物质没有将他剥损和腐蚀,而是让其在尽情享用的同时,沉浸到另一个境界里。那当然不仅仅是花红柳绿,笙歌曼舞,不仅仅是青春的依偎和欢唱。那一切虽然也有诗意,只因为它们过于艳

第四讲 深爱和沉迷

丽和茂盛而显得有点虚浮矫饰。它们远远比不上荒野，或者是冰凌之下一株寂寞开放的雪梅，其背后是无边的荒凉和等待苏醒的大地。这样一种开阔的视野中应有尽有，那才是一场大观照和大拥有：近在眼前的这株幽香，却是代表整个世界的一次探望和问候，一个专注者将看得热泪盈眶，情不能禁。这种情形是诗人最能够领会、最能够被感动的一个瞬间，他曾记录了一个又一个这样的场景。当然，与此相反的那种喧嚣和热闹、那种带着浓浓醉意的惆怅，也被他纵横涂抹过。

诗人似乎度过了太多风高月黑的时刻，他在窗棂上看着狂舞的"寒枝"，然后偎进自己的角落。他似乎不忍让任何一个明媚的月夜白白地流逝，一个人出门，在婆娑的树影下徘徊游走，或进入一座小小的寺庙，在林间竹下印证这种特异的美。人生是斑驳的，在这一刻的幽静，在这不可思议的洒满了银粉的大地上，他仿佛可以掬起浅浅的水流，看到水流下的卵石，恍若走入童年记忆。人生就在这恍惚中流失了几十年，它带走的一切、送来的一切，有时候让人应接不暇，有时候又让人恍如旧梦。挚友，情爱，血缘的浓稠，奇怪的遭逢，都将人紧紧地簇拥。这些秘密和神奇掺和在一起，是无法分开的。

我们常常惊异于李白的爱月，他的独酌，在皎洁月光下的剑舞、醉饮与畅想，听到那个悲凉而渺远的心声，"相期邈云汉"的企盼让人念念不忘。第二个与月亮发生这种密切关系的可能就是苏东坡了。在古人那里，好像不可以将诗意与月光隔离，尽管诗意储藏于世界万物，可以用无数的方式、在无限的空间和时间里释放和生长。日月交错辉映，生命应该领受这显赫而神奇的启示，不再忽略。在日复一日的漫流之间,我们从少年到青年,再到苍健和衰老,慢慢地归于最后的平静。我们的心情不再激越,甚至不再清澈,两眼积满了时光的黄沙。从此它要沉甸甸地向下,看得更多的是世态炎凉,是土地。

在月光中,在幽微的思绪中,一个生命变得弱不禁风,柔善无比,他顾怜和疼惜身边的一切:从一株小草到一只飞虫,从"抱花寒蝶"到"窥船野鹤",从"竹坞松窗"到"千仞嵯峨"。一位历尽沧桑的步履蹒跚的老人,戴着一顶短檐高帽出门而去。他追逐月光流水,寻找逝去的踪迹,抚摸纵横交织的履痕。他属于自己,属于陌生者,属于过去和未来。一切都被诗意包裹和簇拥。在这个时刻,他真的需要安静独处,总结一生,在离去之前结清账目:他看到了自己的背影缓缓向前,走向一个高阔之地,一条浓重的或浅浅的线横在远方,它就是人生的地平线。

印象中的苏东坡是一个喜欢热闹的人,不愿独处,不愿孤寂。实际上在许多时候,这也是诗人的一种逃避方式。他最终还要离去,要走得更远,要一个人收拾天籁,要在遗忘中追寻和记忆。这让我们想起谈论"诗意地栖居"的那个西方诗人,还有那个沉迷其中的哲人。后者在晚年独自住到了法国南部一个荒凉的山坡上,筑起了一个小而又小的石屋,在里面长时间地坐守。哲人最后引起了邻居的注意,有几个老太婆担心这个日久不见的老人已经死去,她们蹑手蹑脚地走近那座小屋,惊讶地发现老人还坐在窗前。

他在思索什么? 等待什么? 寻找什么? 他想怎样再次拥有或告别阔大的人生? 这是他自己的人生,还是许多人的人生?

我们相信,在喧闹和奔波中度过了一生的苏东坡也想拥有类似的一座小屋。可惜光阴飘逝，没有那样的机缘了，他已经没有时间和力气修筑这样一处小小的人生掩体了。他的许多计划和打算都不得不暂时耽搁下来，一切还要留待来生。他的来生大概也是盛大和宽阔的。

- 遥望陶渊明

苏东坡的一生，特别是生命的后半期，一直在努力做一件事情，就是将陶渊明所有的诗从头唱和一遍。可见他对那个人的生活和文字是怎样地心向往之。"每体中不佳，辄取读，不过一篇，唯恐读尽后，无以自遣耳。"（《书渊明羲农去我久诗》）可见他对陶诗喜爱到了何种程度。每次只取一篇，读很少一点，害怕以后再没有这么好的文字陪伴自己。这样的阅读体验谁能拥有？让我们回忆自己和文字相处的经历吧，某一个人、某一颗心灵，真的会有如此深邃悠长的吸引力，深深地打动我们，有过这种情形吗？答案可能为"是"，也可能为"否"。但这样的感受和记忆不至于太陌生，我们能够稍稍深入地体味一下诗人的心情：两人相隔遥远，一个望着另一个，跟住那个前行的背影。苏东坡越是到后来，越是频繁地抬起头，追慕的心念时时泛起。

苏东坡来自山野，来自边远的蜀地眉山，从小嬉戏厮磨于绿色之中，天性中永远有一个田园梦，伴随这个梦想的，是一颗自然舒放之心。"烟火动村落，晨光尚熹微。田园处处好，渊明胡不归。"（《出都来陈，所乘船上有题小诗八首，不知何人作，有感余心者，聊为和之·三》)这又是一首题目长长的小诗。这不是感叹那个古代的诗友为何不弃官回返,而是说这片打理得如此美好的一片田园,为什么不见诗人的身影? 他去了何方? 或者说在陶渊明还没有寻到这个至美的角落之前,所能够想象的一切。实际上诗人正在设想自己的归处,表达自己的焦渴和急切。庸庸官场,匆匆旅途,为何奔忙? 他在最初为政的日子里,也曾经对弟弟发过类似的感慨。恍惚间诗人真不知为何身至此地、为何要急遽追赶、为何要有这样的人生、人生目的又是为何?

家族的理想,耕读的目的,诗人正在以身践行,还是跌入一个奇怪的圈套,这令他一再追问和省悟。可是许多时候想明白容易,放下就难了。"平生自是个中人,欲向渔舟便写真。诗句对君难出手,云泉劝我早抽身。"(《李颀秀才善画山,以两轴见寄,仍有诗,次韵答之》)献画者的丹青笔墨,思清字秀,画出了心底的渴望,描出了注目的境界。心中有那么多话难以表述,所以才有"难出手"三个字。画幅间的悠云和流泉,似乎都在向他发出规劝,让他醒悟并及早抽身。那将是一次"归去来",是陶渊明式的选择。他何尝不知道陶令的困窘和艰难,那不是一般的选择,那是说说容易做到难,而后还要有无尽的愧疚和矛盾在等待。那将是一团乱麻,是剪不断理还乱的繁琐和纠缠。

尽管如此,苏东坡仍然向往那样的一种生活。那是一次义无反顾的突围,是非要如此不可的坚毅,是背向那个庞大"蜂巢"的奋起一搏。强大的自我有时就系于一根纤细的牵拉,它不能断掉,一旦断掉就会跌下万丈深渊,不复生还。

他在独自一人的时刻,在熙熙攘攘的大路上,常常自问的一句话有可能是：我为什么不能成为陶渊明？"江左风流人，醉中亦求名。渊明独清真，谈笑得此生。"(《和陶饮酒二十首·三》)在这里，他将自己和那个高不可攀的人物做了对比。当然，他在此刻不由得把对方过于理想化了，因为只有如此才能够表达心中的痛彻。不可逾越的事实是，今天的自己与昔日的陶渊明作比，主客观环境是这样的不同。他不得不用一生来解答自己的提问，也感叹了一生、遥望了一生。在黄州，更有惠州和儋州时期，那时的困境让他渐渐迫近那个身影，好像真的能够伴其左右，不必再像过去那样远望和呼叫了。他的一生与陶渊明离得最近，仿佛比邻而居的时段，就是开垦那块荒芜的坡地、拥有"东坡居士"雅号的这几年。那时他头戴斗笠，腰系浇灌用的大瓢，锄草拓荒，植树种稻，莳枣栽茶，何等酣畅。在当地人的眼里他像一个真正的耕者，脸色黝黑，一笑露出雪白的牙齿，这也得益于他自造的芦根牙刷：就这一点来看可能和当地土著仍有不同。这个人走起路来大瓢碰臀，大步流星，常常在月夜荷锄而归。

相信在他人生的大跌荡之后，这样的一场经历真正显出了超拔和宿命。从某种意义上讲，他感到了"挺住"和"胜利"的那种感受到底是怎样的。这是一种粗粝的甜味，是紧握双拳、满把胀痛的那种充实感。"阴阳有时雨有数，民是天民天自恤。我虽穷苦不如人，要亦自是民之一。形容可似丧家狗，未肯聊耳争投骨。倒冠落帻谢朋友，独与蚊雷共圭荜。"(《次韵孔毅甫久旱已而甚雨三首·一》)

两足有泥，脚踏芒鞋，斗笠遮面，心怀欣喜。人们对他好奇，是因为这曾经是一个身居高位的人，仍有无法消除的神秘。他们愿意帮助他同情他，也多少出自这种好奇。好奇加剧了怜惜，怜惜增加了友爱,而在当地土著们相互之间,可能是缺少这种友爱的。一个异人带来的兴味,足够当地人长久品咂。他的盛名再次帮助了他,他曾经的地位也强化了他,这是许多从高处跌落者常常受到的一些优待和庇护。当然,这种人之常情也需要在一个适宜的环境里才会发生,落井下石的卑鄙、墙倒众人推的险恶,我们也同样熟悉。那是一个更为沦丧无望的世道里才会发生的,那种场景里已经没有了任何人性的温暖,没有情趣,没有幽默,没有起码的怜悯。操劳的欣慰和粮食的香味一块儿丧失了,剩下的只有绝望和倾轧、丧心病狂的掠夺和抢劫。好在我们的诗人没有遇到这样的苦境,所以在整个黄州期间才有那样美好的劳作和歌唱。可以说没有黄州时期,也就没有历史上那个旷阔辽远的苏东坡。

在这个时期,诗人可能更多地想到了少年的经历,再往前追索,就是仕途上的矛盾、纠结和酷烈了。这时候东晋的陶渊明作为一个逝去的诗人,也就产生了强大的感召力。那个人作为知与行的统一,就尤其让人感动。他当然明白:作陶诗易,做陶一样的人难。如果说在以往远远地关注那个归耕田园的诗人,心中泛起的是欣羡、痛苦和犹豫,那么现在只有深刻的认同感,更有和解与体谅。当他读到陶渊明在临终前对后代的交代,说自己小时候非常贫苦,因此不得不东西游走;自己性格刚倔、才能不达,与外界很难相处,这个性格使自己在世俗里难以容身;眼看就要离开这个世界了,最不安的是让孩子们从小受苦忍饥挨饿。这些话一定会深深地打动苏东坡,他大概觉得自己的一生也可以这样概括。他痛惜的是自己知道得太晚、觉悟得太晚。他说道:"半生出仕,以犯世患,此所以深服渊明,欲以晚节师范其万一也。"(苏辙《子瞻和陶渊明诗集引》)他同样把自己难以解开的困局归结于处世，认为仕途毁掉了一切。

陶渊明虽然早有醒悟，可还是不能改变"使汝等幼而饥寒"的结果。诗人不能不反复设问：自己如果像陶渊明那样早日改弦易张，又将如何？他时常觉得自己有一种人格的分裂感、有人生的大遗憾。也就在这些矛盾中徘徊不安，乃至陷入郁愤。失意的时候有寄托，得意的时候有追怀，幸亏有一个陶渊明在。

· 陶诗注我

陶渊明在世时没有文名，大约过了一二百年才渐渐被诗界所知。他的崇高地位许多方面还是因为一个后来人，是这个杰出的人帮助了他。与陶渊明完全不同的是，这个人活着时已经声名远播。两下对照，他们的文运可以说处于两极状态，但后者偏偏极为崇拜前者，他以自己强大的传播力，使这个至唐代才渐有影响的田园诗人进一步凸显。他无以复加的赞赏、无数的隔空呼唤与唱和，使越来越多的人向着那个方向遥望。于是人们都看到了东晋的那道篱笆下有盛开的黄菊，看到了园内有一个瘦削的老人提着米酒摇晃在田垄上，还有他最后坐下来畅饮、醉倒的情景。

远在晋代的酒香弥漫过来，一路芬芳唤起了许多人的注目。苏东坡爱陶渊明人所共知，但这不是对另一个诗人的简单跟随，也不是刻意模仿，而是对自我的一种认知和警策，是一种"陶诗注我"的过程。可以说对陶渊明最为知晓的是苏东坡，有很大误解的人也是他。他对陶渊明的道路与心绪意志都有自己的解释、发挥和取舍；他曾经亲自体验过对方的生活,但并没有一步步沿袭。他留下的唱和文字中,将深刻的感悟、深情的向往和迷恋掺在了一起。有时候他似乎要看个透明,有时候又故意双眼迷茫,只用唱和的方式来疗救自己,用以提醒和安慰。他在想象中,通过这些文字的逐一展开,来与晋代的田园诗人对话。交流心得,共饮一坛米酒,越来越成为苏东坡的一项功课。他自认为与那个人的相似处太多,都如此地爱田园、爱酒、爱诗、爱幻想,都那么厌恶世俗的官场,也都是受害者。不同的是那个人仅仅做过七品县令,从没踏入权力的中心,既没有品咂过那种甜味,也没有饮过那杯更苦、更浊,甚至是有毒的酒。由于那个人初踏仕途就抽身而退,仕途之毒还没有透过腠理,所以最终才有力量握紧锄头。

"吾谪海南,尽卖酒器,以供衣食。独有一荷叶杯,工制美妙,留以自娱,乃和渊明《连雨独饮》。平生我与尔,举意辄相然。岂止磁石针,虽合犹有间。"(《和陶连雨独饮二首并引·一》)我们就此得知这个爱饮者拥有一个做工精妙的"荷叶杯",而且时常把玩。今天我们仍然能够看到把玩酒杯的人,不过他们与苏东坡心绪有别。现代人是一场物质和娱乐的陶醉,而当年的陶渊明和苏东坡却寄寓了更多。在与逝去的诗人的交流中,苏东坡时而忘我,时而发现自己与那个人的距离非常遥远,两人之间不只是隔开了一道篱笆。

他终究还是一个仕人,一个被朝廷紧紧攥住的人。他不能自我决断,不可随意舒展。"蠹蠕食叶虫,仰空慕高飞。一朝傅两翅,乃得黏网悲。"(《和陶饮酒二十首·四》)这是他最沮丧,也是最清醒的叹息。实际上,一张无所不在的官场的罗网已经将他包裹,令他插翅难逃。

东坡唱和陶诗大多在知扬州之后，这时经历了太后恩宠，连阅三官，侍立迩英、知杭、知颖，进入了更深的人生体悟。他一直仰望陶渊明，越来越多地在诗中提到，可见即便离开了田园也还是念念不忘。自黄州至登州再至朝廷，这时候的诗人再度发达，却并没有把陶渊明扔到脑后。而后有了更大磨难，思悟也就更深。他在从海南北归途中写道："平生多难非天意，此去残年尽主恩。误辱使君相扶拭，宁闻老鹤更乘轩。"(《次韵王郁林》)这样的自吟，我们不可视为简单的应酬，而是真实地流露出一片心迹。他的弟弟子由在《东坡先生和陶渊明诗引》中写道："嗟乎，渊明不肯为五斗米一束带见乡里小儿。而子瞻出仕三十余年，为狱吏所折困，终不能悛，以陷大难，乃欲以桑榆之末景，自托于渊明，其谁肯信之！"是的，人们只愿把苏东坡的"和陶诗"解读为不得已的疗救，是自我缓解之方，岂知他得意之时仍常常思念和深入察省。这写不尽的"和陶诗"，绝非无可奈何的呻吟。

清人纪晓岚说过，苏轼的行为不过是"敛才就陶，亦时时自露本色"。实际上，诗人许多时候仍然是处于"无解"。比如说他盛赞陶渊明的时候，以为对方是完全自主的，想做官就做官，不想做官就弃官而去。真实的情况是陶渊明也曾经历了无数尝试，不是不想做官，而是没有那样的机缘；最后的弃官看起来主动，实际上仍为官场所迫。这样的一个现实苏东坡怎么会视而不见，以他的洞悉力，是不可能有这样的误会的。他只愿在自己眼前树立起一个更完美更理想的形象，让其作为有力的人生参照，以在对比中产生更严厉的自叮。

他的喃喃絮语也从未停止，直到后来流放惠州儋州，才把陶诗全部和完。

· 生活不是艺术

苏东坡作为一个浪漫的诗人，一生都想将生活艺术化。生活对他来说何止是不完美，而更多是缺憾和悲伤，是黑颜色。诗人却要顽韧地追求理想之境。这种秉性即注定了常怀忧伤，一生跌宕。问题在于他一生未悔，自始至终，不甘屈服。虽然现实一次次教训了他，却未能使其改弦易辙，一如既往。只要一有机会，他就努力将生活艺术化。他是这样一种天性：总是自觉不自觉地将"生活"与"艺术"混同起来。这就使他不得不付出许多，时不时地跌入悲惨之境。他的一生看过了不知多少生活的悲剧，却仍然要亲自出演这当中的一个角色。关于他的主要情节，还是纯洁与污浊的两不相容，是求真与放逐，是灵魂自救的过程。最激烈的戏剧冲突大都因此而起。

无论是昨天还是今天，那些所谓的"现世主义者"太多了，他们不会理解苏东坡的热情与倔拙，又何苦这般执拗。一般人步入中年就会习惯于生活的荒诞，不再为日常的荒谬而痛心疾首。稚童期一旦度过，就再也不会回返。可是这个世界上有一部分奇怪的人，这些人最终是长不大，当然也不会苍老的。他们将为自己生长不止的漫长的青春期付出惨重的代价。他们不会记取生活中痛的教训，而只会怀念和向往美的显现，哪怕只是一瞬也决不再忘。这些人将真与美视为理所当然。苏东坡在很大程度上就属于这一类人，他对黯然的生活既不认同也不屈就，只要给他一点机会，他就会尝试着去纠正和改造。

他认为"生活"既是滋生"艺术"之源，那么它本身就应该趋向艺术，并且一定具有这种可能。"生活"既是生长一切之土壤，那么就应该有更好的生发和创造。一旦"生活的艺术"消失了，他就一定设法使之重现；看到蜕化，他就使之恢复；看到枯萎，他就要着手浇灌；如此下去，没有终了。比如说他在酷冷萧索的密州任职时，那个坍废的超然台在他手里得到重修：他需要这样的高度，需要超然于庸碌之上，做辽阔的观望。在杭州，他治理西湖，将这里的一切不完美都如数修葺：除去污藻，开挖淤泥，澄清水流，筑起长堤，从此得以泛舟月下，亭中独坐，饮酒歌唱。他创作了大量的画与诗，总是将自然环境化而为画、为诗，这些作品不过是转化的印证。

他将生活艺术化，又将艺术生活化。"暇当买一小园，种柑橘三百本。屈原作《橘颂》，吾园若成，当作一亭，名之曰'楚颂'。"（《楚颂帖》）那个浪漫的诗人屈原少年时关于橘子的一首小诗，竟引起了他的实践冲动。他要种柑橘三百株，而且橘园落成的那一天，还要在里边修筑一个亭子。"吾醉后能作大草，醒后自以为不及。然醉中亦能作小楷，此乃为奇耳。"（《题醉草》）他凝视着自己的书法作品，大有不解：酒醉中的那种狂舞疾写醒后却难以做到。他在沉醉中还能写出工整的小楷，这时的冷静和细致让他自己感到惊奇。如此审视自己的"醉与醒"，这期间的不同创造，正是一个艺术家对于生命的神秘探究。因为"生活"不是"艺术"，他才要顽强地抵抗；因为"生活"培植了"艺术"，他才会一生抱有那么大的热忱。他曾经深深地遗憾自己的官场人生，正是这种冷酷的加害与剥夺让他痛不欲生；可是在别人的视野中，他也在用自己的生命谱写悲剧之美。

"生活"不是"艺术"，但它是无比冷漠或热烈的、生生不息的生命表达。

· 多情应笑我

情多处处留，这是才子的特征。不单是在重要的历史关节中，即便是在日常生活的细节上，他们与一般人的表达也大有不同。如苏东坡，诸多牵挂大大小小浑为一体，用情太重，所以才有"早生华发"之叹。他"乐天派"的形象不是忘我忘情之故，而是多情之故。"不恨此花飞尽，恨西园，落红难缀。晓来雨过，遗踪何在？一池萍碎。春色三分，二分尘土，一分流水。细看来，不是杨花，点点是离人泪。"这是苏东坡著名的《水龙吟·次韵章质夫杨花词》中写到的。这样的记叙和情态，在苏东坡的词中非常多，仍旧与柳永等人没有多大区别。

在词的历史上，人们习惯于把"苏辛"并列，视这二人为词的改革者，是让这种文体发生了历史性变革的关键人物。苏东坡能够享此殊荣，主要是因为他为数不多的"大江东去"这类词作。谈到他的豪放，迥然不同的质地和风格，也并非得到了一致肯定。有人认为唱这些词不应该用丝竹弦乐来陪衬，而要手持铁板敲打号唱，是这样一场铿锵有力的大演奏。这样讲尽管有些调侃的意味，但也的确说出了实情。大江漫流樯橹灰飞烟灭，历史消逝在一缕尘烟之中，引出千年浩叹。从此苏东坡有了一种"豪放"之谓，仿佛足以掩去他无数的绮辞丽句、无边的青春抒发，更有他的少年情怀和宴饮的醉意。他曾经在宴席上随手取过歌妓的披巾，挥毫写下一首妙诗；他曾经为太守携到酒宴上的三位美丽女子逐一写下赞词。诗人笔下的这些场景和情愫是客观存在，它们被即时记录下来。

当人们吟唱"大江东去"时，看到的是灰飞烟灭的惨烈和转瞬即息的火炬，那一场历史活剧中的羽扇纶巾早已荡然无存。在苏东坡这里，世俗之情和家国之情混合一起，悲怀之间仍然还是一副"乐天派"的神气。这里的"天"是天道自然，是它赋予的一切。"多情"一句其实始终潜伏了"女性"二字，原来这是一切"情"之基础，都是它的外化和转移。所以在唱"大江东去"的豪迈中，他还不忘提到"小乔初嫁了"。苏东坡对于两性之情从来都是敏感的，这一切就写在他无数的诗词之中。死而复生的黄州之期，正值壮年的苏东坡已显得苍老颓衰，那个风流倜傥的形象已经全然不见。可即便在这时候，他看到友人艳丽的侍女，仍然还是写出了这样一首词："常羡人间琢玉郎，天教分付点酥娘。自作清歌传皓齿，风起，雪飞炎海变清凉。万里归来年愈少，微笑，笑时犹带岭梅香。试问岭南应不好，却道，此心安处是吾乡。"（《定风波·南海归赠王定国侍人寓娘》）这是大难不死之后的安慰，这些人间尤物也是自然尤物，实际上早已化为诗人心中的永恒。他于深深沉浸中时而超越，于超越中再次沉浸。她们在诗人这里与美丽的自然是同为一体的，没有什么本质的区别，这和那些俗艳而狭隘的甜腻当有不同。最懂得这种美、欣赏这种美、爱护这种美的，仍然是他这样的情怀。

后人如果探究苏东坡的女性观，同样可以留下一堆推敲的文墨。我们仍然不得不承认这极其复杂的蕴藏很难简化和梳理，这里面既有一个生命的丰饶、柔情和特异,有一种自然属性,也有一种不可思议的宿命潜在其中。好像一个强悍的极端化的生命特别需要另一种帮助和综合,舍此将失去生命的平衡:世界有可能因为这种倾斜而发生颠覆,堕入黑暗和苦难。一个人好比一个世界,它的开阔和狭窄就由这两极凸显出来。

有人不知道瑰丽山色与明眸皓齿有多少区别,也不知道柔甜绝妙的歌声与月下流水和小鸟婉鸣有何不同。对于互动互融的两性情分,在他这里是最容易沉浸和表达的,并且能够推及于草木山水,甚至是远古长慨。他是这样一个生命:多情义多牵挂,多好奇,而情感又缘此变得更多更浓。因多情而费下的周折,许多时候是费解的。苏东坡在历尽坎坷之后,深知其故,所以才发出了"应笑我"之慨叹。

· 结伴

苏东坡是一个寂寞的人,又是一个喧哗的人。他好像在睡去的时候都不愿昏昏无知,而期待着美好的梦境。他需要故事,需要陪伴,需要和大家同饮。他知道寂寞的时间就在身后,那时候可以有一场大休息,而短促人生里的灿烂灯火最好不要熄灭。

友人、兄弟、爱人、山水、同僚,他的一生常有结伴。由此看,如果说他是一个耐不住寂寞的人,还不如说是一个难以忍受孤独的人。对他来说,好像总要有一个友伴才好。明媚的月光,一条鲜鱼,一壶好酒,他都不忍一人独自享用,而要找来朋友共享。只有这样才能使他忘记孤独,最重要的是能够于此刻印证自己、寻找自己。一个人就是一个世界,他对所有的世界都保持了浓厚的兴趣。我们最瞩目的是他与弟弟子由一生的深情,对方可谓他的一个"至伴"。《宋史·苏辙传》中记载:"辙与兄进退出处,无不相同,患难之中,友爱弥笃,无少怨尤,近古罕见。"这真是一段动人的记录。这种兄弟之情每每将人打动,可以说感人至深。这不完全是血缘的关系,还有其他。这一亘古罕见的现象发人深省:能够拥有这样的兄弟之情是多大的幸福,又是多么重要的生命参照。如此完美的结伴就是一首长诗,它是两个生命共同谱写的,是他们所有诗章中最华丽、最丰盈、最有人性温度的一首。

苏东坡全集中以"子由生日"为题的诗作竟达十多篇,直到流放海南、谪居蛮荒之地,还想着为子由遥遥祝寿:"海南无嘉植,野果名黄子。坚瘦多节目,天材任操倚。嗟我始剪裁,世用或缘此。"(《以黄子木拄杖为子由生日之寿》)那首被誉为千古绝唱的《水调歌头·明月几时有》,也是"兼怀子由"而作。后人说:"中秋词自东坡《水调歌头》一出,余词尽废。"(宋·胡仔《苕溪渔隐丛话》)兄弟二人遥遥相隔,共邀一轮明月的情景,真是旷世之思,世上没有一首中秋词可以胜它。同欢乐,共患难,彼此可以为对方舍上一切。当兄长早逝,弟弟为之抛洒热泪、一笔一笔写下感人至深的墓志铭。兄长病危的时候亲手写下了嘱咐弟弟的话:"即死,葬我嵩山下,子为我铭。"苏辙遵嘱,"执书"哭道:"小子忍铭吾兄!"(《东坡先生墓志铭》)知兄莫过子由,他写下的是一份命运的长单,其中要事皆备,言辞切切。看过这篇铭文,再看他们一生的互赠诗文,可谓手足情分世上无双。在苏东坡面临生死之危、认为是最后时刻的绝命诗中，留下了这样的句子："与君世世为兄弟，又结来生未了因。"这是永诀之期的兄长之言，这个时刻的叮嘱与托付，令人泣下。

除了兄弟，他与妻妾也是不可分离的友伴，与父亲、门生、同僚无不一往情深。这是一个情感浓烈的男子，一个无时不需要人间温暖的孤寂旅人。他活泼多情，只要有一个友伴，也就兴味盎然，不再寂寞阴郁，就会开始一场欢愉的旅途，就会有太多的享受和发现。人生之旅如此依赖同行者、如此单纯热情，实在是罕见之至。同行之旅成为最重要的时光，所以他一直在寻找旅伴，并因此而兴奋而快乐，减轻了许多痛苦。他对于同行者心无芥蒂，似乎任谁都可以做良伴，而他自己也可以陪伴所有的人。他到远方赴任，弟弟子由送他一程又一程，有时送到任所又同居许久，直到恋恋不舍地分开。弟弟远去，兄长也一定要陪伴。如果他们分离两地，就会为对方写一首长诗或书信，为之祝福，细细叮嘱。

古人的相互依恋和陪伴，远不是当下的人所能够理解的。数字时代的加速度生活，在某些方面提高了人类的生存品质，在另一些方面又留下了隐忧。它既缩短了人与人之间的距离，又让人变得薄情寡义。可见速度不仅可以改变物理意义上的时空，还可以改变人性道德。对比古人，数字时代让人变得如此地冷漠、生分，如果稍稍能够正视这一点，就会大惊失色。这其实是现代人所面临的悲惨命运，人与人的疏离、陌生、警觉和淡漠，实际上是与逼近的灾难连接一起的。我们已经习惯于别离，因为我们不得不在孤立无援的个人拼争下生存。苟且和机会主义变为常态，我们不再相信情谊，不再相信友伴，也不再相信真理，认为这些至为宝贵的东西为空渺不实之物。

我从关于苏东坡的记录中发现此类趣事:第一次到杭州任通判,因移知密州,离任时八十五岁的张先等人将他远送至湖州,又聚在一起欢饮数日。除了个别公务在身者不能相送,年迈的张先竟然一路陪伴苏东坡到达松江,在垂虹亭上摆酒欢饮。第二天分别时,老人张先竟然"屈指默计,死生一诀,流涕挽袂"(《祭张子野文》)。苏东坡离开黄州、"量移汝州",前来告别的人络绎不绝,一些朋友一直陪伴他到了武昌,住了两天后又一起探望老友,盘桓数日;当他到达慈湖、准备顺江而下九江的时候,黄州和武昌的朋友又乘船远道来会,再次相送,直到苏东坡再三劝阻,他们才依依不舍地返回。

类似的陪伴需要多少时间?耽搁多少事情?在现代人看来简直是多此一举,过于周折,因为大家实在太忙了,每人每天都有做不完的事情。现代科技使我们生活得更加方便,节省了大量时间;我们的时间似乎比古人多了许多倍,但奇怪的是我们反而变得更加忙碌。我们舍弃和牺牲了人世间最重要的东西:情感和情谊。我们不愿陪伴他人,也不爱他人,不相信爱和友谊。天道无常,人与人的分别常常一去便是未知,最常见的却是无动于衷。我们就这样上演自己的悲剧、他人的悲剧,却对这悲剧茫然无察。

想念成为现代人最陌生的情感。许久没有思念了,或者一闪而过、稍纵即逝。人类变得只会沉浸于眼前的欢愉,满足于苟且,连五分钟的机会主义都能让人欣喜若狂。我们既耐不住寂寞,又能够彻底孤独。一只冷漠的手将一个个生命封闭在一些格子中,让他们麻木而不自知,还不如一株在风中摇动的草。灿烂的晚霞下,一片摇曳的草地是何等美丽，那是熊熊燃烧的激情。可惜它不是我们的同类，它们为何燃烧，我们一点都不知道。

· 充盈强大的爱力

一个人如果没有爱力，如何融入自然，又如何保持不绝的深情？这样的人对世界必定是麻木无感的，也无所谓责任。这样的人只能是一个虚假的入世者，一个为口腹之欲奔波的人。如果把这样一个人放在苏东坡的位置上，那就绝不会是一个据理力争的诤臣，当然也不会发生后来的悲剧。原来勇气也源于爱，这种爱是广泛而具体的，弥漫和渗透于一切方面。爱与深刻的好奇有关，但也有所不同。爱是沉浸和迷恋，也是强大欲念的推动，不过它是良性的，与贪婪和攫取有天壤之别。这种欲望只拥有而不攫取，是生理、心理、精神这三重境界的结合，天性如此，后天难以改变和弥补。这种爱力可以经受无数关口而不至于虚脱和变质，在一些具体而微小的表达中如数显现，深入而不虚浮，务实而不超然。这种爱力作用于官场、友人及爱人之中，全都一样深沉。其实这不过是仁心之一种，是强大生命力的一次次表达。所以古往今来所有大作为者，都有强大的爱力在内部支持，是一种广泛而深入的、持久的、绵绵不绝的能量。冷漠常常是缺乏爱力的表征，它将一事无成：既无想象力，也无行动力。他们没有热情，没有怜悯，连哀伤都是渺小的。

我们看到一个人欣欣而来，两眼明亮，这个人就是苏东坡。他对人对事有无限的兴趣、无尽的探究心，他想安慰所有的人，自己也不愿落寂。他知道孤独意味着什么,除非是特殊的时刻,他不愿孤身一人。记忆中的爱与被爱太多了,它们就在此刻、在昨天。近在咫尺的是一朵花、一道溪,是雨中牡丹、月下海棠,是南堂新瓦、东坞荷香,是无数活泼有趣的生命。他想抚摸它们、拥有它们,也想为对方付出一切。我们常常感到不解的是,这个人的精力为何如此充沛?热情为何如此盛大?他一直在不停地吟唱、记录和赠予。他偕同许多人一起忙碌,又一个人入迷地打造;他即便在病痛时,也设法以玩笑来化解,以幽默来宽慰他人。西方哲人有过一句话叫"我思故我在";在苏东坡这里则可以改为"我爱故我在"。他的爱无所不在,既广大弥漫,又具体实在,有异性,有同伴,有草木砖石,有诗画音乐,一切事物皆可看出美好,皆可引以为用。

他愿意在一切可能的地方搭以援手,也愿意在许多时候倾心尽力。他实在是一个千古罕见的情种。但他不是一个狭隘俗腻的风流人士,不是一个寻觅尤物的贪婪猎手,而是一个依恋万物、享受万物、愿意为之陶醉和付出的人。他之慷慨之拥有,使他变为一个取之不竭、用之不尽的多情之人。

· 自然与时代之疾

关于诗人,我们仍然有许多无可回避处,比如他的女性观,就是一个谜底。作为一个杰出人物,他究竟有着怎样的两性观念,还需要仔细辨析。在历史传统中,男人的视角总是占有主导地位的,从这个视角看过去,将与现代主义的一些论点两相抵触。关于女权主义之可怕，有人多有议论，认为"长胡子的女人"是可怕的。他们不能容忍女人的果决和权力，不愿看到由她们来主宰生活。这种女性观当源于封建专制时代。

"诗人老去莺莺在，公子归来燕燕忙。"（《张子野年八十五，尚闻买妾，述古令作诗》）这里说的是著名词人张先。诗中有些许调侃，但没有多少刺伤，以他们之间的友谊论，一丝厌恶仍然埋在其间。"大杏金黄小麦熟，堕巢乳鹊拳新竹。故将俗物恼幽人，细马红妆满山谷。"（《携妓乐游张山人园》）"东坡五载黄州住，何事无言及李琪。却似西川杜工部，海棠虽好不吟诗。"（《赠黄州官妓》）后一首诗是他落难黄州时题写在一位名妓的披巾上。苦难和意趣、轻佻和机智、爱慕和情致，都熔入一炉。他在《判营妓从良》一文中写道："五日京兆，判状不难。九尾野狐，从良任便。"他把一个妓女视为"九尾野狐"，但支持她从良。这里边隐藏了怜悯，还有一些好奇。他以一种特异的动物做喻，妙趣横生：想到此物之媚，一种怜惜和痛楚也蔓延开来。

当时北宋的官场，一个权高位重的官人难以割断与官妓的关系，常于那样的一种习俗中周旋。那是一个放肆物质享乐的时代，女人成为时代的宠幸者和哀伤者。有大宠爱必有大哀恸和大不幸，弦歌声色之下必有饿殍枯骨。当时的北宋多少有点像"春秋五霸"的齐国，像齐都临淄的管仲时期。靡靡之音淹没一切，朝野都沉浸在声色享受之中，物欲主义麻醉了一切。也恰恰是在这个时期，记载中的王安石、司马光，乃至于苏东坡的胞弟子由，就显得更为难能可贵：没有纳妾，从一而终，生活简朴，中规中矩。从这些方面看，这几个人都不符合"风流才子"的概念，但他们统统具有"才华"而不"横溢"。"才华横溢"好像天生就是对另一拨人说的,"横溢"是一种放肆,实在需要调节和规范。

记载中的欧阳修,还有另一个朝代的韩愈、白居易等人,在情事上都算不得白璧无瑕,他们在这方面常常为人议论。苏东坡多少有点接近于他们,但要好于他们,总算能够自省,有戒有定。但他的诗文中对这些"才子"们却没有多少谴责,看来也非常理解。他对白居易有很多羡慕的文字留下来,而且相信自己的命运与他有几分相似,也曾预期像对方一样,能够享有七十多岁的天年。他在为韩愈所作的碑文中,则给予了极慷慨的肯定。那篇铭文没有涉及情事及其他。

苏东坡曾为妻子写下了感人肺腑的文字,但他身边的三个女人寿命都很短。或许作为一个繁忙的文士和政治人物,他让她们负担太多,对她们顾怜不够,也许一切都是命运的偶然。我们现在看到的只是他那些感人至深的文字。朝云是跟在他身边的一位忠诚小妾,他对她的深爱有文可凭,对其他几位妾室就不那么清晰了。另有文字记载中的"采菱"和"拾翠"也是身边二妾,她们在第一次大遣散中离开诗人,辗转到了京都汴京。诗人曾在词中写过"待到京寻觅",可见对她们仍有怀念。(刘崇德《苏词编年考》)裹脚之风自宋代盛,女人地位也就可想而知:连脚都严加包裹,遑论其他。何时开始裹脚无考,但一般认为很早即兴于宫廷,至宋代成为一种流行,自上而下形成风俗。崇上、媚上、媚权、媚贵,世风一贯如此。唐代后宫佳丽三千,大肆蓄奴之风即在权贵中兴起。北宋的士大夫在官府中有官妓歌舞,在家里蓄养家伎少则三五,多达几十或上百。"公家八九姝,鬓发如盘鸦。"(《次韵和酬永叔》)这是梅尧臣的诗。这里清楚地记载了欧阳修家中有八九个家伎，一代文坛盟主尚且如此。

记载中苏东坡蓄养家伎不多，一个个经过精心调教，主要用途是每逢聚会到场助兴。记载中苏东坡的好友黄州太守徐君猷，就是在诗人落难的时候对他大有关照者，家中蓄有许多姬妾，苏东坡每次到他家做客，都会有她们出来陪伴，诗人曾写词赞美。宋代施德操的《北窗炙輠录》曾记载苏东坡用家伎待客：他们都是他不太喜欢的客人，每当这些人来了，则"盛列妓女，奏丝竹之声聒两耳，至有终宴不交一谈者"；而如果是诗人从心里喜欢的朋友来了，他就会自己接待，喝酒吟诗，终日谈笑。在这里，歌伎是作为诗人阻挡俗腻的一道篱笆使用的，但平时怎样相处，就没有记载了。

俄罗斯文豪托尔斯泰，其女性观好像更近似于中国古代，认为她们生来就该好好理家，相夫教子，素为女权主义者所厌。男性在这个世界上究竟承担了什么、女子到底有什么不同，还须深思。女人要做的许多类似男性的工作，虽是阶段性的、特殊的、个别的，但却是不争的事实。通常"贤惠"一词施于女人，却很少要求一个男人如此。我们要求男人勇敢、牺牲和成功。好像男人是耗损品、易碎品，是站在第一线的担当者。但事实是从古至今，女人承受了生活中更多的沉重和苦难。

在一些概念化的书写中，男人总是站在北风里、边界上和疆场中，一有灾难袭来，女性和儿童首先置于被保护的境地。可是具有莫大讽刺意味的是，历史上几乎所有的大难之后，细加查点就会发现，最大最多的受难者还是妇女和儿童。

人类远没有摆脱丛林法则。在生活的丛林中，妇女和儿童仍然是弱者。

· 引我飞升

歌德"永恒的女性,引我们飞升"一句,"女性"非指一般女子,但这里还是让人联想到北宋时代的诗人、他与她们的关系。好像用到苏东坡身上仍然是恰当的。女性对于诗人一生的安慰、帮助和追随,的确成为他一生最大的助力。也就是她们,使他能够忘却眼前的苦痛,从最不可忍受之苦境挣扎出来。他无时不面对的官场利禄及人间辛苦,在这里有了疏离和缓解。他能够因此而得以超脱,有所觉悟。所有的女子,从偶遇到长久的伴侣,对他来说都太重要了。而她们通常被视为诗人的陪衬和从属,其实却是他得以喘息的"氧气",不然早就窒息了。正因为有她们,他才能够稍稍地摆脱权力的异化,能够飞离和提升,恢复人性与自然的本色,可以从脏腻阴浊之地走向明朗和单纯。在这样的境况里,我们可以想象很多,甚至可以认为一个男子即便是沉迷于女性之间,也比在可怕的王朝机器中碾轧更好。那个隆隆粉碎的过程,那个毁掉自我的过程,是多么痛苦和恐怖。

大致来说,女人比起男人更少一些现实感,能够稍稍远离一点庸俗。她们时而有一些浪漫的想象,所以对那些性格特异、风趣而幽默的人,那些直抒胸臆、欢歌和吟唱、不拘小节、不汲汲于恩宠得失的人,常常留意并且能够宽容和接纳。苏东坡和女人的关系,在记录中是没有被忽略的,因为这对于历史本身、对于诗人自己,都同样重要。从皇太后到其他女性,对苏东坡都多有喜欢。这种喜欢也许是不自觉的,是她们对于自然灵性、对于伟大造物的一种向往,这样说并没有多少夸张。

母亲程氏对苏东坡的成长起到了不可估量的作用,她的仁厚、善良、随和,多少弥补了父亲的嫉恶如仇、刚直和顽耿,以及强烈的入世心和用世心带来的那种执拗和刻板。苏东坡在她那里得到了无尽的温暖和包容,她对儿子性格的塑造和形成所起到的作用,怎么估计都不过分。至于后来那有名的三位皇后,即仁宗曹后、英宗高后、神宗向后,更是不可不记。就是这三个显赫的女性对苏东坡施以援手,或起用于穷困潦倒之时,或搭救于性命攸关之日。她们都喜欢这个率直多才、招致嫉恨的男子。她们都阅读并赞赏他的诗文。这些仁慈的女性身上有自然的属性,这其中就包含了诗性。妻子王弗、王闰之,都是难得的伴侣,她们让他拥有一个稳固的后方,为他付出得太多。当然这不是女权主义者的理想,却仍旧是感人至深的。关于朝云的记录更多一些,因其婀娜多姿、富有才趣、"敏而好义",深为东坡喜爱。她最初跟随诗人也许出于无奈,但后来追随日久,由不识一字到知书达理、擅书擅词、喜好佛法,能够与诗人心心相印。

苏东坡一生都像个大孩子,被女人呵护、娇惯、孕育和培植。他性格中柔软仁慈的一面,可以说接近或直接就来自女性。他的另一面,就是那种男性的勇气和强悍,也能够由女性所唤起,这是事物的一体两面。完美的人性需要这样的综合,这样一个自我确认和升华的过程。她们帮他度过了最黑暗的危难时期,他一旦离开她们就变得至为艰难,那是无以复加之苦。所以我们就看到了在海南漂泊的诗人,当时他的身边没有一个女人,此"苦"之大,超出想象。如果在这个时刻有一只纤手将他稍微地搀扶,也许就不至于在刚刚踏上北岸不久便扑倒在地了。在这个没有明眸照彻的阴冷空间里,绝望和苦恼是不打折扣的。我们可以想象这戏剧性的一幕：当一个被世间风雨摧残得遍体鳞伤的男人，一旦回到两人的空间，在爱人的怀抱里发出"生活太过黑暗"的感叹和倾诉时，那是多大的舒缓和镇定的一刻。他慌促如麋鹿之心开始一点点地平稳下来，稍得喘息，自救疗伤，然后重新振作起来。

神秘的两性世界是最大的天道恒常，它包含和隐喻了一切，说明了一切。

· 第三种人

对苏东坡来说，除了仕人文人和劳民，世上还有第三种人，就是那些谈佛谈玄之人、世外隐士和各种高人。这"第三种人"一直强烈地吸引了他。他要深入的不仅仅是他们的日常生活和生存方式，而是通过这些进行一次次心灵上的全面求证。他要借他们设问一些根本性的问题：人为何而来为何而去、生存之意义和结果，以及途径。在他留下的文字和一些有关记录中，这样的相逢相处的场景简直太多了。比如他随手写下的《三朵花并叙》，记录的就是房州的一位通判告诉他的一个故事。这里说的是房州这个地方有一位"异人"，常戴三朵花，所以落下了这个外号。此人既能作诗，且所有诗句皆有神仙意境，令人向往，苏东坡专门为此异闻作诗一首。他记下的类似故事还有"偶至野人汪氏之居"：因有神灵降在室内，使这个大字不识的"野人"竟能够提笔书写篆字，笔法特异，也同样能写诗。在黄州的时候，苏东坡还深入探究以船为家的"鱼蛮子"，对这些漂流而居的人十分好奇。从记载中可见，诗人对这一类事情一生着迷，每有听闻便前去探访。其实这正反映出苏东坡某种特殊的心结，表现出他心底的浓兴。说到底，他自己就是一个隐藏于官场的"第三种人"。

这种嗜好与倾心，极有可能源于少年时代的上山学道，一度曾立志学玄。他一生都与道士和尚有着很深的交谊，在贬谪之地，也常有千里迢迢赶来探望的道人和僧人。奇怪的是，他虽喜欢谈禅论道，却不能信守清规。他在《中和胜相院记》里说，多如牛毛的戒条都是"为愚夫未达者设"，"若我何用是为"，而且对和尚的"荒唐之说"做过研究，认为常常"不可知""不可捕捉"，故意与之争辩"辄反复折困之"，令其"往往面颈发赤"。"吾之于僧，慢侮不信如此。"他所佩服的司马光、范镇等人都不信佛，还曾这样评价范镇："范景仁平生不好佛，晚年清谨，减节嗜欲，一物不芥蒂于心，真却是学佛作家，然至死常不肯取佛法。某谓景仁虽不学佛而达佛理，即毁佛骂祖，亦不害也。"（宋·胡仔《苕溪渔隐丛话》）

在凤翔开元寺，一位老和尚执意要授给一道炼金秘方，能够以朱砂化淡金为精金，还一再叮嘱他不可轻易授人，否则祸害无穷。但只过了不久，苏东坡经不住上司凤翔太守陈希亮的一再恳求，竟然把这个秘方传给了他，从而改善了两人之间的僵硬关系。据苏辙的《龙川略志》所载，这位凤翔太守最后痴迷炼金术并因此而发了大财，最终却中毒身亡，苏东坡为此非常自责。

让后人不解的是，苏东坡既然掌握了炼金术，为何自己不为？他在被贬之期忍受了极大的贫困，为什么不去尝试一下？

他这一生遇到的怪人异人实在太多。有一个叫辩才的法师曾经为他的儿子苏迨治好了病：苏迨直到四岁都不能走路，一直靠大人背负，多方治疗皆无效果；苏东坡出任杭州通判，与法师成为忘年交，对方即为苏迨祈祷安抚，孩子竟然很快就能走路。"师来为摩顶，起走趁奔鹿。"（《赠上天竺辩才师》）这个事情令我们今天读来还大为惊叹："摩顶"之法竟让一个不会走路的孩子变成"奔鹿"。此事在子由的《龙井辩才法师塔碑》中也有记载："予兄子瞻中子迨，生三年不能行，请师为落发摩顶祝之，不数日能行如他儿。"

记载中，有名有姓的僧道挚友就有数位，他们有的与诗人可谓生死之交。比如道潜是北宋著名的诗僧，在诗坛享有盛名，苏东坡"乌台诗案"惨遭贬谪之后，曾在黄州陪伴一年之久。晚年诗人被贬海南，道潜又准备渡海相随，为诗人力劝阻止。就因为与苏东坡的亲密关系，最后道潜也受牵连，被迫还俗并被捉到苏州狱中，直到建中靖国初年才得昭雪，重新削发为僧。

那位身骑骏马、隐居山林的侠客陈季常，更是苏东坡的好友。陈也是眉山人，是凤翔太守陈希亮的儿子，与诗人一见如故，东坡名篇《方山子传》就是为他而作。这位侠客年轻时狂放不羁，曾经带着两个身着戎装的侍女漫游天下："细马远驮双侍女，青巾玉带红靴。溪山好处便为家。"（《临江仙·细马远驮双侍女》）季常被父亲视为浪子，如此放浪之人却又特别惧内，东坡诗中著名的"河东狮吼"一句，竟是写他。谪居黄州期间，陈季常七次探望，东坡三次回访。陈季常在江湖名头很大，拒绝了多少豪侠的慕名交往，却愿长居苏东坡的陋室。他就像诗僧道潜一样，苏东坡流放海南时也要渡海前往，被苏东坡劝止。除了侠客，诗人还结识许多名医，将一些侠义之士、斗鸡走狗之徒、博弈乐人等引为知己；琴师、卖酒人、乡间隐士，都是他的朋友。这些千姿百态的人物一如苏东坡性情中的多个侧面和多种元素，他们丰润了他，他也从他们身上找到了自己。

世界上的各种奥妙、无数风景，诗人皆能领略。这"第三种人"实际上预示了生命的原色，组合一起，焕发出璀璨夺目的光华。他们是自然人，是保持自我的完好标本。这些人没有被一个时代的风习和成见格式化，这才有任性的表达和自然的生长。苏东坡与这些人的交往常常被作为趣事和闲话记录下来，实际上存在或多或少的误解：诗人不是作为一个"他者"来到他们中间，而是寻到了同类，是一次次"归队"。因为他本身就是一个"第三种人"。

· 品咂生活

苏东坡对于生活中的一切，比如说食物和自然风景、所有的遭逢之物，往往并不预先推定其有害，而是抱着一颗好奇欣喜之心去迎对。他对它们首先是接近和相处，然后是品咂其中的甘味。他的生活观是特异而新鲜的，远不同于常人，其心胸与口味异常广博，并没有过多的提防与排斥。就饮食来说，他对一些看似平凡甚至粗陋的食物也会细细品味，然后出人意料地发出盛赞。他的好奇心如同孩童，会莫名其妙地兴奋起来，对生活的新鲜感一直保持到最后。

作为一位身居高位，吃遍天下美味的人，其味蕾或许早被膏脂糊住。苏东坡的人生繁华期总是高朋满座，宴饮不断，不仅有满桌丰盛的食物与美酒，而且还有笙歌陪伴。在这样盛隆的酒宴上，他除了留下为友人、为歌者写下的一些文字，很少有对食物的赞美。

而在惠州、儋州和黄州那样的贫困落魄之期,他却写下了许多对食物的感受,赞美之词既夸张又真切。我们常从他这里发现一些生僻而奇怪的食物、非同一般的料理方式和奇特感受。这些记录后来像苏氏药方一样,也被保存下来。

如果从古代诗人那里评选一位美食家,可能苏东坡是排在前边的一位。他对美食不仅能够发现和发明,而且十分投入和专注,总是将各种食物的原味和特质记下来。他造酒、炼丹、研磨中药,对诸种物质的享用、创造和尝试都不甘人后,每每要以身试法。他做的蜜酒别人喝了经常腹泻,但仍然酿造不已。"百钱一斗浓无声,甘露微浊醍醐清。君不见南园采花蜂似雨,天教酿酒醉先生。"(《蜜酒歌并叙》)他嗜吃却又仁善,比如说有人赠他一只竹鼠,原属乡野美味,当他看到小生灵顽皮的模样如同襁褓中的儿童,就好好饲喂一些时日再将其放生。弟弟子由就此言道,诗人想起了自己的命运,他何尝不是一只被捕获的竹鼠。

除了味觉,他的视觉和听觉也一样广博、多趣和好奇。他饱览山水且深得其妙,能为一地月光深夜出门、为一股清流发出叹赏。在物质生存都难以为继的日子里,他远道寻找一位乡间朋友,只为了听一个有趣的故事。在寺庙、在山野,凡生僻之物都让他做一番探究。那些被一般人忽略的事迹和故事、常人不堪忍受的日月,在诗人这里都能变为珍藏。对他来说可以记取的东西太多,可以享用和感激的东西太多。只要与大千世界里的万千奇迹、与朴素而平凡的生命相依相伴,他的日子就不会单调,心泉就不会枯竭。

他对各种吃物的慷慨和无忌,常会让人担心被毒到或被妨害。在他那里总有太多东西可以入口,咀嚼,然后判断是吞下肚腹还是不得已放弃。"北客初未谙,劝食俗难阻。中虚畏泄气,始嚼或半吐。吸津得微甘,著齿随亦苦。面目太严冷,滋味绝媚妩。"(《食槟榔》)他曾研究用石潭下的活水烹一种特别的茶,就像去异地寻一些怪人:这些生命在自己的角落里自我繁衍和成长,往往不同凡响别开生面,是最为有益和有趣的。苏东坡愿意做一个最大的探求者、尝试者和受惠者。

宏大和细小,乡野和城郭;一篇深奥的妙文,一支百姓的俚曲,一切皆未忽略。无论入眼入耳,他都能细心地领会和品咂。

· 小趣味与大志向

作为一个饱满真实的生命,不会因为肩负的重务和沉重的使命而变得中空,也不会因为一腔悲愤而显得单调乏味。他们任何时候都要真切无欺地面对生活,保持朴素直率的性情,做一个完整的人。在苏东坡这里,小到一草一木,大到殿堂社稷,都能够让其专注和认真。社稷大事令其无比用心,曾有过深度参与并具体筹划,且不止于纸上谈兵。在现实践行中,他表现出过人的精明与细致,是一个脚踏实地的行动者。他在生活的细节和局部绝不荒疏,用心尽力,在诸多方面保持精神的统一。他对一羹一饭的欣悦和欢喜、对日常使用的珍存和探究、对小人物的用情不忘,都透出了心灵质地的健康和纯净。

他对大千世界的阅读绝非一目十行,而是细细推敲每一个句子,连词汇和标点都不肯轻易放过。他能站在高处一览众山小,又能深入沟壑掬起流石沙粒，于小中见大，也于大中见小。他不是一个概念化的人，而是拥有平易自然的性情，顽皮而专心。这是在山水大地中，在一种活泼天然的生长中被孕育和熏陶的人。传统的志向和求索的目标吸引他，使之成为一位跟跄于庙堂之间的仕人，但作为一个生命的充盈和丰赡，却最终避免了致命的损伤。在他的经历中，既有严格方正的父辈如苏洵和张方平这一类，又有身处边缘的陈季常和辩才法师等异人；既有儒家的理性和入世，又有玄人的淡远和虚无。更深的现世关怀和渺远的超越体验在他这里寓入一体，两个极端之间的宽阔地带可以容纳无数事物。也正因为如此，他从一开始就挣离了传统仕人的精神犄角，能够尽情地玩赏、游历和奔跑。

闲情逸致与兼治天下，宏阔豪壮与曲折纤细，它们都属于苏东坡。

- **鱼之趣**

苏东坡一生嗜鱼。他可以为一条刚刚捕获的好鱼到处找酒，携着它们去找好友，然后去一个配得上这美味的地方享用。有名的月下赤壁之夜就因了这样的缘由。他喜河豚，制鱼羹，就因为有鱼，所以惠州和儋州这样的边远苦地也让他得到了口福。即便是南海，诗人也不以腥膻为苦，而当年的韩愈在岭南对食物难以下咽。诗人关于鱼的文字太多了，一生与水结缘，鱼水情分深重。

在他这儿冒死吃河豚已成常事。记录中有一个朋友的妻子是烹饪河豚的能手，她曾躲在屏风后面观察东坡怎样吃自己烹的河豚。

到最后，只顾低头猛啖的诗人不发一言，这让她大为失望：期待中的那场热情赞誉竟然没有发生；但过了一会儿诗人从案前站起，说了"死也值"三字。这让她大获快慰。

诗人生在眉山内陆，对淡水鱼更加喜欢。他一生的苦难之地有三处，其中的惠儋都为临海之州。除了短短的登州任职的经历，可以说海鱼往往与大风大湿和大跌宕连在一起，实在是共度苦日。眉山少年的口味不是海鲜，所以后来渐得海鱼之趣，可能是惠州和儋州。登州是让其心情明媚的日子，那时对于鲜美海鱼的感受并不为怪。

"终南太白横翠微，自我不见心南飞。行穿古县并山麓，野水清滑溪鱼肥。"（《二月十六日，与张、李二君游南溪，醉后，相与解衣濯足，因咏韩公〈山石〉之篇，慨然知其所以乐而忘其在数百年之外也。次其韵》）山溪之中的获取最为迷人，这些文字千年之后读来乃令人倾心，口角生鲜。如"芽姜紫醋炙鲥鱼，雪碗擎来二尺余"，有人认为是苏东坡在镇江焦山品鲥鱼而作，虽存疑，却也实在传神。"紫醋"和"雪碗"，二尺余长的名贵大鱼，这些皆为大美之物，想象中香味穿越时空扑鼻而来。而今天漫漫长江都很难找到一条鲥鱼。古人之有幸，也表现在"芽姜""紫醋""雪碗"都有更好的用处。

诗人前后留下了二十多首关于鱼的佳作，几乎每首都是令人流涎的美章。"烂蒸香莱白鱼肥，碎点青蒿凉饼滑。"（《春菜》）"青浮卵碗槐芽饼，红点冰盘藿叶鱼。"（《二月十九日携白酒鲈鱼过詹使君食槐叶冷淘》）"早岁尝为荆渚客，黄鱼屡食沙头店。"（《渼陂鱼》）"三年京国厌藜蒿，长羡淮鱼压楚糟。今日骆驼桥下泊，恣看修网出银刀。"（《赠孙莘老七绝·五》）说的是自己在京都汴京待了三年，远离溪水长河，只能享用久吃生厌的藜蒿，而今天来到了水畔桥下，眼看网中蹿跳的大鱼，简直高兴坏了。"紫蟹鲈鱼贱如土，得钱相付何曾数。"（《泛舟城南，会者五人，分韵赋诗，得"人皆苦炎"字四首·三》）"若信万殊归一理，子今知我我知鱼。"（《濠州七绝·观鱼台》）"举网惊呼得巨鱼，馋涎不易忍流酥。"（《次韵关令送鱼》）这些诗句活画出一个人迷入美食的情态，急促和兴奋状跃然纸上。就此我们也会明白他为何倾心江边的"鱼蛮子"，对他们的苦难遭际洒一掬同情泪，同时也对这种奇特的生活方式极为好奇。他交往许多水上朋友，经常出入他们狭窄阴暗的船屋："异哉鱼蛮子，本非左衽徒。连排入江住，竹瓦三尺庐。"（《鱼蛮子》）

文字记载中既有大名鼎鼎的"东坡肉"，也有令人垂涎的"东坡鱼"。他在此领域的发明，除了以其盛名高位易得记载之故，也实在是因为专注和勤于尝试。他有一篇《煮鱼法》写道："子瞻在黄州，好自煮鱼。其法，以鲜鲫鱼或鲤治斫冷水下入盐如常法，以菘菜心芼之，仍入浑葱白数茎，不得搅。半熟，入生姜萝卜汁及酒各少许，三物相等，调匀乃下。临熟，入橘皮线，乃食之。其珍食者自知，不尽谈也。"鱼汤细事，记录何等周详。多少人津津乐道于所谓的"中华美食""饮食文化"，但从源头溯起，这里面的确洋溢着诗意和想象，远不是一个粗人可为。如果诗人东坡将此法稍作省略，比如把"不得搅"或"橘皮线"几个字去掉，又该如何？相信做出来的食物当不会有什么差异，但失去的是分寸和精微，是程序上的美不可言，实在大有不同。粗精之别竟在几个字的删减之间，人生也是如此。

我们观古今之画，经常看到的是鲈与鳜这种形体夸张的鱼，当然还要看到水与石。它们代表了内陆的山水雅趣，实际上隐去的则是临水观鱼的高士。二者相映成趣，意境高古。这一切就像梦一样逝去，再不见这样的水流和鱼趣，也没有了高士的身影。那是一个时代的情怀，它必须远离数字传播的喧嚣和大面积的工业化养殖。人工饲养的鲈鳜不再稀罕，可它与诗有什么关系？水塘里密集的鱼如同东部沿海繁华街区密集的人流一样，离开了活泉，已经没有了天地滋养，而统统化为一个时代的养殖品。

· 草木饮食

苏东坡记下了太多的草木饮食，这其中大多是一生实践所得，与自小接受的道家修养和兴趣有关；但主要还是因为好奇探究和创造的天性。他详细地记录了这方面的一些尝试，记下了心得，只为了备而待考以便进一步探寻，同时也留下了奇文共析之妙。草木无尽，尝试也就没有穷期。草木饮食本为大要，用以支持生命，就此来看，所有这些方面的实践都有重要意义。一笔一笔记下品类、效用和滋味，从头回味一番，既可重温逝去的时光，也可与他人分享互鉴。在漫长的历史上，类似的民间经验或因为记载而留下来，或因为其他种种原因而湮灭。苏东坡真是一个有心有趣的人。

"我梦羽人，顾而长兮。惠而告我，药之良兮，乔松千尺，老不僵兮。流膏入土，龟蛇藏兮。得而食之，寿莫量兮。于此有草，众所尝兮。状如狗虱，其茎方兮。夜炊昼曝，久乃藏兮。茯苓为君，此其相兮。"（《服胡麻赋》）这样的饮食基本上玄人才能有，是我们耳听为虚眼见为实的一种特异见识，所谓的不食人间烟火也不过如此。在诗人来说,这与那些金石丹丸可有异曲同工之妙,我们甚至可以把它看成"外丹"。而传统的"外丹"冶炼,草木远不如金石的作用,于是后者更为珍贵。当年的杜甫感叹诗友李白迷于炼丹,苦于自己不能跟随,原因就是没有"大药资",可见干这种事需要很大的本钱。硫汞一类在古代十分难得,而草木也不可或缺。在我们沿用至今的中医药宝库中,占绝对数量的还是草木一类,可见它们的确具有重要作用。

苏东坡曾经记下了一种棕笋,说它的样子就像鱼,剖开来里面竟然有鱼子一样的东西,味道像苦笋,但又多了一种甜香滋味。这种奇物只在二月间可以剥取,过了这一特定时刻就变得苦涩不可食。他特别在记录中指出:将这种棕笋剥取是无害于树木生长的,做法与做笋相同,须用蜜煮醋泡,对人的好处简直大极了。他为此还专门写了一首诗:"赠君木鱼三百尾,中有鹅黄子鱼子。夜叉剖瘿欲分甘,箨龙藏头敢言美。愿随蔬果得自用,勿使山林空老死。问君何事食木鱼,烹不能鸣固其理。"(《棕笋并叙》)他寻找菌类,栽种薏米,深得药食同源之妙,认为这些美好的草木作用之大,不仅能够解毒医病,还有其他神妙功效,不无幽默地写道:"能除五溪毒,不救谗言伤。谗言风雨过,瘴疠久已亡。两俱不足治,但爱草木长。"(《小圃五咏·薏苡》)还记道:"竹有雌雄,雌者多笋,故种竹当种雌。自根而上至梢一节二发者为雄。物无逃于阴阳,可不信哉?"(《记竹雌雄》)"北方之稻不足于阴,南方之麦不足于阳,故南方无嘉酒者,以曲麦杂阴气也,又况如南海无麦而用米作曲耶?"(《黍麦说》)

如此用心缜密地记录,感悟之深和妙想之奇,实在令人惊讶。

南北阴阳之别、食物之异，阴阳之气与酒的关系，只有他这样细密的心思才可以解说。怎样煮蔓菁、芦菔、苦荠，怎样用水，诗人不仅细细地记下和辨析，而且还为之作赋，写出了有趣的《菜羹赋》。他竟然为那些用尽心思到处搜寻吃物、巧妙烹调、不顾一切、全力以赴的怪人，写出一首《老饕赋》。类似的文字还有《接果说》《荔枝似江瑶柱说》《记汝南桧柏》《记岭南竹》等。

他写茶叶的诗有近八十首，诗中关于茶的各种煎法、煮法，无不周备。茶、水、火三者相会之情状，百般比喻流泻而出："蟹眼已过鱼眼生，飕飕欲作松风鸣。蒙茸出磨细珠落，眩转绕瓯飞雪轻。银瓶泻汤夸第二，未识古人煎水意。"（《试院煎茶》）烹茶一事，如何奇异，也只有从这些微妙的汉字组合里去品味和想象了。"岩垂匹练千丝落，雷起双龙万物春。此水此茶俱第一，共成三绝景中人。"（《元翰少卿宠惠谷帘水一器、龙团二枚，仍以新诗为贶，叹味不已，次韵奉和》）类似的妙作还有许多，真是令人眼界大开，击节叹服，几乎所有篇什都透着异彩奇趣：因兴奋而夸张，因有闲而自傲。

对茶如此，对生活中的诸多物事也是如此，它们全都来自生命的活力与专注。这样的传达实际上是一种共享，是即时共享，也是留在时光里的共享。直到今天，我们还能够在这扑面而来的水汽中嗅到浓烈的茶香，一睹诗人兴味盎然之状。可以想象，古往今来关于茶的著述数不胜数，但像苏东坡这样拆解奥妙、将无法言说的精微诉诸想象和猜度的人，可能是绝无仅有的。他最有名的一首茶诗为《汲江煎茶》："活水还须活火烹，自临钓石取深清。大瓢贮月归春瓮，小杓分江入夜瓶。雪乳已翻煎处脚，松风忽作泻时声。枯肠未易禁三碗，坐听荒城长短更。"文字用到如此地步，心绪与记忆，经验与思悟、快活与心得，一切皆来自实践之精细、品味和想象。这真是生命之杰作、享受之杰作、大快之杰作。活水与活火、钓石之水与其他水，这一切会有什么区别？一般来说生活中人全都忽略不计，也只有追随诗人的深悟和想象了。舀一大瓢水，其中映出了一轮明月，把它倒入春天的瓮中，再用小勺装到瓶里。云脚乱翻，雪浪飞旋，松风忽来伴奏，无论是怎样的枯肠，只消喝上三碗，也就兴致大发。这大概是一个无眠之夜，任凭畅想，荒城短更。

民间俗语中，形容一个平凡的人为"草木之人"，但如果在生活中真的能够获得草木真味，却是难而又难的。真正的"草木之人"是与大自然同生共长之人，是与之同享一片灿烂阳光，迎朝霞沐晨露，融入大自然怀抱之人。

· 医药与修炼

在苏东坡看来，医药和修炼的路径虽有不同，但目的却也相似。人做到身体无疾，其实是追求长生的最低要求。道家一般不问年龄，因为他们认为压根儿就没有什么死亡的问题；而佛家认为生命本来就是轮回超度的，既无开始也无结束。苏东坡的修炼既着眼于长远也考虑到近前，可以说是从基础抓起：医病防疾。就因为这个最基本也是最普遍的需求，他一生实践多多，并留下了大量药方。

有一部《梦溪笔谈》的作者叫沈括，一度是苏东坡的敌人，此人一生最不堪的记录，就是收集苏东坡的诗与文构陷告密。这样一个人在其他方面同样用心周密，竟能成为历史上的不朽者：世上流传一册他与苏东坡的《苏沈良方》，已属后代医家必读之书。从中我们可以发现苏东坡对于医术研究之深、施用之广，既为自己也为他人。他知杭州期间曾经遇到瘟疫流行，于是急急搜寻良方，并自费购买大量药材，配成秘方"圣散子"，用大锅煎煮，广布街巷，救人无数。

医药益于大众，还需多多问诊临床；修炼却要独行，这其中不乏晦涩的个人领悟。这种完全个体化的体悟和实行可能比炼丹更难。苏东坡是一个积极尝试丹丸的人，当时主要还是苦炼"外丹"，而且自年轻时就喜好寻找丹药妙方。他在凤翔为官时，曾发现居所旁的古柳处每到下雪都有一片泥土从不积雪，天晴后即凸起数寸，疑心为古人埋丹之所，准备挖掘，结果被妻子王弗拦下："如果婆母在，必定不会发掘。"东坡这才惭愧地打消此念。此事记于《记先夫人不发宿藏》。

因为"内丹"之说在北宋并未普及深入，苏东坡虽有一些体会，也未作更多研习。他在海南预防断炊而苦苦练习的"龟息法"，实际上就属于"内丹"学的范畴。他的《枳枸汤》《服生姜法》《服茯苓法》《艾人着灸法》《治内障眼》《苍耳录》等，都是由实验而得来的宝贵方剂。至于那些接近于"内丹"的试验，是日后才渐渐多起来，为玄妙所吸引，诗人开始更多地参见道人，寻访异术，还学习了一种舌舐上腭以取华池之水法：感到舌下筋微微急痛，所谓的"向上一路，千金不传"。此法名曰"洪炉上一点雪"，且是秘不传人之方，他特意嘱咐弟弟不可以示人。(《龙虎铅汞说寄子由》)有趣的是，东坡常常这样郑重地叮嘱，自己却不能遵守，忍不住就要与人共享。他记下的《大还丹诀》《龙虎铅汞说》《养生诀》《寄子由三法·胎息法》等，都已经属于"内丹"范畴了，在当时可以说诗人已经是至为先锋和深奥的一个大养生家了。

我们有时不禁疑问：巨量的劳动和耗损，以及官场的跌宕、频繁的磨难、一生南北跋涉，这当中还会余下多少时光间隙，让他能够如此专注用心，践行并涉猎这么多的学问和方法？除了儒家经典，无数的治世方略，还有各种方术及其他不可尽言的杂趣，对他而言需要多大的精力和活力来处理；另一方面，也极有可能是在草药学、"内丹""外丹"的身体力行方面，他获得了真正的生命援助，这才能够承受如此沉重的劳动及其他磨损。总之对诗人来说，那些洞察幽微、神妙难测的古怪方法，究竟在多大程度上给予了正面帮助，我们一时还难以分析量化；这方面，他在多大程度上是一个受害者和受益者，我们也同样费解。受限于当时的科学认知，就健康而言必有妨害的一面；但更多的，可能还是他以超人的悟想和智慧，得到了一些心与身的滋养。

他一再地拓展认识和实验的边界，以至于包容无限、泥沙俱下，就像他海洋一般远阔和深邃的文字一样。这真是一个生命的奇观，一个天地之间的大悟者，一个人生的高蹈派，一个事无巨细的亲历者。我们经常会想：苏东坡如果不是一个深入儒家堂奥、在家学传统中大步向前，最终踏上为仕之途不可回返，那么一定是一个寺庙或道观中的非凡人物，而最后，极有可能是一位游历四方的神秘隐士。只有类似的角色，才能够满足这个特殊生命的好奇心和无所不在的探究力。他对待无形的心神使用了修炼，他对待有形的躯体使用了医药，一生都想在这二者之间寻一个准确的答案。不过像古往今来所有的智者一样，在这些方面，他好像一生都没有实现自己预想的目标。

"内丹""外丹",更有酒,都是苏东坡一生不能忘怀之物,也是他时常依赖之物。没有丹丸的向往,就少了许多想象和希望;没有酒的慰藉,日常生活就苦涩而单调,也更难解脱。"酒醒还醉醉还醒,一笑人间千古。"(《渔父》)苏东坡是出于嗜好、出于对恍惚之境的神往和迷恋,还是以酒浇愁,大概二者皆有。

醉与梦,这是神志上的两种特别境界,对现实生存中的人总是有着极大的吸引力。醉后的舒畅和放肆,梦中的奇幻见闻,与具体而切近的眼前生活形成了鲜明对比。那样的一种情境和际遇,等于生命屏风之后的另一片景色,几乎令所有人难以忘怀。人们把类似经历藏在心头,有时候言说,有时候只留下来个人品咂。历史上的豪饮者比比皆是,能够即时留下神奇文字者也不少见。大饮者并非时时沉醉,沉醉即超越了酒量。苏东坡不能胜酒,动辄醉卧,就有更多进入醉境的机会。他喜欢自己醉酒,更喜欢看别人醉倒的样子。人生没有如此频繁的入醉,在他来说该是多大的缺憾。

关于丹和酒的实验,既繁多又深入,文字中有过很多。它们对他来讲究竟是单纯的慰藉还是一种更实际的需要,一时无法确认。我们只知道在这些具体实践中,苏东坡都没有什么大的成就可言。对他来说不是因为不用心,而是因为这两项事业实在太难,即便付出毕生的精力,也未必可成。

他痴迷于造酒,但因为急于求成的性格,常常不能安下心来好好酿造。记录中他发明了一种"真一酒",原料十分简单,不过是用米、麦和水三样。对这种酒,他多少有点夸张地说,喝过三杯以后"俨如侍君王"。这里透露出一点秘密,就是"侍君王"会有一种特异的满足和欣喜感,这里没有"伴君如伴虎"的恐惧。想必在贬谪之地,他记取的多是宫廷美好的一面。在炼丹方面没有成功的记录，医药则是成功的，有留传后世的苏氏药方为证。

酒是享用，丹是修持，它们的功用其实是大为不同的。炼丹可以视为酿酒的基础，因为没有长生和健康也就没有享用。饮酒可以在成丹之后，因为尽情享用要在生命的一些大问题解决或正在解决的时刻，才能充分地进行下去。诗人少年的修炼志向一直潜在生命深处，后来一有机会就会萌发。从古到今，有一部分读书人都将修炼作为隐隐的大志向，因为通常是用它们来解决人生至大问题的。或许从根本上来看，这种修炼远比科举功名之事大得多也重要得多。科举从理论上看是先顾天下，而不是自己：一个人走向科举，实际上是舍弃自身之利益服从于国家的需要，说到底不过是一种献身的行为。而修炼首先是解决自身肉体和灵魂的问题，不可不谓之大事业。苏东坡在后来的仕途上，仍然要时不时地停顿一下，回头遥望原来的那份大事业。

炼丹这种事情说来玄妙，其实一直是人类的一个梦想。它从来都没有退出我们的生活，许多时候不过是改变了一下形貌而已，比如化为各种各样的现代滋养品和补充剂，正得到广泛使用。今天能够彻底拒绝"丹丸"，特别是"外丹"的人，实际上是很少的。最新的医学研究认为，酒是有百害而无一利的，但这里并不包括酒的其他功用，比如说助兴和一展豪放，比如与之相关的诗意弥漫。而"丹丸"作为一种生命的辅助剂，却是无法否定的，尽管对它们的功用偶尔也有争执，但总的来说还是认为大有益处的。看来现代人的"丹丸"还要继续炼下去，这里指的是"外丹"。"内丹"在大多数人那里已经废止，因为它过于晦涩，而且需要更多的闲暇；即便在山东半岛东部，那个素有长生修炼传统的地方，今天也很难在大众中兴盛起来。

· **杂记异事**

诗人记下了那么多奇闻逸事，这些听闻或亲历都是特别有趣的文字。它们有时候仅仅是存异备考，其意义却是多方面的。许多时候他对这些怪异之事深信不疑，作为一个求真者不可能对这些无动于衷，因为它们是客观存在或真实发生的。他是一个忠诚的儒家子弟，却对"不语怪力乱神"之训不以为然。再者孔子也并未否定"怪力乱神"的存在，只是"不语"而已。情趣旺盛如苏东坡，对这一类事物的探求是自然而然的，其求证也必定贯穿始终。

我们可以由他的"记录在案"扩大自己的眼界，展开自己的想象，增长许多见识。它们构成了苏东坡游记文字的重要组成部分，不可废弃。他亲手书下的《记神清洞事》《空冢小儿》《太白山神》《华阴老妪》《猪母佛》《广利王召》《广州女仙》《鬼附语》《陈太初尸解》《书桃黄事》等，都属于这一类。这些仅看作耸人听闻的记异还远远不够，在当年有的属于存异待解，有的因为惊讶难弃，总之必须写下来。这些记叙大多详细，而且有论有证，不可轻易视为荒诞妄语。

人生也短，个人见闻总是有限。生活中的人常常由于实践的浅陋而对许多费解事物斥为迷信，特别是对源于古代的这类文字，只作为小说传闻而已。这样的笼统认识未免肤浅，而且叠加了新的谬误。许多时候并不是苏东坡轻浮和草率，而是我们自己过于孤陋寡闻。打开一部苏东坡全集，这个部分也有可观，它同样表达了生命的丰沛和宽裕，除去这些，苏东坡将是不完整和不真实的。我们由此可以推开去看，发现生活中和历史上的一些重要人物，几乎大都有广大兴趣和非同一般的专注心。他们在真理和真相的求索方面不愿放过一个细节、一次论证，每遇怪异必寻其踪而求其实。也许仅仅是一个趣闻、一个异端，却会蕴藏深广的理路。我们追寻下去或有新的发现，它足以推翻我们惯常遵守的一些通论和常识，发现偶然中的必然。

我们的错误在于过分地听信已有的成见，视野里只有粗枝大叶。世界如果是一棵树，不能去掉繁茂的枝丫，只留下光秃的躯干。它要有茁旺的舒展和吐纳，要伸出叶芽迎接露水，在风中哗哗作响，招来群鸟喧哗，洒下一片绿阴，伸出根脉在深壤中汲取。我们应该寻找和认定一棵真实的、正在生长的树。

诗人关于杂异的一些记录或幽默有趣，或存以警示，或另有深意。这里可见苏东坡的真性情，可以看到他的理性与率直。许多事物有异有常，在他看来都值得一记，我们自然要极其重视。"异"因偏执和偏僻而存，因此与常态不同。一些人物和事件，从着衣吃饭到梁上君子，从钱塘杀鹅到徐州屠狗，他都一一写出，可谓其闻也广，其记也详。

他在《书罗浮五色雀诗》中曾记下这样一件怪事：惠州的罗浮山上有一种五色雀，以绛红羽毛者为头鸟，带领群鸟盘旋飞翔。当地俗语说只有贵人入山它们才会出现。有个叫余安道的人诗云："多谢珍禽不随俗，谪官犹作贵人看。"苏东坡过南华寺时遇见过这种鸟，自然欣喜。海南人称五色雀为凤凰，说旱天见到它们就会下雨，涝

193

天见到则会免除涝灾。当苏东坡贬谪到海南之后，五色雀曾翔集于城南所居之处，他正在一位朋友的庭院中游玩，这群彩鸟又翩然而至，并且"铿然和鸣，回翔久之"，他举起酒杯对它们说："汝若为余来者，当再集也。"后来果然如此。

苏东坡在《事不能两立》一文中，记录了诗人白居易的一件奇事：当年白居易在庐山盖起了一个草堂，筑炉炼丹，眼看就要成功的时候，炉鼎突然垮掉，第二天"忠州刺史除书到"。此处喻为入世和出世两事对立，不能同时兼得，既讲了天意，也讲了人不能有过多奢望：如果一个人想"鱼与熊掌"兼得，那是不会成功的。他的《禄有重轻》《德有厚薄》《仙不可力求》《螺蚌相语》等，都是这一类记叙。

如果一个人不求真实，闻过而已，只会视为戏言，是不会诉诸文字的。我们在现实中未尝没有这样的亲历和听闻，但像诗人一样深入探究，并将整个过程细细记下来，是不太可能的。这需要极认真的生活态度，需要纯粹的心情，更是一种人生境界。

纵观诗人的行迹，给我们的感觉是，苏东坡总在寻找"别一境界"。这里不仅指意境和精神，还包括客观环境。官场、人流、日常、物事，所有这一切日日重复，反而容易将其深处的意义和真实包裹起来。就为了突破眼障，他不得不寻访一些偏僻清寂之地，将搜寻的范围一再地扩大，接近极美的山水、风物、特异的自然环境和人士等。在《游金山寺》这首诗里，苏东坡记下了奇异的天象，后来的读者竟说他当年看到的也许是外星人的飞船。诗中写道："江心似有炬火明，飞焰照山栖鸟惊。怅然归卧心莫识，非鬼非人竟何物。"就这样留下来，千年存疑。

他常常的流连之地有寺庙、道观，接触了很多和尚、道士和隐士，因为这一部分所谓的边缘人物离开了世俗物欲，不仅有着特别的人生视角，而且还由于身处偏远冷寂之地，有更多的生存感悟。心境与能力的不同，决定了不可取代的价值，而这些恰是苏东坡所需要的。他们之间的对话何等精彩，俗见在这里暂时被隔离和屏蔽，交谈者已非俗人。这种时刻对于苏东坡来讲，是何等快慰和难得。

如果说一个人最大的收获是特别的心智和见识，那么它往往存在于生活的褶缝之中，只有伸理开来才会显现。这在物质主义和商业主义的时代是很少见到的情形，因为我们已经很难找到独处之人，所有人都在熙熙攘攘之中，就连寺庙也在不停地奏响摇滚，传来智能手机的铃声。纵横交织的现代科技挟来各种消息，没有给我们留下一丝空间。铺天盖地而来的信息和所谓的知识，把深层的生命感悟全部覆盖和淹没。

苏东坡一生都在探求，并且记下整个过程用以回顾。也就是这样的一些场景，把他时而拉进一场幽思之中，找回自我的真谛。匆忙的人生会遗漏很多，忽略最重要的景致，所以有心人才会尽力做出弥补。一些特别的时刻和经历滋养了诗人，让他每每发出惊叹，为自己所看到的这个世界感叹不已。苏东坡作为一个名声巨隆的人物，生活于官场与文场，那些大热闹却实在难以让其满足。他有更开放的视野，更旷远的心灵。梦中流连之地、似曾相识之地，他都要设法进入。他热衷的一些物事可谓生僻，却因此而更加不能放过。

• 月夜

在静夜，在月光下感受一个世界，它是大不同于白天的另一个世界。苏东坡之爱月，如同李白。轮换交替的夜与昼是最大的神奇和昭示，人们却有可能对此无动于衷。关于月亮，现代人出于深刻的好奇，发明了探月器，结果却陷入了技术主义的圈套，收获了一轮破败的月球。自古以来天穹中那么美好的一个存在，一个心灵的存在，就这样无意间毁掉了。这可以视为现代进步所犯下的一个极大的、不可饶恕的审美错误。

从兴味盎然到兴味索然，原来不过是一步之遥和一念之差。人类耗去几千年的时间才踏上月宫之路，发现的却是无比的荒凉和粗粝，是无可挽回的失望。由此反观古代那些绝妙的人物，比如苏东坡和李白，他们对于月亮并没有愚昧和自欺，而是极尽奢华地享受了自己的心灵之月。那一轮姣美，那一个婵娟，供他们享用无尽。比起白天，月夜是阴性的美，它私密、含蓄、柔弱，这样的属性当然更多地适于一个诗人，一个完美主义者，一个多情的人。我们在现实的阳光下暴晒太多，活动太久，实在需要像他们一样进入自己的月阴之中。一种温和的照抚会使我们获得另一种满足，甚至滋生出无可比拟的力量和信心。我们可以挥发想象，在这里思念和遐想，进入无边无际的昨天和今天，在旷邈的空间里低垂双目，抚摸银光闪闪的大地。

苏东坡他们最舍不得这月光，吟唱，寻觅，记忆，与友人爱人一同陶醉和欣赏。古往今来有多少月光之章，它们真的不朽。"元丰六年十月十二日夜，解衣欲睡，月色入户，欣然起行。念无与为乐者，

第四讲 深爱和沉迷

遂至承天寺寻张怀民。怀民亦未寝,相与步于中庭。庭下如积水空明,水中藻荇交横,盖竹柏影也。何夜无月?何处无竹柏?但少闲人如吾两人者耳。"(《记承天寺夜游》)怎样的情怀才能如此拥有?绝美的山水景致,有时候不是缺少,而是因为我们自己没有那样的情怀。这里的苏东坡就因为楚楚动人的月色而欣然起行。他不仅是自己享受,而像得到了一条美鱼和一壶好酒那样,一定要与人共享,这个人叫张怀民。

"新月生魄迹未安,才破五六渐盘桓。今夜吐艳如半璧,游人得向三更看。"(《夜泛西湖五绝·一》)"夜阑风静欲归时,惟有一江明月碧琉璃。"(《虞美人·有美堂赠述古》)"挟飞仙以遨游,抱明月而长终。"(《前赤壁赋》)"海南仙云娇堕砌,月下缟衣来扣门。酒醒梦觉起绕树,妙意有在终无言。先生独饮勿叹息,幸有落月窥清樽。"(《十一月二十六日松风亭下梅花盛开》)在西湖,在赤壁,在大江,在南海,无不伴有明月。苏东坡好像一定要将月亮的世界和太阳的世界,做一对比和平衡。这两个世界一个都不能舍弃,因为各有妙处。月夜似乎更温柔,更惬意,也更迷恋,像母亲的温厚和慈爱。中国有一首不朽的名曲叫《二泉映月》,是一位盲人写下的心灵之月,一生的悲苦与无边的欣悦,都在这场倾诉之中。他已经无缘见到空中的那一轮皎洁了,可是在它的照抚下,他的心灵开始了一次漫长的诉说。所有隐秘尽含其中,最低沉和最激越的生命之章在月光下流淌。

这样的一场倾诉,只有黄州之后的苏东坡才有可能与之相通;至于荒芜险峻的海南之夜,这样的一轮月亮会垂得更低、逼得更近。

第五讲 世间恩怨

· 搬动一张桌子

人是非常奇怪的生物，既有强大的惰性，又会不断泛起新的冲动，这两种倾向都会造成相应的后果。前者会让社会停滞和腐败，后者则让一个时代显现复杂的状况，二者往往很难以简单的好或不好来论断。比如当个体的冲动汇集起来并形成一股洪流的时候，一场不可避免的冲决就要到来，这就是所谓的"革命"。当局部的躁动不安，以至于厌烦积累到一定程度的时候，也将发生激越的冲突以至于成为较大的行动，这可能就是"变革"；而处在这期间的两难者，就会在对比和权衡之后做出选择和修正、尝试和探索，这大概可以称之为"改良"。按照社会改造和变动的烈度，它大致可以分为如上的三个等级。这是某种通俗的理解，如同病人选择药物，有的峻急，有的和缓，有的介于二者之间。这里施药的依据完全在于病况、在于病人的体质。如果总是依靠一个生命强大的自愈力来战胜各种疾患也未尝不可，但这一定需要自身所具备的免疫力，是诸种疗法当中最上乘，也是最常见的。

但实际操作起来却往往不是如此。一个人要赶路、要做许多事情，他们一般不会有那么多耐心，而总是寄期望于捷径，想机械地快刀斩乱麻式地解决一切横亘在眼前的难题。

一个人如此，一个国家似乎更是如此。于是我们就看到了大大小小的冲动和碰撞，以至于干戈相加、血流成河。如果把封建体制比喻成一个沉疴重重、艰难喘息的老迈之人，那么它需要什么，我们是十分清楚的，只不过医治的步骤和方法各有不同。鲁迅对于国家的变革曾经有过一段很精彩的比喻，他说在中国，即便搬动一张桌子也要流血，说的就是变易之难、除旧更新之难。围绕一件不太大的事情争执不休，以至于拔刀相见，甚至搅动起大面积的动荡。从此兵马奔突呼号不已，痛苦和绝望淹没了一切，以至于最终忘记了所有这些是由何而生，演变愈发剧烈，形成了不可止息的腾腾烈焰。"搬动桌子"的设想也许来自清晰的理性，可它造成的结果却是异常可怕。最后桌子没有搬成，整个陈设和积累却砸得稀巴烂，然后就是冲突之后的艰难治理，所谓的"大乱"走向"大治"。

那种冲决的力量来自生命的激情还是其他？很难回答。我们知道生命在许多时候要像四季一样变化，或热烈、冷肃，或严酷、温和与丰腴。在这四季轮回当中，发生什么都是可能的，我们无法改造四季，所以也只有等待。改变一种习惯的生活方式，远不是一个人或某一些人的事情，因为它一定会引起周遭的不适和动荡。所以一个时代的改革之难，往往令人生畏，终究成为一个时代的绝大工程。人们习惯上总是表现出一种忍耐和迁就，直到种种状况严重交织，冲决之心渐渐变得激烈，以至于不可持续和安稳下去的时候，才开始众口一词，一齐要求改变现状。这当中所有美好的前景、言辞凿凿的许诺，都会唤起众多激越和向往的心情。在这个时候，人们会一致地推动和支持改革，唯恐那些勇敢的行动不能持久、未能深入或半途而废。这时候，许多采纳的变易之方都未必经过严格的理性筛选，对它们的弊与利也就很难预估，其实在许多时候，它们离想象中的目的地是非常遥远的，甚至是背道而驰的。所以显而易见，不能说凡变动和革除都是好的，这里需要一再强调的仍然是持重的理性。

说到近代改革，中国又不同于日本的明治维新，因为日本本土文明不及中国深入而长久。我们知道存活了几十年、上百年的古树是很难移动的，它的根脉扎得实在太深了。它完全适应了一个空间里的土壤、空气和其他，而且与这一切结成了一种密不可分的共同体、一个气候独特的自然世界。日本较早移植中国文化，后来在改革运动中转向了西方，是一种改向选择。而中国这棵大树移动起来必得格外小心，所谓的"治大国若烹小鲜"。

北宋新党旧党的对峙，就是由一场变革引起的。开始出于对国家的忧虑，后来则附加了权力争夺、意气用事、党派利益等诸多复杂因素。这一切扭合一起难以厘清，最终愈演愈烈，牵扯朝野上下，弄得不可收拾。这里边有个人的沉浮荣辱，有痛不欲生的煎熬，有死亡和沉沦，有暂时的快意和胜利，有终于能够一展宏图的得意者。这一场改革来得凶猛，对许多人来讲有些猝不及防，惊醒了许多人的安睡，引起无限的烦躁和痛恨。北宋自建国以来积弊无数：脆弱的边防，亏空的国库，精疲力竭的黎民。与此形成强烈对比的，是上层权贵们惊人的骄奢淫逸。庞大的行动迟缓的官僚体系就像一个臃肿虚浮的老人一样，本应通过一场节制饮食、辅以药物调养，一点一点康复，渐渐变得干练有力，重新拥有结实的肌肉、强壮的四肢。但实际上采取的步骤却并非如此。

也许当初的一切用心都是好的。最高统治者宋神宗在改革派的有力鼓动下，信心满满。他的确有一个中兴之主的样子：年轻、果断，坚毅，很能用人。本来这一场改革是可以大踏步走下去的，但问题是顽固而庞大的反对改革的旧党给予了顽强抵抗，而且也拥有十足的理由：这张桌子不可以轻易搬动，不可以把原有的居所弄得尘土飞扬。事实上，困窘不堪的人民也的确需要休养生息，这与剧烈跌宕，与大动干戈的变异，与法治人物的一心强横，是完全不能相容的。

苏东坡与旧党素有深谊，他对他们不仅是崇尚其施政理路，而且有很好的人脉和情感维系。这里边有性情的问题，更有儒家中庸思想支持的缘故，使他很快成为旧党阵营里的一个特殊人物：丰沛的精力，逼人的才华，宝贵的青春，在所不惜的勇气，巨大的说服力，这一切集于一身。比较起来他更为单纯和热情，正处于年轻气盛、志在必得、不吐不快的青壮时段。他胸中拥有诗书万卷，熟知历史上每一次的攻守之争、大大小小的冲突以及后果，这知识足够用来援引，最后以压倒众人的说服力、以一个诗文大家的全部语言力量，压将过去。在这一场不次于战争的炽热的交火冲突中，他好比是一挺守在隘口的重机枪，密集的火力网由此形成，也很快成为敌方必欲除之而后快的一个火力点。

他在《论管仲》一文中说："吾以谓为天下如养生，忧国备乱如服药。养生者，不过慎起居饮食、节声色而已。"又说，"节慎在未病之前，而服药在已病之后。"他采取的比喻通俗易懂，担心那些寒热不分、胡乱服药的人，最终只能是"则病未作而药已杀人矣"。这时候他的矛头直指新法："立条例司，遣青苗使，敛助役钱，行均输法，四海骚动，行路怨咨。自宰相以下，皆知其非而不敢争。臣愚蠢不识忌讳，乃者上疏论之详矣，而学术浅陋，不足以感动圣明。"（《再上皇帝书》）这两次上书，前一封长达万言，后一封愈加激烈。他在书中显然把自己作为一个广大反对者的代表和代言人，一个不知忌讳、不怕冒犯，为朝廷的利益而奋不顾身者。可惜这恳切而夸张的言辞，最后并没有收到理想的效果。

在苏东坡眼里，那些变法者不是为了维护体制，也不仅是忽略了天下百姓的安宁休息，而是冒险急进、不惜以牺牲朝廷和国家利益为代价来实现个人政治野心的人；更有甚者，他们集合宵小，将一些不良之徒招于麾下，形成了朝中政治的一股灾殃。在儒家看来，民为贵，而君王和社稷都要次之。所以他眼中的王安石之流，在当年不仅是要搬动桌子，简直就是一场大拆除大改建，是非常可怕的。事实上，中国历史上的几场大变革，无一不是血流遍地。苏东坡一再地提醒宋神宗这个"人主"：天下人心好比一棵树的根脉，好比一盏灯的油膏，好比一条鱼的水泽，好比一个农夫的田地。"木无根则槁，灯无膏则灭，鱼无水则死，农夫无田则饥，商贾无财则贫，人主失人心则亡。此必然之理，为不可逭之灾也。其为可畏，从古以然。"（《上神宗皇帝书》）这里言辞激切，而且颇有威胁的意味。他接着以商鞅变法为例，指出那一次的急切冒险、不听劝阻，虽然能骤致富强，却得罪了全天下的人，成为一场可怕的毁灭的诱因，使民众只知利而不知义，只见刑法而不见道德，惨烈的结局有目共睹。

在这里，苏东坡显然把王安石等变法者比喻为可恶的商鞅。他希望这一场变革更有秩序、采取更合理的步骤，做到有始有终："自可徐徐，十年之后，何事不立？孔子曰：'欲速则不达，见小利则大事不成。'"（《上神宗皇帝书》）。

我们如果把苏东坡进仕时所写的策论和其他奏表做统一观，会惊讶地发现，他当年对国家改革态度之急切、措施之严厉，在许多方面甚至超过了现在的王安石等新党。但是，当处于时代激流的交汇点上，当真的有一位改革人物挺身而出的时候，他却和旧党人士站在了一起，痛心疾首地进行反抗。这其中必有深刻的缘故，往好一点讲，是因为后者有更全面更深入的对于民情国情的体察和理解，希望越是重大的改革，越是要配合完整和适当的步骤，不可以表现出峻急和狂躁，这会让人无法承受；往不好一点讲，则是出于党派政争，是感情用事，是一些情感因素干涉和参与了清晰的理路，最后导致冲突愈演愈烈，难以平息。作用力和反作用力一起升级，胜利的一方逐步表现出不留余地的压倒之势，而更久远的后果，还将不停地发酵演化，令整个政治事件变得愈加严重。

我们在历史上很难看到这样的情形：冲突双方能够寻到一个高明的裁决者，而这个人依靠自己的地位和德望，将两边的争斗加以平衡和综合，把他们的合理部分交织起来，成为一个历史的平抚者与沟通者。这样的人物在开始时或许将要出现，但很快被攻防两方激烈的反抗、无与伦比的锋锐和出乎意料的热情给吸引，最后不得不选边站。整个天平就此倾斜，历史走向了难以挽回的跌宕之期。

· 苏与孔孟管荀

将苏东坡做前后一致的观察，好像给人这样的印象：道从孔子，文从孟轲，物从管仲，理从荀子。然而读过他的全部诗文，特别是《荀卿论》《管仲论》之后，又会怀疑这样的判断和印象过于笼统，甚至有些不对榫。苏东坡读到的《管子》其实一直被视为"伪书"，实在不能算管子的著作，所以他引用管子的论述也就大打折扣了。他心中的管子，作为一个至为理想的人物，并没有体现在以之命名的那本书中，那是后来的儒者想当然或别有用心的撰写，目的不过是为了将一国良相对于物质社会无与伦比的贡献，归结到儒家的正统之下。实际上，管子正是因为对这种正统的叛逆，才出现了一个物质主义的齐国。

对于荀子，苏东坡则多有贬语，甚至极端化地认为荀子之所以能够教导出李斯这样的学生，一切并非偶然。荀子是儒家当中的锐意改革者，在这方面，曾有过很多激烈的言辞；荀子关于儒学的守护，被更大的现实方面的变异和具体施行而冲荡，带来的是可怕和惨烈的结果，这些全都体现在他的几个学生身上，比如李斯辅助秦始皇之祸。在苏东坡眼中，李斯那种极端的实用主义的冷酷，其老师荀子负有很大的责任：荀卿图一时之快而发出的言论，通过学生李斯这个中间链条延伸传递出去，最终导致了秦国变法的天大灾难。更可怕的是，这一灾难直到今天的北宋，或许还有未来，都会有一些胆大妄为者加以效法。他说："荀卿者，喜为异说而不让，敢为高论而不顾者也。其言愚人之所惊，小人之所喜也。"还说："不知荀卿特以快一时之论，而荀卿亦不知其祸之至于此也。"（《荀卿论》）

我们知道，苏东坡作为一个忠实的儒家信徒，也不乏改革的豪志。他进仕时的那些文字，还有后来许多的奏呈和上表，都表现出不安于现状的进取的锐利，这一切和荀子当年是多么相似。但是现在我们见到的苏东坡本人对荀子的指斥，却是如此地苛责。这在很大程度上，是因为荀卿对于秦国以至于后代的变法者提供了诸多理论支持，而且最残酷的变法者与之有着师生关系。就是这样一个直接的线索，引起了诗人的反思和警觉。由此看来，他没有明说的、近在眼前的那些峻急者，其实就是北宋时期的"商鞅"和"李斯"，这是他最为恐惧和痛恨的。秦国那些变法者除了维护"人主"的权力，哪里还顾得其他，他们为了这一渺小而眼前的功名物益，对黎民是何等决绝，甚至制定出百姓不得经商、不得离开土地、不得识字、不得接受一切文明教育，将天下文明的结晶、所有开愚的文字，通通集中烧毁。以官吏为师，以刑法为据，当时因离开土地而受酷刑的人比比皆是：所谓的"商鞅变法"，渭河之水尽染血色。总之商鞅李斯之流是文明的大劫，历史的大劫。

今天北宋王安石他们所做的，不过是五十步与百步的关系。

国库的丰盈，朝廷财力人力和物力的强大，皆要取之黎民，这就偏离了儒家的"仁"字。这是苏东坡等旧党反对"新法"的理论依据，也是他们所秉持的崇高的道德法则。从理论上看，荀子其实主张发展经济与社会治理相结合，在一定程度上是调和儒法的，应该与北宋旧党有着很大的共鸣点。苏东坡的《荀卿论》中对荀子多有质疑，但将其全部立论和行为结合观之，又会觉得他并不完全拘泥于原儒。就像荀子一样，他在实际施政的过程中有许多现实主义的选择，同样对原儒给予了必要的更易。苏东坡在《论齐侯卫侯胥命于蒲（桓三年）》中，对荀子再次给予了驳斥和质疑，相反，对齐国的宰相管仲却给予了热情的赞扬："及至管仲相桓公，南伐楚，北伐孤竹，九合诸侯，威震天下。"（《管仲论》）聪慧如东坡者，不会不知道管仲与原儒的巨大分野，不会不知道孔子一生的东游，只在临淄听了盛大的《韶乐》演奏，而后有"三月不知肉味"的记载。物质娱乐主义的齐国与孔子的理想差异甚大，它们远不是一回事：短暂的不可以持续的物质丰裕并非目的。

实际上齐国既兴于管仲，也亡于管仲。整个国家在一种奢靡的物质追求之下，志糜骨酥，已没有什么远行的力量，果然，不久就在野蛮的秦国攻伐面前溃败丧国。

苏东坡在《孟子论》中盛赞孟子，这完全不出所料。他对荀子的结论是："荀卿者，喜为异说而不让，敢为高论而不顾者也。"（《荀卿论》）还说："大哉，管仲之相桓公也！"（《论管仲》）我们将这些论述比较一番，可以看到苏东坡的思路还是不够周密和公允，也许在当时北宋的党争与现实冲突的格局中，他变得多少有点偏执。苏东坡既是一个恪守儒家精神和道德原则的人，又是一个多多少少的物质主义者、享乐主义者，这也使他在很大程度上能够偏向管仲的理念，缺少对物质主义足够的清醒和警惕。孔子当年也曾经赞扬过管仲在物质方面的图强和发奋有为，肯定其做出的贡献，甚至说如果没有这个人，我们到现在还穿着难看的土著衣服："微管仲，吾其被发左衽矣。"（《论语·宪问》）但这只是一事一议，还不能概括孔子关于人事和国政的全部看法。

苏东坡在新党眼里具有纵横家大言蛊惑的风格，比如文章很有孟子风采，有战国时期那些说客辩士的格调：这些人华而不实，以超人的言辞蛊惑力来混淆视听，干扰清晰的理路，只能给当事者的务实和求真造成诸多迷惑。这是他们诟病苏东坡的一个重要依据，而且在很大程度上收到了效果。

· 干练与丰腴

王安石与苏东坡有很大不同，两人在许多方面都是这样界限分明：一个严厉、干练、果决、冷峻；一个丰腴、温和、饱满。但他们两人都是北宋王朝的能吏与文豪，而且都是清廉为政之人。这两个人在各自的方向上都有些极端化，好像上苍有意送给这个时代两个典型人物一样，让他们双双对峙，并且在很长时间里成为不同的概念和符号。不过新党中的王安石毕竟不同于另一些人，他比周边的那些同党要纯粹得多，也要深刻得多。他的作为之大以及出发点之纯正，都是有目共睹的。北宋的这个时期，以及后来，都深深地烙上了王安石的印记。后来旧党把宋代的羸弱和凋敝，甚至最后的覆灭，都从那场轰轰烈烈的改革之中寻出端倪，认为是一个久病在身的国体被施用了有毒的猛药，从此才走向虚败和溃散。这样的论断或许不够公允。

在新党一派，有一个人与王安石稍稍接近，其实又是大为不同的人物，这就是后来同样做了宰相的章惇。这同样是一个下手锐利、坚毅不屈、为大宋王朝做出重要贡献的人。但他远远算不得一个纯谨和洁净的人，他身上的那种刻薄和阴鸷，王安石是没有的。章惇还不配与苏东坡作为一个对立的人物加以研究，而这样的一个人，似乎只有王安石才可以充当。我们将从他们两人身上找到太多的同与不同，这也是一个非常复杂的工作，一项很有意义的工作。

苏东坡的父亲苏洵对王安石有些苛刻，在这方面苏东坡是不能苟同的。随着时间的延续，随着那场剧烈的党争渐告平息、王安石告老还野，苏东坡也变得理性多了，对待这位曾经高居相位的人宽容多了。王安石也同样如此。他们之所以在后来能够有一些交往、有一些非常动人的时刻，也完全是因为一个最重要的人性基础：二者皆拥有纯粹的生命品质，也都是极有趣的人。他们都能够多多少少地脱离和超越"私敌"的范畴，彼此之间都有一些钦佩在。这对于曾经作为极其尖锐的一对政敌来说，当是一种十分罕见的现象。政治往往是你死我活，而王与苏最后竟能走到礼让和谅解，甚至是相互崇敬的地步，实在也令人惊讶。

苏东坡当年对于王安石变法之峻急绝不通融，而且奋力抵抗。王安石就像一块坚硬的石头，在旧党密集的火力之下不仅没有破碎，而且顽硬如初，成为整个新党坚实的核心。他具有法治人物最可贵的品质，同时也有这类人物最大的缺憾和特质，即整齐划一与严厉苛责。这一点，甚至在其追随者身上也可以看出端倪。比较一下，我们会发现苏东坡的所有弟子都呈现出各自生长的状态，而王安石的弟子却处处遵循师长，成为一种模板性格之下的复制品和牺牲品。苏门弟子中不乏名垂千古的大文人，而王安石的门生中留有文名的似乎只有一个王令。没有比艺术创作更需要自主开放和多元包容了，而这种烂漫生长，与法家的那种生硬和强固是格格不入、难以兼容的。弟子皆要服从老师的单一标准和模式，审美志趣也就变得单调，生活方式及政治立场也会如此。

记载中的王安石有许多怪癖,或者说异趣,一如他的为政风格。他是如此朴素如此清廉,但对日常生活之美没有什么追慕,竟然可以长时间不洗澡,因脏气而多被诟病。就是这样的一个人,却能写出那么好的诗句,成为一个风格特异、意蕴深邃的文人。无论是为文还是为政,他都算得上一个大有成就的历史奇人。干练与恪守成为他的短板,也成为他的特质,使他走向自己的成功和卓尔不群。

王安石和苏东坡一样深结佛缘,都对佛经佛理深感兴趣。他们都属于思路清晰、求真求实之人,都关心国政,励精图治,恪守儒家治世思想和至高的道德原则,而且都一样正气充盈。后来的朱熹评价王安石,认为他文章和节行都高人一等,尤其是在道德经济这些方面最有作为,只是对他的用人不敢恭维,说:"引用凶邪,排摈忠直,躁迫强戾,使天下之人,嚣然丧其乐生之心。"(《楚辞后语》卷六)在这个方面,朱熹之论算是公允的。旧党的代表人物司马光是王安石从政的死敌,他评价王安石也比较公允,说:"人言安石奸邪,则毁之太过;但不晓事,又执拗耳。"(《续资治通鉴》卷六七)在这里,"不晓事"三个字显得有趣,不晓事理、不通融,像个执拗的孩子。苏东坡的挚友和最重要的弟子黄庭坚评价王安石说:我曾经反复观察过这个人,他真是视富贵如浮云,从来不贪婪钱财酒色,是一世的伟人。能有这番评价,实在是中肯而感人。

苏东坡本人对王安石的最高评价表现在《王安石赠太傅敕》一文中:"名高一时,学贯千载。智足以达其道,辩足以行其言。瑰玮之文,足以藻饰万物;卓绝之行,足以风动四方。用能于期岁之间,靡然变天下之俗。"这番话铿锵有力,绝无敷衍虚妄之辞。这让我们想起中国现代的两个大文人,通常人们把他们作为两极人物,甚至是不可调和的两大阵营中的代表人物来对待，就是鲁迅和胡适。这种看法其实是一种不求甚解，是出于某种目的而强行划分出来的两大"阵营"，实在荒谬之至。他们二人尽管常常表现出不尽相同的文化与思想倾向，那也属于知识人的"和而不同"。当有人恶毒褊狭、不留余地中伤鲁迅的时候，胡适即大为反感。他后来还说"鲁迅是我们的人"，对鲁迅给予了非常高的评价。古往今来，凡纯洁之人总是执守中庸，实事求是，许多时候能够施以仁慈和公允。这实在是衡量人格的一个重要标准。

比起喜好热闹、顽皮多趣而又极愿享受物质的苏东坡，王安石的日常生活是那样朴素。这个人不修边幅，一件官服可以穿十几年，对吃的东西从不挑剔。有人曾发现：他坐在饭桌旁，哪个菜离他近，他就只吃这一个菜。据记载他当年贵为宰相，接待亲戚却未曾大摆筵席，饭桌上有一碟肉和几块胡饼。被招待者不高兴，把饼掰开，吃掉中间，剩余的就扔在桌上。王安石二话没说，把扔下的部分拿过来吃掉了。这个细节包含的东西太多了，虽然是一个局部场景，但通观一事，即可以作为他的行为风范去看待了。他去世后留下的遗产极少，其夫人不得不靠亲戚的帮助才得以维系生活。王安石一生不近女色，这与苏东坡也大为不同。苏东坡对异性的美是敏感的、热情的，甚至也不乏贪婪，这是他生活中的重要色彩之一。对于世间的斑斓颜色，苏东坡全都是着迷的、沉浸的，从自然到人生，常处于一种饱览和探究的状态，并作为一种性格特征被固定和确认下来。王安石和妻子吴氏相守一生，妻子出于当时的习俗曾给他买来一妾，当这女子前去伺候王安石的时候，王安石却不无惊讶地问对方是谁？当他知道女子是因欠官债而被迫卖身时，不仅没有收她为妾，还送了一笔钱帮她还清官债，让她离去。他的独生儿子患了精神病，犯病的时候就要打妻子，王安石非常着急，竟说服儿媳和儿子离婚改嫁他人，足可见出理性与仁心。比起苏东坡，王安石在许多方面实在更接近于一个现代人。

· 水性人

"女儿是水做的骨肉"，这是《红楼梦》中的一句妙语。作者有此一说，似乎将女人和男人的区别讲个分明。然而以此论断性别还嫌笼统粗率，其实一切单纯随性之人无不水性十足：不浊不污，不奸不藏，就会表现出十足的水性。苏东坡曾经说："天下之至信者，惟水而已！"（《滟滪堆赋并叙》）苏东坡身为男子，却绝非一个木石之人，更非一个土人，而实在算得上一个"水性人"。我们觉得男子如水，有些太过柔软，但这只是一个方面；水的刚性和顽韧则是另一面。水既能浸泡和抚摸，也能够"卷起千堆雪"，能够毫不畏惧地冲向坚硬的岩壁，撞碎自己，这也是水。

苏东坡爱水，自小到老，其生涯几乎很少离开水。他深谙水性，曾为大水作赋，且大半生都在水上游走，如他自己所说，是一条"不系之舟"。他对水一生依恋和挚爱："我性喜临水，得颍意甚奇。到官十日来，九日河之湄。吏民笑相语：使君老而痴。使君实不痴，流水有令姿。"（《泛颍》）。他知颍州，到任十天竟然有九天是在河边徘徊，以至于当地百姓笑自己的"使君"又老又痴。他笑辩自己其实并不痴，而是因为流水的美好姿态对他构成了深深的吸引。何止如此，水之品质一如心中理想人物的性情：包容与随和、洗涤和清洁，能够从善如流，且在必要的时刻激越而起，发出咆哮。他伴随水流而行，感受着无比的愉悦和快活。

苏东坡像水那样顺势而变，有一颗庄子所说的"应物"之心，同时又是一颗透明的心，单纯爽朗，随遇而安，这一切无不是水之特性。对比之下，我们会想起另一个极端人物王安石，这个同样需要赞誉的人杰，无论如何却不能以水做喻。他更像一个坚硬的木石，一个铁人。我们还可以把他比喻成在海风中屹立的瘦马，有铮铮铁骨，有毫不畏惧的冽风中挺立的身姿。如果说到王安石同样属于多趣之人，那么也算是顽耿之趣。《宋稗类钞》中记载："子瞻初谪黄州，布衣芒屩，出入阡陌，多挟弹击江水，与客为娱乐。"大惊初定的黄州日月，诗人多么依赖这条江水，与它相伴，为之豪歌。他在《水喻》中总结人与水的关系，并且回忆往昔，说："南方多没人，日与水居也，七岁而能涉，十岁而能浮，十五而能没矣。"几句话即活画出一个顽皮的水中少年，而后又发挥道："必将有得于水之道者。日与水居，则十五而得其道；生不识水，则虽壮，见舟而畏之。故北方之勇者，问于没人，而求其所以没，以其言试之河，未有不溺者也。故凡不学而务求其道，皆北方之学没者也。"他将南北方人与水的不同关系做了对比，并引申出人生至理。

苏轼一生都注目于道家庄老思想，其中极重要的表述还是围绕一个水字，所谓"上善若水"，这种思想对苏东坡有着很大的影响和启迪。他由少年的生存环境到后来一生的奔波，对水皆有依赖，这浑然统一的个人经历和自然环境或明或暗地塑造了他、设定了他、规范了他。我们总觉得苏东坡是这样一个形象：他在水边徘徊，发出水一样的朗朗笑声，他游戏于水、取之于水，整个生命与水密不可分。当他初离南方来到干燥少水的密州做太守时，最初真的感到了不适。他在诗文中表达了此地与苏杭一带的对比，这时多少有点落寂和苦涩，好在他有水的性格，能够随客观环境起伏漫流，调整适应。他最终找到了密州之乐：骑马，奔驰山岗，挽弓狩猎，写出了"左牵黄，右擎苍"那样一首壮词。就是这样的一位人物，即便置身于干燥之地，也不会被风干，而一直能够保持自己的充盈与丰腴。

· 王苏之分合知恨

王安石和苏东坡都是世上的大才大用之人，可惜由于酷烈的党争，使他们愈行愈远，直到很久以后才有一次会合交集。也就是那时，他们有机会做出相互钦佩之表达。那是王安石告老金陵的时候，他遇到苏东坡，竟然劝说对方做自己的邻居，从中可以看出对苏的喜欢和钦敬。此刻，对一个小自己许多的后辈，王安石表现出那么多的慈爱、同情和怜惜。而苏东坡当不会忘记在最危难的"乌台诗案"中，那么多险恶的政敌想置自己于死地，也正是这个辞去宰相之位回到民间的王安石挺身保护，对皇上大声疾呼："岂有圣世而杀才士者乎？"苏东坡当然会深深地记取，后来对老宰相的一片盛赞大概也与此有关。

在当年，尽管他们作为政敌互相对峙，但静下心来，王安石尚能这样评价苏东坡："不知更几百年方有如此人物。"不过他也曾对皇上宋神宗说：苏轼这个人才能是很高的，但所掌握的学问不正，遵循的道路也有问题，所以应该罢黜。说过之后可能又有不安，对皇帝补充说：苏东坡这个人不使之历经困窘，是不能让他改悔的，不断了他的一些狂妄念想，以后陛下是没法使用的。对王安石来讲，他这样做既出于施政的必要，即排除一切阻力，同时又似乎说出了一些实情。他们两个人都是一世之大儒，可是王安石锐意改革，已经脱儒为法，成为北宋时期以至于后来被不断肯定的法家人物。所有的法家都是一些坚锐进取、大刀阔斧的开拓式人物，无论初衷如何，最终还是要背离儒家"仁"之要义。比如王安石，竟然昏聩到异常钦佩商鞅之厉行变法，就显出了极端化的倾向，也透露出一个实用主义者强词夺理、未能辩证看待历史人物功过是非的至大弊端。

　　新党人物为了推行新法，不可充分顾及民众及国家的承受能力。在王安石和他的同党来说，对朝廷连年积弊十分痛心，这正迎合了一心要当中兴之主的宋神宗。王安石自己也做出了表率，他在日常生活中异常简朴，绝少物质享受，这在普遍奢靡的北宋上层官僚那儿是一个特例。这就愈加显示了他的心志坚强和忠贞不渝。苏东坡对王安石的一切都看在眼里，一定会感到一些迷惑和费解。如果这两位能臣和文豪能够相互借重并互补，北宋也许是另一番风貌了。这将是朝廷之大幸、民众之大幸。可惜这只是一个假设。苏东坡的政敌中，大概王安石算是真正一心为政的人，其身边的那一伙却不尽然。也就是这样的缘故，苏东坡和王安石最后总还能够相处融洽，基础和前提只能是人的纯粹，是道德和人格接近之故。他们同为伟大的诗人和政治家，不过是选择的道路大为不同。

　　苏东坡谈到王安石的文和人，曾经说了一段极有洞悉的话："文字之衰未有如今日者也，其源实出于王氏。王氏之文未必不善也，而患在于好使人同己。自孔子不能使人同,颜渊之仁、子路之勇,不能以相移,而王氏欲以其学同天下。地之美者,同于生物,不同于所生。惟荒瘠斥卤之地,弥望皆黄茅白苇,此则王氏之同也。"(《答张文潜书》)他在这里将孔子颂扬了一番,如此圣人尚不能让人人皆遵循同一标准,比如同样是得意弟子,颜回和子路是那样地不同,而圣人却能够容忍这一切,并且让其按照自己的特性去发展。在这里,苏东坡将王安石过人的优点和长处,还有深刻的弊端,都说得非常清楚,且算公允。

他认为王安石所实行的改革,不过是"悍石猛药",最后一定会贻害无穷,但同时又并不认为王安石的改革一无是处。特别是后来,当他在几个任所经过了诸多实践,深入民众亲手处理无数琐事之后,就更加认同了变法的某些长处。在关于王安石和苏东坡的争执方面,特别是苏东坡对新法的态度,历来有一些不同的看法。有人认为苏东坡后来有很多悔悟,另有人认为他毫无悔悟,所有类似的表达不过是为了遮人耳目,为了皇上高兴才做出的表达,说白了,不过是一种明哲保身的技巧和方法。但此一说经不得推敲之处,在于苏东坡于旧党得势、司马光身为宰相时的表现。这个时期他似乎可以全力附和与协作,而恰好相反,在复辟旧法之时,他却做出了另一种选择:以亲身经历对旧党执政者尖锐地指出新法"不可尽废"。这就有力地表明,苏东坡之前对新法的一些正面评价,完全是出于真心实意。这其实正是他人生当中最有光彩的一笔,是一个不同于那些庸常机会主义者的关键之点。

再后来,苏东坡成为一个身居高位的执政者,这时王安石已经病逝了。苏东坡在日常宫廷生活中,还有过一些针对昔日政敌王安石的言论，其中有的也非常严厉。只有这个时刻，我们才能够看到他对于当年可怕的遭际仍有恐惧和恨意，情感多少代替了理性。

像苏东坡这样一位杰出人物，偶尔也要被所谓的"人之常情"所蒙蔽和干扰，是非常可惜的。

・ 身在儒法之间

通常人们很容易将儒法作对立观，认为用以治世的方法，其两极非儒即法，它们二者常常是不可调和的。这不仅由于近代批儒扬法的那段历史所造成，而是很久以来就有的模糊意识。当年北宋的政党之争，后人多将其看成儒法之争，实际情况则要更复杂一些。在当时，也存在对那些历史上奋力改革的法家人物如何评价的问题。无论是新党还是旧党，都以儒家的正统而自我标榜，他们援引儒家经典，指责对方的偏离。不同的是新党对于历史上的法家人物给予了更多褒扬，引为强国兴邦的伟大案例。苏东坡其实是处于儒法之间的，但在激烈的现实博弈中，他不得不做出新的选择。

如果我们稍稍地来一番历史的思想的政治的梳理，会惊讶地发现，其实所谓的"法家"也来自"儒家"，可以说他们二者来自同一门下。儒家非但不是以拒绝改革或变革而立论，而且一切恰好相反。儒家的发端是以改革作为理想目标的。当年孔子的"克己复礼"，就是针对时局提出的政治变革的纲领，目的是为了限制与制衡无限膨胀的权力。他要实行和恢复的是周公之礼，借此让自己力倡的变革有了榜样、有了理论根据，这就给那种难以接受的大幅度的改革措施，留下了端庄明确而又美好的凭据和说辞。这是一种巧妙的政治周旋，是一种智慧。仅仅是"克制"和"恢复"，好像有一种宽容的姿态，"克己"即从我做起、将心比心，既是对外的倡导和号召，又是每一个人的自我要求。这个多少有点含糊的言辞包含了内外双义，从他者到自己，再到每个人，实在是一个十分高明、简明扼要，又多少有点曲折晦涩的政治口号。

作为一个儒家正统的继承者，苏东坡当然并非一概地拒绝变革，而是从一开始用来进身的那些策与表就反复倡言改革，且言辞锋锐，心情急切。简而言之，苏家父子就是以改革进取者的形象登上北宋政治舞台的。他们以此跻身于堂皇的庙廊，在宋太祖"不以言论治罪"那样的宽松环境中，舒放自己的情志和胸怀。敞开言路的确是北宋经济发展、政治安定的一个重要基础，也就是在这样的风习和传统中，苏家父子以及他们周边的朋友才有了新鲜激烈、不吐不快的施政之言。而在这个方面当政者是喜欢的，从最高统治者到一般臣僚，都抱着一种欣喜的赞许的态度。那个时候他们还是初出茅庐者，没有政治根基，不足以构成威胁，稍稍引起嫉妒的也只是他们的文采而已。

孔子当年的施政其实也有过峻急，结果很快从司寇这样重要的位置上跌落下来，而后终其一生都无法推广自己的政治理念，其深层原因，就是人们普遍恐惧于他的变革。关于社会治理，后来的孔子兼收并蓄，有了很多周全的说法，这些说法都散布在他的弟子所记录的一部《论语》里了。这部语录是他对于自己的实践学问、对于整个社会的观察体验的全部总结。它们以只言片语、以散文式的感悟留下来，需要后人还原当时的语境、全面综合地理解，才能趋近它的中心和精要部分。人们终于发现了它的核心是一个"仁"字，正因为如此，无论拥有多么强大的变革理由，都不能施以极端化的冷酷和峻急，而必须持守中庸，这才是儒家精神之要。法家人物由于缺乏循序渐进的耐心，常常以简单粗暴的方式处理极为复杂的、积累了几百年上千年的问题，所以他们的所作所为往往难以被人接受，也无法收到预期的良好效果。假以时间并采取一定的步骤是必须的，人们在意识、在物理和心理两个方面，都需要足够的空间，而这在许多时候就是成败得失的关键。有人出于强烈的主观意志，不太在乎这些客观要求，结果就造成了很多不曾预料的可怕结局。更有甚者像商鞅李斯之流，更多为皇权负责，为"家天下"患得患失，不惜以惨无人道的方式来辖制人民，这就必然走向了"仁"的反面，与儒学背道而驰。

真正的儒家学说也许是稍稍晦涩的，在通常意义上，法与儒之间当有一个"中庸"，它作为儒家的某个度，一旦超越，真理也就变成了谬误。所以在实践中，就需要极大的辨析力，需要清晰和冷静。苏东坡一直在法家和儒家之间徘徊、游走，所以他先是新法的坚决反对者，后来又成为一个拒绝推翻所有新法的人，充分表现了理性和求真的力量。

从古至今，大概没有一个人会将苏东坡定义为"法家"，而是一个毋庸置疑的"大儒"。但也就是这样的一位"大儒"，却在反对变法的旧党上台时，成为又一次的反对者。苏东坡当然是一位儒家，但他是孔子那样一心变革、不仅讲究目标，而且更为重视手段的政治家。有时候手段比目标更加重要，因为以崇高的目标来掩盖不择手段者，从来都是可怕的卑劣之徒。从历史来看，"革命"和"变革"

都是不可避免的，有时候甚至是必须的，但"改良"却往往更加可贵。"改良"常常被置于唾骂的地位，因为"改良"总是被视为软弱、妥协和胆小，看上去更像一些苟且者自欺欺人的说辞；勇烈的暴力，不惜牺牲的冲撞，所谓的"变革"或"革命"，却总是具有强烈的吸引力，有着诗性和浪漫的特征。但最终，它的结局往往是异常惨烈的。原来，安顿民众的生活远不是一场尖厉的号唱那样简单，它需要由一寸一寸得以忍受和生长的光阴来组成，需要一个适宜的温度和足够宽松的空间。

"革命"所需要的牺牲在所难免，这里边可以产生许多英雄人物，他们一定会随着时间远离我们而去，留下的只在歌唱中、文字中。当然，"改良"作为一个被嘲弄的颇为尴尬的形象，也同时留在了文字中。

・儒的清晰与晦涩

因为人们眼中的"儒家"往往是一个固定的概念，从现实的具体表现中做出分析，进行条分缕析的鉴别将是非常复杂的。一般来说，只有那些简单的概念才容易被接受，而在变化中运行的具体的儒家精神却实在难以把握。所以在中国历史上，做一个真儒难，而挂上儒家的名头倒很容易。那些野心家和投机者就利用儒家的这种晦涩、细密性和实践性，利用这诸多的困境和艰难，给予了可怕的简化和改造，把一些庸俗之极荒谬之极的释义，强加到儒学身上，最终为自己所用。这样的结果既僵化了社会生活，戕害了伟大的创造，又消除了真正的自由：社会和心灵的双重自由全部丧失。如果说儒之核心是"仁"，那么享受这种自由才是最大的"仁"。

通常人们将社会等级与礼法之严谨视为儒，所谓"君君臣臣"之官本位思想，成为东方，特别是现代思想中的痼疾贻害无穷。这样的一种认识实际上一定是抽掉了"仁"，而演变为对皇权负责的伦理依据。这是反动而虚假的儒学。"官本位"排斥的一定是"理性本位""科学本位""创造本位""自由本位"等最美好的东西，任何社会只要确立了"官本位"，就必然走入愚昧与黑暗的深渊，几乎无一例外。"君君臣臣"的恪守是源于西周之礼，是当年愤怒不安的孔子用于反抗的口实，是对于那些拥有巨大物质和野蛮武力的当权者的一种规束和威胁。当年鲁国的君主已经没有什么实权，在分割膨胀的季氏家族的残酷统治下，一个国家没有了任何前途。就是在那样的一种社会和政治的现实下，儒家才主张顺势改革，而绝非守旧。孔子用周公仁治的平和与宽容，包裹起削弱权贵的尖利。尽管如此，那些豪强势力很快看清了孔子的用心，当然要殊死一搏，结局就是孔子的败走，就是儒家在四海之内的寸步难行。

儒学的对立面无非是膨胀的、无所不能的权力，是权力永远居于社会核心而造成的可怕和惨烈。儒家用来遮蔽自己强大战斗雄心的绿色枝蔓，也就是遮在武器之上的饰物，即"周公之礼"。它貌似维护权力秩序，但绝非是现有的势力格局，说白了，这需要一场"革命"或"变革"，来打破今天的秩序，建立另一种秩序。这与我们看到的《论语》中不断强调的"仁"，以及后来忠实的门徒孟子所谈到的"民为贵，社稷次之，君为轻"的理论，是完全统一的。后者说得更加直白，更加真实而具体地接触到了"仁"这个晦涩的核心。

恢复"周公之礼"恰是反抗专制的途径。如果混淆了这一点，就是无视当年的社会现实，脱离了语境，造成整部儒家经典的误读，也就与真正的儒学相违背。当年孔子的变革之举是勇敢而决绝的，所以才遭遇了权贵集团的痛恨。他一生的奔走与周游，皆因此而形成：一半是流离，一半是实施和寻找一条可能的、有效的路径。

一些激进的法家人物常常借变革之名，行的却是维护专制之实。他们完全不顾民众的死活，常常不惜血流成河。这其中的代表人物就是商鞅和李斯，他们虽然是儒家的门生，却最终走到了儒家的对立面。

中庸的把持是衡量一切的根本，以仁心对待生命，才是儒家的本质和准则。法家似乎洞悉原儒反抗与变革的用心，然后将其发挥到了极致。他们认为孔子完全是因为遭到了不可抵御的反击才失败，于是便要做一个后继的勇者去杀出一条血路。那么这是谁的血？既是改革者的血，也是民众的血，更多的还是民众的血。当一个蜕变的儒者变成暴君工具的时候，会成为多么凶狠与可憎的实用主义者。

在全力反对新法和部分肯定新法一事上，后来某些人竟把苏东坡视为一个出尔反尔的机会主义者，是多么荒谬。苏东坡正寻找一切机会接近真实和真理，表达自己的理性，不过是如此而已。

• 个人的儒释道

人们已经说了太多儒释道的互补和统一，这似乎是中国文化万能和完美的表征，是解决一切问题的法宝。但具体到一个人，到底怎样在生活中处理这三者的关系，却需要更多更繁琐的分析。比如说苏东坡为官的时候，身为大儒；在民间访求的时候，却常常专注于佛理；当退野保全的时候，又对道表现出了浓厚的兴趣。可见这三者之间刚柔相济，有损有得。也正因为苏东坡是一个真正的集中国传统文化之大成者，所以才受到一代代中国人由衷的喜爱。

北宋时"内丹"理论初生，主要还是"外丹"盛行，所以当年常有炼丹的行为，有求助长生的秘方。入世为仁，探究为佛，至养为道。苏东坡的儒释道是个人的，他对这三者的选择与阐发，与同时代的欧阳修、王安石、司马光，与唐代的李白、王维、白居易，更不用说与法家人物比如政敌章惇之流，差异是极大的。在他的精确把握下，"道"并不是人生的遁口，这是十分重要的。苏东坡对"佛""道"皆有严厉的批判，这显出了他的认真和理性。他甚至说过这样的话："晋以老庄亡，梁以佛亡。"认为所有的道术，既不是出于孔门，不是真正的儒家，就一定是"乱天下者多矣"（《六一居士集叙》）。可见苏东坡并不是那种轻易就范于成说的人，他既能坚执，同时又是一个博采广纳的人。

他对三大学术流派由向往到终生不渝地信仰者，唯有儒家一途。他说："圣人之所为恶夫异端尽力而排之者，非异端之能乱天下，而天下之乱所由出也。昔周之衰，有老聃、庄周、列御寇之徒，更为虚无淡泊之言，而治其猖狂浮游之说，纷纭颠倒，而卒归于无有。"还说："自老聃之死百余年，有商鞅、韩非著书，言治天下无若刑名之贤，及秦用之，终于胜、广之乱，教化不足，而法有余，秦以不祀，而天下被其毒。后世之学者，知申、韩之罪，而不知老聃、庄周之使然。"（《韩非论》）这些话包含了深邃的道理，值得我们深究细辨。严刑峻法每每被统治者所采用，比如秦代达到了一个极点，可是不久陈胜吴广揭竿而起。这皆因不重教化而仅赖刑法的可怕后果。苏东坡进一步指出：后来的学者只知道那些严刑峻法的执行者和倡导者有罪，而不知另一种极端言说的害处，那就是老子的"无为而治"说。实质上这二说都背离了"仁"治，由无为的恣肆涣散到强烈的集中辖制，它们其实只有一步之遥，可以说两极相通。

这样的清晰、这样审时度势的个人选择，在吸纳之初的谨慎、在嬉戏之余的提防，从局部到综观、从历史到现实，于复杂的把握中显出了清澈和高远。他没有简单地将它们等同，也没有将儒学之外的诸家学说完全拒斥，而是指出了它们在天道演化中、在社会治理中，所表现出的偏颇与后果。

陆游在《题东坡帖》中说："公不以一身祸福，易其忧国之心，千载之下，生气凛然。"忧国忧民在苏东坡这里，远不是一句套话和一个即用即丢的概念，而是有着丰实的充盈的内容。如何对待中国文化中对人影响最巨的"儒释道"，最能够看出人之境界高下，看出人的开敞与闭塞、崇高与萎颓。用其所长、综合统观，而不流于刻板和极端，这才是至为重要的。

·乌台一百三十夜

苏东坡作为一个享受过荣华富贵、盛名遍及天下的高官，曾押在乌台，度过了黑暗的一百三十夜，夜夜如年。这个阴森之地在苏东坡的诗中多有记载，且无夸张。从中我们可以看出阴心交织，无所不用其极，一心要将其置于死地。

记录中元丰二年（1079）八九两月，苏轼与苏颂先后被捕入狱。

苏颂也是一位历史奇人，虽年长苏轼十六岁，却仅比苏轼早逝一个月。他为官五十多年，清廉正直，政绩卓著，并且在派系斗争激烈的北宋终不立党。他曾协助王安石改革官制做了大量工作，提出许多建议，而当神宗皇帝让他起草任命李定为太子中允的诏书时，竟三次拒绝，终被撤查。元祐年间因为哲宗年幼，凡事取决于太后，只有苏颂奏报太后再禀告哲宗。哲宗亲政后他位居相位，却依旧简朴如寒士。欧阳修评价说："才可适时，识能虑远。珪璋粹美，是为邦国之珍；文学纯深，当备朝廷之用。""处事精审，一经阅览，则修不复省矣。"苏颂还是一位杰出的天文学家、机械制造家、药物学家、外交家和文学家。他主持创制的水运仪象台是世界上最古老的天文钟，是现代天文台和钟表的祖先。他所绘制的"苏颂星图"，被西方科技史家蒂勒、布朗和萨顿等认为"从中世纪到14世纪末，除中国的星图以外，再也举不出别的星图了"。李约瑟称其为"中国古代和中世纪最伟大的博物学家和科学家之一"。

苏轼被关押在知杂南院，苏颂被囚禁在三院东阁，两人狱室仅有一墙之隔。御史台的官吏李定之流审问拷打苏轼的声音，隔壁苏颂可以听得清清楚楚。他这样写道："却怜比户吴兴守，诟辱通宵不忍闻。"（《元丰己未三院东阁作·五》）这种场景，想必每个人都可想象。我们不要忘记苏东坡是怎样的一个人物，此时此刻却在遭受现代某些影视片里一再演示的那些酷刑场面。如狼似虎的乌台御史们一旦得到上方暗示，即打定威逼到底的主意，威胁利诱，一切可想而知。当时的苏东坡几次要吞服毒药自行了断，可见情势之严酷。

狭窄阴暗的囚室，日夜连番严讯，完全是一种地狱生涯。就在这样的境遇中，苏东坡竟然也有二首好诗交予子由，催人泣下。其中不可忽略的一句是"圣主如天万物春"，是不得不写的一句，真是绝大讽刺。因为诗作要由狱吏报至神宗皇帝那儿，所以大概也是这一句救了他的命，可谓性命攸关之句。诗中"与君世世为兄弟，又结来生未了因"，让子由伏案痛哭。这首诗隐藏了许多密码，可供多方诠注，哀而藏怒，不胜悲酸。

整个"乌台诗案"留下了大量刑讯文字，成为古今文字案中一个绝好的范本，也可揭示堂堂中华在这方面早已走到"至境"，以至越过千年，并无更多发明创新。阴毒罗织，欲加之罪，国家机器隆隆运转，无非如此。这种无耻阴鸷，皆为一些无心无肺的渣滓所为，而这类渣滓从来不缺，它们总在最黑暗之日出现和聚集。子由为了营救兄长，给神宗皇帝写了一封长信，不忍卒读。

一次乌台，无数心迹，各显后世。这里最需要指出的是，不仅苏东坡的政敌王安石适时伸出援手，王安石的姻亲、胞弟，也都一一上书皇上，为保苏东坡一命奋力一争。特别是另一个人，就是后来对苏东坡施以最大恶手的章惇，在当时竟然冒着生命危险全力搭救。有一个对苏东坡而言最难忘的贵人，就是太皇太后的怜惜。那时她已到病危之境，还抱着病体出面找到孙子神宗，大力相救。这一切作为历史细节，都被真实地记录下来，值得后人深深地玩味。

乌台一案就此破了宋太祖立下的政规："不得以言论治罪。"作为古代最有名的文字狱就这样发生了。到了清代和以后，又有了耸人听闻的发展，成为人类历史上最耻辱的一页。

在乌台恶吏如狼似虎的威逼下，顽强如苏东坡也不得不委屈自己，忍受耻辱，将那些诗文的正解、曲解，一一招认，承认自己是讽刺朝廷。日后将苏东坡一贬再贬、唯恐其不死的宰相章惇，在当年营救苏东坡的时候，却是十分令人钦佩。他不惜与当时的宰相翻脸，当面痛斥说："你是想让苏轼全家被灭门吗？""乌台诗案"在朝野之间引起强烈反响，远在湖州和杭州的百姓焚香念佛，为诗人祈祷平安。与政敌王安石以及后来施以辣手的宰相章惇形成鲜明对比的是，在记录中那些平时与苏东坡诗文唱和、引为知己的保守派朝臣们，在诗人命悬一线的危急时刻，连一个为之求情的都没有。乍一看他们的行为有点不合逻辑，但换一个视角，一切又会得到合理的解释。

章惇在当年还没有与苏东坡结下梁子，他那种勇倔坚毅的性格和不惧冒险的热血脾性，再一次显露出来。可见他是一个仗义执言的勇敢人物。而王安石则是一个磊落怜才、胸襟开阔的政治人物，他有这样的举止，我们就更不会惊讶了。

· 厉友之辣手

在整个苏东坡的研究中，也许有一个触目的人生节点，经过了这个节点之后，苏东坡至为艰难的人生历程也就开始了：由危难走向更大的危难，由惊险走向更大的不测。这里面有一个关键的人物，他就是章惇。

章与苏的关系，也许是最值得研究的题目之一。我们所见到的有关文字，通常都在诅咒章惇，因为他对苏东坡的不幸和早逝负有不可推脱的大责，是倾尽全力迫害诗人的千古罪人。文字俱在，无可抵赖。不过细思下来，个中情形可能十分复杂。历史漫长遥远，后来者远非当事人，所以不可以把话说得太满、太简，尤其不可以因为深爱诗人之故而意气用事，粗率决断。就当时的情形做出细致详尽的分析，是非常必要的。这对于解剖人性标本，对于苏学研究以及政治文化诸题目，都有极大的意义。

我们切不可忘记的一个事实，就是在苏东坡一生至险至难的"乌台诗案"中，就是这位章惇能够不惧危险力挺援助，那情景何等感人。这一切在文字记录中同样十分清晰，我们不可忽略不察。那么，究竟为什么在章惇仕途极为顺遂、贵为宰相之后，对已经落魄不堪的苏东坡一再追剿迫害，恐其不死？这确有一些谜团在。如果简单说是新旧党之争、是政治理念的不同，或出于嫉恨，都不能深圆其说。章惇对苏东坡出手之狠之恶，已经超出了能够理解的范畴，其中肯定有更大的因果在。如果仅仅说以前章惇在旧党执政中陷入艰困，有过苏东坡的弟弟苏辙的一再弹劾，而苏东坡却未能及时伸出援手，以此来做推敲，似乎也不能彻底服人。

但无论如何，章惇的阴毒小气固成定论，虽然一切还需再思。

章惇对于苏东坡迫害之"细腻"之"用心"，令人发指。只有深知朋友之死穴者，方能如此稳准狠地打击一个人。当年苏东坡六十二岁过海入琼，实在走到了人生的穷途末路。如果稍稍回眸，会发现章惇年轻的时候与苏家兄弟交谊甚笃，三人都有诗酒唱和。"早岁归休心共在，他年相见话偏长。""两厄春酒真堪羡，独占人间分外荣。"（《和章七出守湖州二首》）"款段曾陪马少游，而今人在凤麟洲。"(《次韵章子厚飞英留题》)苏东坡蒙受大难、被贬谪黄州之后,与章惇还有诗书往来,从中我们可以发现章惇对这位不幸者的牵挂和安慰,以至于苏东坡说:"忽蒙赐书,存问甚厚,忧爱深切,感叹不可言也。"(《与章子厚参政书二首》)还说:"子厚奇伟绝世,自是一代异人。至于功名将相,乃其余事。"这是怎样高耸的评价。苏东坡在最困苦的底层,作为贬谪的罪臣,对章惇是仰望的,信中说了很多家长里短,十分殷勤。无论从哪个方面看,苏东坡的死敌章惇都是一个诡谲的人物,而他们的私交曾如此深厚。

在新旧党之争中,章惇的立场属于新党,所以从大的方面看,二人恩怨也大致可以归于北宋的"党争"。既源于此,而后又曲折地发展和延伸,还包含了任何时候都不能缺席的人性缘故。如何评价章惇,这似乎在有些人那里成为一件棘手的事情。就我们目前所看到的一些流传甚广的关于苏东坡的传记文本中,对章惇的指斥和痛恨似乎都是不留余地的。结论很容易做出,一吐为快也很爽,但历史和人的真实却不一定在这种简单和快意的抒发中得到还原。从史实的记载上看,章惇刚毅有为,奋力拓进,是一个有着钢铁般意志的人。在性格上,他与睿智聪慧、时而激情难抑、时而包容温和的苏东坡完全不同,但都属于北宋的能臣,属于一个封建王朝最好的辅助者和实干家。尽管他们分别归属于不同的政治营垒,却不能制造或抹杀二人不凡的能为以及显赫的事功。尤其是章惇,他靠自己的努力登上了高位,可以大肆施展自己的抱负,而他自己也完全对得起大宋王朝的重用,甚至可以说是北宋历史上具有划时代意义的一个强势人物。在当年频繁的边疆冲突中,他的态度非常强硬,力主出兵西夏、吐蕃,收复大片失地,最终将西夏驱逐至沙漠地带,为北宋开疆拓土。记载中他还开辟了当时属于蛮地的梅山，让其正式划归大宋版图。作为一个勇于改革的政治家，在当年深受欧阳修等人的赏识。

在历史记载中，章惇性格爽直，且相貌俊美，举止文雅洒脱，才智出众，学问广博，擅长文章，才识超人。而且和少年苏东坡一样，他在很小的时候也喜欢道家，以至于练习过服气辟谷。他在仕途上历经坎坷，后来竟然也像苏东坡一样被一再贬谪，且受贬之地多有重合，也有汝州和岭南，真是一种巧合或绝妙的讽刺。他的不幸也在晚年、在最后。与苏东坡不同的是，他登上了宰相高位，曾经拥有生死予夺大权。也就是在这一位置上，他雷厉风行地做了许多事：既施展治国的大才，又阴险毒辣地迫害政敌，手段之辣令人发指。当年朝廷风云激荡，斗争惨烈，章惇参与后宫争斗大兴冤狱，先是迎合哲宗废黜高太后所立的孟皇后，立哲宗专宠的刘妃为后；后逮捕孟皇后身边侍女和宦官数十人，严刑拷打，甚至用了割舌酷刑。围剿和构陷愈演愈烈，这期间不知多少人被打得体无完肤、四肢折断。在他担任宰相时期，不仅将旧党实行的法律全部废止，旧党大小官僚全部革职，而且诋毁高太后，连死去的元祐重臣也要严查重罚，甚至要发掘司马光和吕公著的墓，砸碎他们的棺材，幸好宋哲宗没有答应。这样阴狠决绝的人物，在中国的政治中并不鲜见，章惇只是其中一例而已。

苏东坡与章惇同在朝廷为官，有诗词唱和，有相当深入的过往，但一旦变为公敌加私敌，一个竟受到另一个花样百出的折磨和摧毁，似可看作人性的悲惨奇观。

- 眼中无一坏人

"吾上可以陪玉皇大帝,下可以陪卑田院乞儿……眼前见天下无一个不好人。"(贾似道《悦生随抄》转引刘壮舆《漫浪野录》)"无一个不好人",这成为苏东坡极有名的一句话,也是被人引用最多的一句话。人们试图从这当中认识一个宽容到不可理解、至高境界的圣人般的苏东坡。的确,这作为一句表现姿态与胸襟的名言,总是让人玩味不尽,并时时受到感动。不过引用的时候,人们也不免疑惑:苏东坡竟然如此容易遗忘,或不辨丑恶,或虚言敷衍,或大言欺世? 总之在感动和向往中,还有些许不解和不安。

一个人大度宽容如此,谁都无话可说,但是私下里却要存些疑虑。苏东坡非但不是木石之心,而且极度敏感,他非但不会遗忘,而且有着超人的记忆力。他当然懂得追究,心如明镜,不会不记得一生跌宕、一道道生死之关,对一些具体的人与事、一些细节,会一直记忆犹新。问题是怎么处理这些记忆,他又与许多人有着极大的不同。人性之恶、人性在特殊的环境中怎样发生变异,阅人无数的苏东坡当然熟知洞悉。所以他的那些话究竟是在某个特殊语境下的极端化表达,还是经过了深入思辨后的理性之言,真不好说。人们常常说"没有彻底的坏人",但"坏"总是在经验中被量化和本质化的,有指标并且有具体表现,还不能说是一种虚无的假设。既然这样,事关原则,诗人的话是鼓励遗忘,还是出于一种大怜悯之下更高的俯瞰? 这种视角也许可以消除憎恨,也许根本就无济于事。"无一坏人"之说等同于取消原则,取消道德判断,也即等于无道德。这样的推断可不得了,所以现在还需要我们从其他的角度和维度去体味这句话。

我们可能会发现,对一种彻底绝望中的人性,似乎也就失去了简单评判的兴趣:人性被利害所辖以至如此黑暗,那还有什么话可说?怎么就一个"坏"字可以了结?人性自古以来也就那样,它在怎样的环境下演变成如此可怖的状态,倒是需要我们一直盯住、一直质问下去的。生命是渺小的、矛盾的、多解的,更是可怜的。如果说我们从这里读出了诗人的宽宏大量,还不如说读出了诗人对于人性的极度绝望和无望。

· 直击沦落客

人们谈到苏东坡的高风亮节,他的仁慈和宽厚,愿意援引他和死敌章惇相处的一些关节,特别是后者在最为潦倒时期,苏东坡的一些表现。它们有案可稽并非杜撰,人们在展读苏东坡关于这样一位至恶的死敌的一篇篇文字时,不禁惊得合不拢嘴。我们发现,他对沦落的政敌如此厚待和宽容,讶异之后就是激烈的称道。当章惇老年被贬到雷州时,苏东坡给章惇的外甥黄寔写信,"海康地虽远,无瘴疠"(《与黄师是》),还说弟弟子由曾在那里安稳地居住了一年,希望能够以此来宽解章惇的家人。在写给章惇的儿子章致平的信中,他说:"某与丞相定交四十余年,虽中间出处稍异,交情固无所增损也。闻其高年寄迹海隅,此怀可知,但以往者更说何益,惟论其未然者而已。"(《与章致平》)并将自己写的《续养生论》和一些行之有效的养生药方,随信寄赠章惇参用。深受感动的章家一直珍藏着这封信，几十年后还有人从章惇的孙子章恰处看到这些文字。历史上没有记载章惇本人有怎样的反应，我们也只能猜测了。想必是感动并存疑惑，迷茫更有惊惧。在天网恢恢、无一疏漏的果报中，章惇踏上了同样致命的险境。这时候从鬼门关极窄的缝隙里望去，那个曾经被自己百般用心、急于杀之而后快的死敌，该是怎样一张庆幸和狞笑的脸，或是怎样一种饱经沧桑冷漠沉重的目光。令章惇大惊失色的是，这一切在对方那儿竟然全都没有发生。这一定使之错愕，最后低头沉寂。

也许在客观上这仍然属于生命的对峙，是一种冷酷对决的继续。对苏东坡而言，这也是给予对手一次最直接的迎面痛击。因为只有如此，他才能站上不可企及的道德和人性的高度。他当然知道对方此刻处于怎样的困境，正忍受怎样的屈辱，知道这种命运的反差带来的委屈、恐惧和痛楚，这一切又意味着什么。个中滋味诗人当然太熟悉了，就仿佛是昨天刚刚发生，就如同自己在亲身经历和忍受一样。这种重复，而今正落在政敌身上，且是对自己不惜动用最大杀伐之力的凶狠之敌。在这个时候，苏东坡没有陷入通常以恶报恶的自然循环之中，而是报以超人的善意和仁慈：不是虚情假意，而是真切地给予关照。起码在文字上，这些表达恳切清晰毋庸置疑。这就给了对方一记沉重的打击，而且是更内在的、极具毁灭性的。这是致命的打击。这等于对凶狠的挣扎者又补上了一脚，直击命门。凡人皆有良知，哪怕只存于心之一角，而这正是苏东坡此刻需要将其呼唤出来的。敌人至此才会彻底绝望，然后陷入深刻的自卑。

苏东坡愈是如此，就愈是令对手费解和伤绝。这如果是故意的，那就有些可怕了。我们但愿诗人只是一种潜意识，或者是深刻的仁慈。他对人生之无常体会太深了，所以能观、能怜，也能助，能以心比心。

如果我们把苏东坡理解为一位决斗到底的勇者，会发现他手中的武器经过一再地磨砺和变换，竟然获得了如此坚厚和诡异的拥有。这种一剑封喉的致死方式，因为大出所料而令人眼界大开：无以复加地锐利。对于两个历经荣辱、从至高跌落到深渊的对手而言，苏东坡的伟大和仁慈又显得那么决绝和残忍。也许在这个时刻，真正的仁慈是远远地瞩目，是不置一言，是低头俯视流水，是仰视凛冽的北风，发出独自叹息。

· 修竹有投影

苏东坡不仅能诗能文，而且善画。他画出的修竹瘦而英挺，极为有名。记载中他曾经按照竹子的投影去描绘，并认为此法甚妙。我们知道凡是有光的地方就有投影，就会生成各种各样的映像，关键是怎么选择和使用。由此引申开去，人生也是如此。李白、杜甫、韩愈、范仲淹、欧阳修、司马光等等，都是人世间耸立的投影，他们也成为苏东坡一生学习和描绘的范本。最后苏东坡自己也将成为一个高大的投影，供后代人摹写和描画。

从诗文中可见，那些投影纵横交织，多而繁密，足见诗人审美之人格生成的路径。"应似飞鸿踏雪泥"（《和子由渑池怀旧》）来自欧阳修"瘦马寻春踏雪泥"（《冬后三日陪丁元珍游东山寺》）"明月几时有，把酒问青天"和"起舞弄清影"(《水调歌头·明月几时有》)当分别来自李白的《把酒问月》和《月下独酌》："青天有月来几时，我今停杯一问之。""我歌月徘徊，我舞影零乱。"而他的"清寒入山骨，草木尽坚瘦。"(《庐山二胜并叙·栖贤三峡桥》)被纪昀誉为"十字绝唱"，则是对韩愈的"清寒莹骨肝胆醒"(《李花》)和白居易的"树木多瘦坚"(《游悟真寺》)的化用。诗人的许多诗词都能找到类似的化用方式，看到一些诗人的投影，如屈原、陶渊明、王维、孟浩然、杜甫、刘禹锡、杜牧、李商隐等。这些杰出的人与艺术一起，塑造了我们眼前的诗人。

苏轼从童年少年开始，一种深长有效的培育就施之于身，无论是严格的父亲苏洵还是温厚的母亲程氏，他们都将那些大榜样大范本推到他的面前。很小的时候，母亲程氏与他一起读《后汉书》中的《范滂传》，当读到范滂因为反对宦官被捕而拜别母亲从容赴义的一段事迹时，苏东坡问母亲："如果我长大后跟范滂一样舍身就义，您能同意吗？"程氏答道："你能做这样的一位人物，我难道不能做这个人的母亲吗？"这段记载让我们联想到日后苏东坡在朝廷上的奋不顾身，联想到他正尝试做这样的一位人物。

人生之"竹"，贵而有节，处处留影，值得后人观察、贴近与模仿。苏东坡既能取得世间投影，又能够创造，从艺术到人生，无不如此。人生当记取竹之坚挺有节，这是特别重要的。在世间万千投影中，如何选择和记取，至为关键。歪斜扭曲的影子实在太多，婉转柔美和婀娜多姿者也不在少数，风情万种与谄媚奉迎者也极为常见，但它们都难比修竹。

・阴毒辈出不足畏

宋代官场争斗之险、之恶，耸人听闻，记录中的一些惨烈令人发指。在皇家所拥有的这片阔大的土地上，曲折无数；在命运和生活的渊薮里，可以找到各种极端的例子。灾难成为一种惯常的景象，似乎每一个为政者、主政一方的人都非常熟悉。"近日温杲诱杀平民十九人，冤酷之状，所不忍闻，而杲止于降官监当。蔡州盗捕吏卒，亦杀平民一家五六人，皆妇女无辜，屠割形体，以为丈夫首级，欲以请赏，而守倅不按，监司不问。以至臣僚上言，及行下本路，乃云杀时可与不可辨认。白日杀人，不辨男女，岂有此理？"（《述灾沴论赏罚及修河事缴进欧阳修议状札子》）苏东坡经常看到暴露在野地上的枯骨："嗟尔亡者，昔惟何人。兵耶、氓耶？谁其子孙。虽不可知，孰非吾民。暴骨累累，见之酸辛。为卜广宅，陶穴宽温。相从归安，各反其真。"（《徐州祭枯骨文》）甚至看到亲手溺死自己的孩子这样惨绝人寰的事件。路倒、饥荒、在各种自然灾害中毫无抵抗之力的陨灭，实在是太多了。最令人惊异和震慄的是，一些朝廷官吏竟然对百姓大开杀戒，对无辜妇幼屠后劫掠，并以剿匪之功领取朝廷奖赏。在这样的专制体制下，发生什么事情都不让人惊讶。他们辖制劳民的手段残忍至极，恐怖至极。

无论是翻读史册还是将目光收回，从浩瀚典籍到碌碌日常，类似的触目惊心之恶之血腥历久不绝，它们统为专制之特征，属于必要生发之通例。在这样的恶政之下，阴毒滋生已成常态，且成为普及和教育的恶的榜样：哪怕是一个最底层的奴隶、一个世代苦不堪言的受尽盘剥者，一旦小有公权，很快就会变得穷凶极恶。

这都是人们最为熟悉的人性和社会现象。人性之丑陋如此,需要何等极险之环境才能培植和诱导出来,才能达至这样极端的程度,需要每个人从自我反省与批判、从常存的罪感中深究。在这样一种封建文化传统中,人们是普遍缺少罪感的,自我追究力非常薄弱,而这正是苦难的深渊之一。没有罪感的人很容易转为作孽,这片土地上的人有各种恐惧,但唯独没有最后的恐惧:不信轮回和来生,不去想那样的未来。他们真正恐惧的不过是眼前的世俗物欲之失去,"头顶三尺有神灵",不过是说说而已,那样严厉的警醒很容易就消匿不存。

从古至今几千年过去,人性并没有本质的改变,不断变换的只是周边的环境:社会体制与自然环境。如此一来,人性最终释放出哪一部分、怎样释放、释放到何等程度,则需要在人与客观环境的对应与演变中才能确定。创设和营造怎样的环境,就成为任何社会任何时代最重要最迫切、最不可忽视的生存大要,是生死攸关之事。仁慈与善美之培植,刚直不阿人格之确立,对于整个人类社会的存续,其意义怎么估量都不过分。从这个角度讨论苏东坡作为一个诤臣、一个始终不渝追求完美的诗人的意义,不过是一次破题之思的开端。从世界范围看,近代人类历史上发生了多少可怕的灭绝人性的恐怖,西方屠犹以至其他,从奥斯维辛到波兰卡廷事件,数不胜数。我们的目光再转向东方,一切自不待言,似不必历数。可见人类在这样漫长的时间里不但没有进化,反而在不断地向后退却,似乎变得更残忍、更无理性、更无仁慈可言。最可怕的是,在许多的时段里,那些令人战栗的恶性事件都在假借崇高之名,而且直到很久以后还有人为之叫好。

惨恶代代不绝，刚直之士"愕愕之声"不绝于耳，好像一切仍旧无济于事，白白消失在尘埃之中。我们是否想到：也许正因为后者，因为这声音，世界才得以在艰难的平衡中存活下来，在这一瞬的安静中，才有了喘息的可能。

苏东坡不过是一个"挺住"的榜样，若有千百万类似的榜样，则可以有更多的模仿，再不让自己溃散，咬住牙关说："阴毒辈出不足畏。"这并不是一句大而无当的豪言，不是一次盲目无知和过于乐观的浪掷。

因为我们知道，生活还要继续，我们就在生活中，我们的后来人也要在生活中。

· 及时磨碎绝望

苏东坡竟然属于一个"乐天派"，这样的观感和名声如何获得，非常值得思量。一个在极端的苦难与自我宽慰中沉浮挣脱的诗人，并非不敏感，也并非愚钝，不过是能够处理、能够及时地磨碎绝望而已。生活中，一个人每天及早做这个工作，这一天才会过得下去，才会过得好，才能有所创造。如此同理，一月如此，一年如此，一生也要如此。不然人生就无法继续，就难以正常度过，更谈不上劳动和创造了。

所谓的"日日精进""苟日新日日新"，都是在战胜自我的坚毅中完成的。绝望不仅伤身，还会污染世界，伤感最终是廉价的、肤浅的。因为人人都会有绝境，最后又会变成一个终生面对的大问题。

持续下来,有时候是一件很容易的事情,有时候又是极难的。那些发现了其中艰难的人,有时就不得不做一个告别,因为他们实在无法坚持下去。由此我们会想到苏东坡所经历的那个至大的陷阱,在乌台狱中被折磨得夜夜惨叫,随时都会押赴刑场的惊惧中,他早为自己准备了一剂自裁的毒药,战抖的手指险些伸向它。如果那样,他的一些杰作将无法存留下来,中国文学艺术的瑰宝将失去重要之章。

自乐自娱能够及时化解穷途末路的一切困窘如苏东坡者,也常常发出可怜的呻吟。在海南、在其他地方,这呻吟都有;更多的播散在茫茫夜空和寂寥的个人空间里,我们无法得知。他用来参照的大榜样,那个田园诗人陶渊明,借助于酒和歌,借助于篱下菊花、五棵柳树、悠然南山,那些亲手侍弄的豆苗、头上明月等。苦难的人生原来也有许多可爱的东西相伴,它们数不胜数,或顽皮、或稚嫩、或温柔、或刚倔。无论白天还是夜晚,都有一个世界,世界上的各种生命都在繁衍和继续。它们有时是彼此独立的,有时是相互注视或问候的,用声音、用目光、用气息、用颜色,这样相依相偎,浩浩荡荡,流动在时间的长河里。这就是生存与毁灭,来路与去路。没有这样的达观,只生存于局部的欣喜与沮丧、狂妄与伤绝,那才是最大的不幸。

这个世界上不会因为一个生命的消失而显得空寂,也不会因为许多生命的加入而变得拥挤,他们就像上苍不经意的假设和创造一样。在上苍微小而又巨大的意志中,我们没有必要,也没有权利一味地陷入痛绝。既然太阳每天都是新的,月亮也常有圆缺,现代人知道了皎洁的月亮还有背面,那就暂时栖息在它的背面吧。那也不是什么了不起的等待，到了那个时刻，我们还会像诗人那样，喊出一声"婵娟"。

· 罪孽和果报

古往今来，多少人对于可爱活泼、才华四溢的苏东坡给予同情：无边的喜爱化为诸多言辞，一时铺天盖地。在这样一个娱乐至死的时代，物欲横流，人们急于寻找各种各样的安慰以获得满足，严厉沉重的记忆将被排斥，因为我们更加不忍也更加匆忙。我们心中沉淀了黄沙，它们被数字洪流裹挟而来，填得太满也太沉，行路艰难，度日尴尬。可是我们仍然需要自己的精神生活，需要庸碌中的一点舒缓和光亮。我们喜欢新奇，喜欢悲喜剧，喜欢它们稍稍轻松地化为一个有头有尾的故事。我们特别受用那些滑稽而不是真正的幽默，乐意接受那些被简化得清清楚楚的、初中一年级的数学换算即可解决的智力游戏，而不愿面对更深奥更晦涩的数字玄妙。所以，一个令人喜悦的、概念化的、我们为之痛惜和爱护的苏东坡，似乎更合口味。他的那些美妙佳句早被我们收在囊中，偶尔拿出来抚摸。二十一世纪被污染了的日光，隔着厚厚的污浊的大气透射过来，我们手中的珍藏发出了异样的光色。这时候相互交换的欣喜的神色就会产生。各种口吻送来彼此相似的情报、诗人的故事，它们辗转不休，有一万次或更多的重复，相互诉说，既快乐又动人。我们都不约而同地记取他的那些大小悲欢、爱与缠绵、机智和勇敢、神话般的经历、顽强的或短促脆弱的生命。这些故事堆积起来为我所用，成为我们的故事、中华故事。就此来说北宋并不遥远，我们真的一起走入了那个多姿多彩的时代，好像在熙熙攘攘的人流中一抬头就看到了那顶短檐高筒的"子瞻帽"。我们愿意仿制这样一顶帽子，在手中传递，走亲访友时或可当成礼物送给他们。我们把许多时间用来抱怨，甚至用来诅咒，为诗人所有的厄运愤愤不平。我们愿意遗忘和忽略许多，我们并不愿过多地追问。

实际上一个人既然投身了科举，也就投入了一个利益集团所给予的一切，有时候会在不察中分享和受用。只要稍稍翻动纸页、面对真实，就会发现这个集团的罪恶已经是如此之巨、如此之久，长期以来被世人接受并进而忽视，有时甚至习以为常，认定了天生如此。"家天下"的荒淫无耻、巧取豪夺和豪取豪夺，简直罄竹难书。所有进入者都会分一杯羹，这已经是不争的事实。作为仕的个体，不是想不想的问题，也不是能否洁身自好的问题，而是一种不可回避的体制性结构，是必然的归宿和结果。一个享有厚禄的官僚，他的一切所得都来自劳民血汗。为官的过程不过是积孽的过程，所有这些自有报应。人生的平衡力将来自我们未知的方向，但它一定是存在的，在任何的原则之上，还有一个道德的原则。

就此来说，具有非同一般觉悟力的苏东坡，不安与痛苦是有的，因为在许多时候他都是一个醒者。"某谪居已逾年，诸况粗遣。祸福苦乐，念念迁逝，无足留胸中者。又自省罪戾久积，理应如此，实甘乐之。"（《与孙志康》）他不顾一切的奋勇而持久的抗争，许多时候不仅针对外部，同时也是针对自己。他知道杀戮者必得报应，攫取者必要偿还。我们可以看到历史上那些大杀戮者，无论假以多么崇高的名义，无论是项羽还是韩信，他们虽然出于不同的营垒，但毕竟都是杀戮者，最后的命运无不悲凄。胜利者的罪恶并不比失败者少，有时候还多于失败者。

"果报"是一个佛教用语，它让一些人害怕和回避。这个字眼的确是令人不安的。因为只有它所指示的路径，才能让某些强者进入自己难以控制和支配的空间，这是许多人所不知道的命运的盲角。苏东坡作为这个集团的一员，他享用、任性，无论愿意还是不愿意，都要如此。这些甚至写在了他自己的歌赋中，可见事实之一斑。北宋官场的奢华，诗人无可逃匿，这也不是苏东坡作为一个读书人的定与戒，就能够将一切拒于身外的。汴京慵懒浮华的灯火，烛光下舞动的曼妙女子，夜夜笙歌，彩船骏马，紫袍金带，那一场连一场的豪宴，前后不见头尾的仪仗，最适合留在词中。词作为一种古怪的体裁，长短句的切换是那样做作和不自然，离开了音乐的陪伴，独立成文，也仍然散发出一股俗腻的气味。它与北宋官场生活、市井生活，也许是十分谐配的。苏东坡对这些实有警觉，他写道："宠禄过分，烦致人言，求去甚力，而圣主特发玉音，以信孤忠，故未敢遽去，然亦岂敢复作久计也。"(《与徐安中》)尽管如此，生米已经做成熟饭，该经历的全都经历了，剩下的就是长长的结算之期。在世界的某个地方，还储存有一个存根簿，所以结算不过是时间问题。

苏东坡在最后的时刻，曾经对自己的孩子说了一句自我安慰的话，他说："吾生无恶，死必不坠。"(《东坡先生墓志铭》)说的是自己一生没有做什么大恶，料定未必会入地狱。此句甚好，因为它涉及一个最大的、根本性的恐惧。说"自我安慰"，是因为此刻风中之烛已无力燃烧下去，也不再关心自己的光焰和长长的烛泪，而只能在旋动的风声里急促抖动。

• 向往平庸

苏东坡最喜欢的女子朝云生了一个儿子，他很高兴，就此作诗云："人皆养子望聪明，我被聪明误一生。惟愿孩儿愚且鲁，无灾无难到公卿。"（《洗儿》）说自己终生被"聪明"所误，所以希望自己的孩子"愚且鲁"，然后顺利地做到"公卿"。这里的向往平庸当然是一种反讽，是愤懑之时的极而言之，固然不可正读。但经验中，我们知道平庸也并不安全，最好再加上精明和投机，也就是说，仅仅弱智也还远远不够。非同一般的庸俗，再有一点特殊的智窍，这才是人生的顺遂之途。在苏东坡自己人生经验的词典里，正直不可，甚至连存一点正直的苗头都是危险的。这真是世界的悲哀。正直竟然可以化为人的至险之境，而卑琐与小智倒可以通行四方，以至于屡成"大事"，整个社会的悲苦与下流也就开始了。平庸者也许是没受知识教育者，比如一个本分老实的下层劳民，却要受到更多的辖制，成为最大的被盘剥者，这又是另一种哀痛。所以苏东坡一时的气话，只能反映出他对人性及官场的极度痛厌，是一种痛彻心扉之辞。钻营投机之徒往往得逞，而仅仅平庸还不足以应对，还要初具一点"学问诗书"，然后是不留心肝，这才有专制社会中的得意和混世。

"凉簟碧纱橱，一枕清风昼睡余。睡听晚衙无一事，徐徐。读尽床头几卷书,搔首赋归欤。自觉功名懒更疏。若问使君才与术,何如。占得人间一味愚。"(《南乡子·自述》)这是他闲适中的一点省悟和心得,既是大牢骚,又是由衷之言。实际上大恶者岂能一句"平庸"了得,这些人通常需要更多的平庸者簇拥,与之形成一个长长的链条。这些平庸者可以"述而不作",偶有创造也是十分危险的,所以一定要使自己真正地"平庸",这才是加入此链条的首要条件。

在天生活泼多趣、创造和生长着的苏东坡看来,"平庸"等于死亡,是取消自己的代名词。而在另一些人的词典里,"平庸"就等于"杰出"和"才华"的代名词。"平庸"将为许多人羡慕,甚至惊叹;但无论如何,其"平庸"的生命质地是无法改变的。

· 出世者的迷恋

苏东坡当然是一个看透者、一个醒者,却仍然要厮守和回报,尽自己的一份入世情怀。他对生活是这样的迷恋、忘我和陶醉,仅就这一点来看,也是十分惊人的。此世迷人,却也极度无聊和虚幻,令人痛苦。他在生命的最后时刻,也许感到了十分的突兀,即大限来临的突兀。那时他刚刚度过六十六虚岁,仿佛正在步入人生的纵深地带,一切也就这样突然地结束了。他还有大块文章要作,有另一首大江之歌要唱,可惜全都来不及了。他的仕途与个人诗章虽然已经写出了许多华彩乐段,而且正在衍生成宏大的篇幅,但它们似乎还应该继续生长下去。

他自童年时期就接触玄人,播下了出世的种子,多么渴望在山水自然的觉悟中过完别样人生。"轼少时本欲逃窜山林,父兄不许,迫以婚宦,故汩没至今。"(《与王庠》)这道出了一个清晰的路径和愿望,"父兄不许"而且"迫以婚宦",于是命运就被改写,一个"迫"字难以尽言。

实际上他的一生都被"出世"之心吸引,时而浓烈时而淡然,却从来不曾彻底忘记和抛掷。"几时归去,做个闲人。对一张琴,一壶酒,一溪云。"(《行香子·述怀》)做不成闲人,起码要做一个陶渊明那样的采菊人。但从另一方面看,他又是一个真正的大儒,终生都在捍卫和探求儒之正道。入世报国的热情一直是最为强盛的,这种情志直达生命终点。"今日国恩深重,忧责殊大,报塞愈难,退归何日,西望惋怅,殆不胜怀。"(《与王庆源》)可见这是他心志的真实流露,是表白掩藏的梦想。他自小就接受的儒家传统,深刻地改变了他的情怀,最后还是死于报国之途,毁于没完没了的政争与迫害。他心中的家国之情难以泯灭,即便在生命的尽头,也还是想到了朝廷。这个出世之心极为强烈和执着的人、一个浪漫的天才,在矛盾难言的踌躇中终止了前行的脚步,该是怎样不甘与绝望。

如果设身处地想一下苏轼,即在最后的海南接到朝廷诏书,还能否做出其他选择? 难道只有北归? 当然。可北归之路不止一条:有的通向朝廷,有的通向蓬莱,有的引向田园阡陌。他暂且沿着那条老路信步走去,这时惶恐有之,疑虑有之,痛苦层层叠叠。

关于这次北上,有人曾做过一个假设,认为苏东坡有可能再次崛起。一切都太过乐观了,诗人的受难之路还很漫长。事实上在苏东坡去世很久以后,仍要作为一个永世不得翻身的"罪党",名字被刻在了石碑上。直到南宋，他才从这个名单中得以解脱。可见最后一次北归，等待他的也并非吉音，而是苦难的延续，是从不幸走向不幸。

他是一位出世者，所以才常有幻想；也因为不能忘却的入世的迷恋，又终生饱受摧残。

第六讲　斑斓志

・佳句如绿丛之花

苏东坡佳句太多，许多人对它们耳熟能详，可以说脍炙人口。有一些句子人们常常能够脱口而出，却又一时想不起源自哪里、作者是谁。因为在中国诗歌的海洋里似乎很容易找到一些绝妙的句子，它们一到相宜的场合就不邀而至，好像这是一种理所当然：一直就是那个样子，天生如此，谁也无法更动无法超越。就像每个月份里按时出现的月亮和星辰一样，都有自己固定的位置，在那里出没和闪耀。当我们认真落实和查找它们的出处时会发现，这些佳句中有一部分是同一个作者，他就是苏东坡。

苏东坡是引用率最高的中国古代诗人之一，这不得不令人叹服。实际上在苏东坡诗歌的海洋里，这不过是几朵卷起的浪花而已；在他亲手植起的万绿丛中，这只是绽放的几片瓣朵罢了。历史记载中那些专门寻觅佳句的苦吟派、为一句妙语捻断数根须的诗人，却较少创造出如此绚丽和醒目的景致。在苏东坡这里，诗文不过是人生旅途上时断时续的手记，随时都可以展开、收束和停止，然后再次开始。在自己率性的书写中，佳句自然而然地流泻而出，它们较少刻意经营，也不受强烈理念的驱使，其中的大部分是兴之所至，所以流淌无碍，机缘巧合，具有天然的淳朴和睿智，丰沛多趣而从来不会贫瘠。反过来，如果没有这样繁茂的生长，也就形不成文字的绿色原野，当然也难觅怒放的心花，没有令人兴奋的流光溢彩。苏东坡的艺术好比大绿铺地，这中间绽放的朵朵鲜花，每每让人产生强烈的摘取欲。它们是由生命的旺泉浇灌的。

苏东坡主张写作要"厚积薄发"，而在他自己来说，实际情形更像是"厚积杂发"或"厚积茂发"。苏东坡喜欢与文朋诗友结伴而行，但也有许多时候独自寂寞。有些好诗是在热闹场合里的即兴之作，那时透出超人的机智，妙语如珠。即便是一人独处，内心里也回响着各种不同的声音。从记载看，他好像是极不愿孤单的那种人，总想找朋友说话，恨不得睡眠中都有梦的陪伴。他重视心灵的交流，让生命时刻处于一种激活的状态，即便是疲惫和沮丧之期，写诗的冲动也仍然阵阵袭来。他留下的长短诗章太多，风格色调是极为斑驳的，但总体面貌还是智窍丛生，热情洋溢，敏捷轻快，左右逢源，腾挪自如。它们是才气飞扬之章，或激情四溅，或炽热如火，或巧思夺人，或意象深远。

"月有阴晴圆缺，人有悲欢离合，此事古难全。"(《水调歌头·明月几时有》)"枝上柳绵吹又少，天涯何处无芳草。""笑渐不闻声渐悄，多情却被无情恼。"(《蝶恋花·花褪残红青杏小》，"欲把西湖比西子，淡妆浓抹总相宜。"(《饮湖上初晴后雨二首·一》)"春宵一刻值千金，花有清香月有阴。"(《春宵》)"人生识字忧患始，姓名粗记可以休。"(《石苍舒醉墨堂》)"粗缯大布裹生涯，腹有诗书气自华。"(《和董传留别》)"山高月小,水落石出。"(《后赤壁赋》)"出新意于法度之中,寄妙理于豪放之外。"(《书吴道子画后》)类似的妙词名句很多,都属于苏东坡。它们之所以让人过目不忘,频频引用,就因为通俗自然,言至理却不晦涩,近常识又别有洞见,深思的透彻和机巧的应对结合一体。它们轻巧而不轻浮,易懂却不流俗,有一种复杂中的简洁和深邃中的平易,所以才能够广泛持久地流布开来,成为千古传诵之作。

也正因为如此,其中绝大部分诗作似乎少了另一种色调,如沉郁和晦涩、生僻和偏执、冷凝和严酷。事实上,就诗章而言,很少有一位古典诗人的作品有苏东坡的洗练与果断,也很难有这样的跳脱、灵活与迅捷。

"见字如面"是一句常见的信函问候语,用在苏诗的阅读感受中却是再相宜不过。他的文字实在是多趣,充满了活泼的性情,真正达到了王国维所说的"不隔"的境界,所以千年之后观之犹能活鲜逼人。很多人的文字不乏深幽,只是难去伪饰,而在苏东坡这里则处处袒露性情,直抒胸臆一吐为快,兴奋之情溢于言表。这样赤裸热烫的文字必然动人,虽历经风烟岁月,音容笑貌毕露无遗。

文字总是凝聚了无尽的生命信息,它不是遮掩而是扩大了人的想象力。文字道出的秘密总是太多,它们或显或隐地存于墨迹之间,往往有着更大的诠释空间,这是许多人始料不及的。比起图片或现代声像功能,文字的模糊性和疏离性恰恰拆掉了禁锢的边界,我们可以放纵自己的想象和创造。苏东坡用文字营造的气息和场景是苍茫无际的,如他的"一蓑烟雨任平生"(《定风波·莫听穿林打叶声》)所画出的雨雾中披蓑奔走的身影，那一刻的放任、搁置和丢弃，轻松之极的沉重，了无挂碍的期盼，无官一身轻的忧伤，融入芸芸众生的显赫、自卑、自嘲和隐隐的自豪，无尽意蕴尽藏其中。文字将这样的画面引入视野，既清晰又模糊，让人一再地回味和寻找，重温近距离的四目交接，对诗人那种特异的神情永难忘怀。

苏东坡的诗章字字鲜活，它们不是被强硬地堆积在一起的，而是一个个自在的生命在愉快地聚拢，它们时而顽皮时而沉思，不曾安分，也没刻板无趣的情状。它们出场时没有仔细装扮，没有堂皇的仪式，更没有"经国之大业"的重负。它们涉过溪水，迎着大风吹拂，头发凌乱，手沾泥尘，不事洗涤也不做装点。一场聚会温情满溢，笑声朗朗，一次次吸引和感染了我们。当它们离去的时候，我们心中还是依依不舍，很久以后还要想象那个活跃的场景、声气与情分。

文字的另一些功用在苏东坡这里得到复活。道德文章与微言大义，工心制作与凛然肃穆，暂时都被忘却。我们仿佛遇到了一位随和的游戏者，一个正在奔向远方的行者，正被白沙和流泉吸引，于耽搁中撒出一串串妙语。这种情形多极了，谜语、掌故、逗趣、角智，交替出现。他洞悉一切文章作法，却从不墨守成规。

诗人在文章的海洋里遨游已久，从少年直至青年、中年和老年，一直乐此不疲。当他在仕途上疲惫不堪的时候，就到自小熟悉的那片诗的洋流里浸泡，以各种姿势嬉水弄浪，时而水花四溅，时而轻松仰泳。诗章之于他，已经是生命的呼吸。

·佳人词与才子赋

苏东坡一生写了许多"佳人词",它们的很大一部分承袭传统,终未脱俗;而那些"才子赋"却更为自如,也更加兴味盎然。"才子"竟然无所不赋,如《飓风赋》《黠鼠赋》,这让习惯了赋的堂皇庄重者有点诧异。如果说大风可以作赋,嶙峋巨石和浩浩大河等自然风貌可以作赋,那么一只老鼠怎么可以?他活画了一只"橐中鼠",其可爱之状、讶异和快意,跃然纸上。他还有《后杞菊赋》《服胡麻赋》《菜羹赋》,更不可思议的是《老饕赋》,竟为一个暴饮暴食的饕餮之徒作赋。

我们熟悉的是司马相如和扬雄等人的赋,颂皇家园林一时之盛,灿灿然目不暇接。而在苏东坡这里万事皆可入赋,凡人间自然各种景致都可成赋。他还赋以更大的自由,将情感施与万物。在诗人这样的才华与柔情面前,一切皆可沾得灵性,仿佛将它们从平凡和庸常中一一唤起,腾跳而至,让我们窥视精彩一幕、一个繁复纷纭的世界。有时我们会觉得诗人在逗一时之快,有时又觉得这是一个特异生命才有的轻松与舒放。没有这样的文笔与情志,我们所能领略的风采就少多了。自然与生命的风景各种各样,我们已经习惯了剔除和固化,然而在诗人这里却少有禁忌,天真烂漫,随意生长。

苏东坡为佳人吟唱抒发,有时也为主人助兴,这样的时节每每献上一首妙词,以答谢情谊。特别是黄州之后,在沦落到人生谷底的诗人来看,一壶好酒、一桌盛宴,都弥足珍贵。口腹之乐倒在其次,对方此刻给予的怜惜和同情应是无价的。为此一展笔墨,似乎无可厚非。明眸皓齿的青春不可忽略,楚楚动人,施予她们的词句有点甜,好像也在所难免。"乳燕飞华屋。悄无人、桐阴转午,晚凉新浴。手弄生绡白团扇,扇手一时似玉。"(《贺新郎·夏景》)"双鬟绿坠,娇眼横波眉黛翠。妙舞蹁跹,掌上身轻意态妍。"(《减字木兰花·胜之》)诗人已经情不自禁。

阴阳世界,刚柔相济,通常被视为万物演化之道。诗人与"尤物"遭逢,难免纵笔一快,有时既写他人又写自我,吐露一些隐情与哀怨。如果没有这么多"佳人词",苏东坡就会是另一副面貌了。这些情词与豪赋,许多时候风格迥异,两相对应,显示出他的不同情操。才子多有风流,但能唱大江者却十分鲜见。他最好的词赋,并非风流倜傥者一时性起,也不是妙手挥洒笔势滔滔,而是怀古抚今的长歌,是饱经沧桑的极目远眺。

今天我们将他的两极之作一一展开,会发出阵阵惊叹。闲适与迷恋,酣畅与浩然,竟出自一人之手。

· 词的出身

词出自酒肆歌伎之间,有触目的胎记。它们大多为靡靡之音,是一个时代的浮艳之语和绵软之声。苏东坡对传统词风有过沉迷,但终未久留,后来还是唱出了"大江东去",境界一直拓展开来,至辛弃疾,算是完成了一场艺术蜕变。不过诗人尽管如此,而后并非所有的词都一改形貌,因为词终究是那样的一种出身,形质血脉仍在。它作为宫中和市井的享受,已成为某种场景中的必备之物,长期风行于歌馆酒肆,与一般黎民生活大有隔膜。后来的词虽然仍带

"词牌"，但已脱离了音乐，读起来还是有点做作和别扭，有去不掉的鄙俗气。有时候会觉得它们与缠足文化如出一辙。正因为如此，以苏东坡和辛弃疾为代表的变革和开拓就显出了重要的意义。所以，人们现在谈论更多的是他们的豪迈，是对这一文学形式的改造之功。

实际上词的演变在很早前就已经发生。我们从李白的《菩萨蛮》《忆秦娥》中，如"平林漠漠烟如织，寒山一带伤心碧。""西风残照，汉家陵阙"，已经领略了不同的气象。追究起来，词最早产生于隋代民间，最初也不乏清新和质朴率真，可惜至唐代文人词、晚唐五代花间词，已经变得十分柔媚。再到宋代，词的形式和内容几乎固定下来，人们通常认为甜腻、哼唱和纤弱就是它的基本特征。这期间虽有晏殊、欧阳修、柳永、秦观、周邦彦等人去其浮艳，能够含蓄蕴藉，但大体上仍未脱离原有的轨道。这种文学形式显然已经走入类型化，格调与韵致已然固定。也就因为这种传统的认识，许多人对苏东坡的词作并不赞赏，连弟子兼友人陈师道也对其大有贬义，认为韩愈"以文为诗"，而苏东坡却"以诗为词"，离开了词的本色："苏子瞻词如诗，秦少游诗如词。"（《后山诗话》）

在一些人眼里，诗的内容及表述方式，本来就有庙堂的庄重气象，所以像苏东坡这样的诗人很难写出纤细柔婉的词。其实苏东坡的词也大都是柔婉的，与他的诗仍有不同。而像秦观这样的才情，即便写诗也有太多的婉约气。在这里，论者常常将"词"与"诗"各自分剥，仿佛是两不相干的文体。宋代词家李清照谈到苏东坡的词用语更重，说："然皆句读不葺之诗尔。又往往不协音律，何耶？"（《词论》）竟认为苏东坡的词作仍旧是"诗"，不过是在不同的语句和位置上点错了标点，就像诗的断句出了问题，没有经过很好修饰一样。这当然是苛评。

其实这些见解都是一面之词，或过分纠缠于音律，或执着恪守于传统。陈师道与李清照的格局与苏东坡不同，无法大处着眼，不能理解苏轼对词的开拓意义。其实一味强化词的某种属性，无论怎样"正统"，最终只会走向窄小局促，令人烦腻。如果柳永这样的词风一统天下，也实在并非幸事。柳永的词中只有一小部分稍有刚健，如写羁旅的《八声甘州》，让苏东坡喜欢。柳永专写男女密约幽会的那些词已堕入庸俗猥亵，却在长时间里作为"词"的代表，成为最有名的作品。

到了南宋时期，人们渐渐对苏东坡的词有了较为深入的理解。南宋胡仔《苕溪渔隐丛话》认为："子瞻佳词最多，其间杰出者，如'大江东去，浪淘尽，千古风流人物'《赤壁》词；'明月几时有，把酒问青天'《中秋》词；'落日绣帘卷，庭下水连空'《快哉亭》词。""凡此十余词，皆绝去笔墨畦径间，直造古人不到处，真可使人一唱而三叹。若谓以诗为词，是大不然。"这里将苏东坡的贡献讲得非常清楚。而大词人陆游说得更好："则公非不能歌，但豪放，不惜剪裁以就声律耳。"（《老学庵笔记》）"歌之曲终，觉天风海雨逼人。"（《跋东坡七夕词后》）词能有此等气象，真是一场审美大转移，的确开拓了自李白、范仲淹等人就开始创建的格局与空间。

清代王士禛《花草蒙拾》中说："黄鲁直亦云：'东坡书挟海上风涛之气。'读东坡词，当作如是观。琐琐与柳七较锱铢，无乃为髯公所笑。"清代赵翼在《瓯北诗话》中写道："以文为诗，自昌黎始，至东坡益大放厥词，别开生面，成一代之大观。"以体裁为羁绊和规范，从来都是小时代文人手中之能事，对于那些更强悍的生命则不会有多少束缚力。李白之所以古风更好，即因为这种形式较多自由，可以畅达无拘地飞翔。律诗并非是更低一等的形式，但严格的韵律确实需要大力应对和突破，化拘谨为平易自然：融法度于无形、纵生命以畅达，此高度似乎只有杜甫这样的"诗圣"才能抵达。那些汲汲于韵律的恪守者，往往走向了诗的反面。

如果要在法度与诗之本质、内容之间做一权衡，真正的诗人当然会毫不犹豫地选择后者。小处着眼，斤斤计较，实际上是一种小智。这对于人生和艺术来讲，当是统一的道理。词的节奏并非自然流畅，其长短句的组合读来每每别扭，这在许多词牌中确是如此。一旦离开词境，将一些佳句抽离出来，让句子本身的品质独立出来，就可以变得更好。

自然地理决定了情调和口味，柳永等人的甜腻大概是北方人无法消受的。北方之粗粝壮阔，南人也较难接受。人生多艰，"甜"是最好的安慰剂，热量转化也快，所以大多不能割舍。苏东坡当然是一个南方人，本来就习惯了甜食，所以无论诗还是词，甜味都重一些。这样的"饮食习惯"非得有一场重大变故才可以稍稍改变，于是"乌台诗案"之后诗人就有了转向。他自此更加接近人生的原色，后来的一些文字的确较前大为不同。论及此，必然要再次提到《念奴娇·大江东去》和《潮州韩文公庙碑》。这其中的气象和色泽，以前是不曾出现过的。他在人生的低沉灰暗期，刚健悲凉之气终于占据了上风。

人们最常说的是"一方水土养一方人"，可见人在总体上是被山水塑造的。所以有"南甜北咸"之说。就这个意义上讲，词这一文体虽兴盛于北宋，但南方气质更浓。西湖曾经是苏东坡重要的徘徊地和欢喜地:"未成小隐聊中隐,可得长闲胜暂闲。我本无家更安往,故乡无此好湖山。"(《六月二十七日望湖楼醉书五首·五》)苏杭是南国的象征和代表,是京都汴京东南方最繁华的去处,在这里任职,无疑是皇上赐予的肥缺。这里山水优美,气候湿润,性情尽可舒展。

综观苏东坡的诗与词,尽管每每被称之为"豪放",但品味起来"甜度"仍高。可能也正因为如此,才会受到一代代人的传诵和喜爱:很难想象人们会力戒甜食。比起那些苍郁、冷静、浑然的文字,比起那些沉郁而滞重的灵魂,人们更难舍弃苏东坡这样的轻快多趣、富于戏剧性的人生传奇。

像苏东坡这样多姿多彩的诗人,当属于任何一个时代;但他尤其属于现代,属于一个娱乐主义的多媒体时代。在这个时代,他往往是最可接近、不必犹豫的选择。不过在今天特有的审美趣味中,由于我们的偏嗜,将留下更多的疏失和误解。他既然被称为"苏海",就一定蕴藏了阔大浩渺之下的峰峦和深谷,如果仅满足于它的绚丽光色、晚霞映照,就会浮光掠影一番,终究不得深悟。对于苏东坡这样一位诗人,最容易唱佳句赏美章,开口"喜欢"闭口"着迷"。一个被符号化的诗人,一定会成为集体概念化中的一个悲剧角色,而这正是由于我们的庸俗、懒惰和不求甚解造成的。

沿苏东坡的轨迹前行,去发现他的生命怎样完成一场蜕变。如果没有寒风凌厉的北方,诗人直到最后的辞章也许只有浓浓的甜味,这将是中国诗史的遗憾。后来有人做过不无夸张的描述,说唱苏东坡的词仅仅丝竹笙歌那一套已远远不够,而要击打铁板,昂昂号唱:"柳郎中词只合十七八女郎执红牙板歌'杨柳岸晓风残月'。学士词,须关西大汉,铜琵琶,铁绰板,唱'大江东去'。"(俞文豹《吹剑续录》）此说虽含调侃，但听后依然令人绝倒。这当然指那几首豪放词，它们是诗人的代表作。

可见多产如苏东坡，就因为这样的杰作，才会不经意间触摸到了诗与思的更高处。

· 排遣和游戏

苏东坡的大量文字是用来排遣的，所以游戏之作很多。因为生命质地毕竟不同，也可以说此游戏非彼游戏：于轻盈快活中透出别样意义，给人以难得的审美快感。就其一生的起伏遭际来看，如果没有这样的排遣，他的一生可能苦到极处，那是任何人都无法忍受的。比如诗文互答，当年是文士之间十分重要的交流手段，是抒写与发泄的主要形式。一个人把诸多东西闷在心里会不堪重负，相互倾诉也就成为必须。在苏东坡的全部诗作中，兄弟友朋间的唱和占据了最大篇幅，从数量上看古今罕有其匹。

人的躁动多思、不安与激越，常常化为一场人生的宣泄。美国垮掉派代表人物凯鲁亚克的《在路上》，写的是一帮青春伙伴的一路寻找和追赶，充满了绝望与颓丧，也透着热烈和荒诞。这样的人生跌宕，这样的热情、冲决和不管不顾，这样的野心勃勃，成为人生的另一道风景。整个故事中，美洲大陆的生气勃勃与因循守旧、大胆妄为与宗教清规，诸种复杂的元素镶嵌融合在一起，饱满酣畅。

苏东坡同样是"在路上"，不过这与现代美洲大陆上的那种奔波与紊乱、青春的血脉偾张，又会有多少重叠？凯鲁亚克与北宋时期一个被皇权玩弄于掌股之上的单纯而热烈的书生，毕竟是完全不同的。他们奔波的方式、生活场景的转换以及节奏，都大相径庭。但我们会觉得苏东坡也是时代的匆匆行者，是大地上的一个奔赴者和追赶者，同样热烈悲伤，同样绝望。他总是在迁徙和跋涉中争取个人的小小空间，在无法掌控的命运中剧烈颠簸，被捉弄被抛掷。他无法忘却的终身大事仍是儒家的修身、齐家、平天下，而最后一项是最突出最重要的。这是他的悲剧之源。

将大把宝贵的时光耗在旅途上，变成了没完没了的煎熬。无奈中他只得求助于其他，消磨于闲情逸致，时间就这样给打发了。他的目光不得不从朝堂转向脚下，望向四野，不得不看一尾游鱼，一只小虫，一朵游云，一朵花和一丛竹子。这就有了"黑云翻墨""白雨跳珠""城头初日""陌上晴泥""一池萍碎""一点微酸""一朵芙蕖""一江春绿"，这些生鲜活泼和细致入微的记录。这些文字再无社稷之重，不过是旅途上的一杯酒和一盏茶，饮后重新上路。

古人一有兴趣就要拾笔蘸墨，目的与心态自然不同。好文章由此而出，与生命的关系也更为自然。苏东坡的繁琐记事、随处抛洒、机灵多趣，后人看来会有点眼花缭乱。不过在许多时候，也需要我们换一副心态和眼光来端详这些文字。

在文学的创造和表达上，真正的才具常常有着自然流畅的气质，而不是刻意和艰深。如果苏东坡的诗文总是使用曲折偏僻的言辞，读起来坎坎坷坷，就不会广泛流传于口耳之间。朴素与传神往往出自张口即来的状态，这会更加畅快无碍。苏东坡的诗词虽然涉典极多，却能消化于无形，不但没有变成硌人的硬块，还宛若口语一般浅显易懂。这当然与广博深厚的学识，与汲取和转化有关，但更重要的，还在于他个人生命经验的饱满。

随性的语言是最便捷最有效，也是最生动最难忘的。所有拗口的繁琐，往往都是食而不化的结果，是愚功所致，以至于再无灵动活泼，捉襟见肘。在苏东坡这里，既有朴素日常的通俗，又有内在的法度，可以说宏博而能简约，真正深入浅出。而那些刻板的诗文匠人，往往不敢越雷池一步，让"范本"和"出处"横亘眼前，举步蹒跚。

古今来最拗口苦涩的文字都来自那些搜肠刮肚的人。形式上的怪异、理念上的艰深，文辞上的垒叠，常常是因为满足于复述和宣达的"器"用功能，失去了自我。"君子不器"，仅仅满足于转达和模仿，自然不会有什么创造，更不会烂漫地歌唱，充沛的情感与广博的趣味就再也谈不上了。

苏东坡的几千首诗词中，一个显著的特点就是轻快平易，它们大多朗朗上口，意思畅明而又不失醇厚。他从不受限于文章套路，既能随意摘取俚俗民谚，又能贯通典籍随手拈来，翻新改造的过程不露痕迹。

通常认为大文章必得堂皇庄严，这是一种误解。虚张声势会拒人于千里之外，大而无当的套话也透出虚赢和中空。这种文章无限繁殖，由上而下地泛滥开来，影响所至，让人在许多时候不再会使用简洁而温煦的日常话语，而偏要采用一些生硬的、虚假的、捏造的、不断重复的似是而非的书面套语。这是一种怪异的社会现象、一种畸形生命的产物。

苏东坡离去千年，他的言说直到今天还是如此切近，即因为发自心性，质朴可亲。文明的哺育从语言开始，这对一个民族和一个时代太重要了。诗人实际上不仅在告诉我们文章的作法，而是在言说朴素诚实的日常生存之道。他把造作虚假繁琐和装腔作势悉数抛却，引领我们走向一条简明清晰的表达路径。

· 生命的痕迹

就像苏东坡的文章一样，他的书法也有一种随性自如的风貌。今天看它们无抄袭，无习气，也没有浓重的"帖意"。他曾经有过《论书》一文，说："书必有神、气、骨、血、肉，五者阙一，不为成书也。"说到底这不过是生命的痕迹，人的内在品质、先天与后天的综合内容，都在笔画中得到了呈现。这种表达不是将字词作为指代符号来阐明语意，不再是那样的功能，而直接是欣赏文字本身的形态，其艺术性蕴藏在一撇一捺之中。在浓淡粗细、提拉按压之间，或潦草狂就，豪气大发，或恭敬拘谨，刻意专注。一切都掩藏不住，一切又蕴含其中。将字迹视作艺术，是最晦涩也是最直观的。人格的力量、精神的萎缩或饱满、曲折与畅达，无不得以流露，却非处处直书。俊美雄奇、纤细文雅，所有这些都不能与挥毫者直接对应。它之微妙在于隐晦和沉默，不能依据其表意性简单还原，而是赋予了审美的意义，这就是所谓的书法艺术。它之重要和不可忽略，在于既是一种生命的综合体现，属于极为感性的表达，又是作为一种表意符号的显性存在。它仍旧源于一种记录方式，一种基本功用。就此来说，它作为一门艺术独立出来，常常要变得更深奥，有时甚至走向莫名的畸形。

如果以平常心来对待这些痕迹，可能是再好不过了。于平易中领略一种风度，或肤浅或深邃，或其他包蕴，倒也显得切近。我们许多时候走的却是一条相反的道路，将它完全彻底地抽离了日常使用的意义，只从形式上分割和固化，拆分成许多古怪的类型，以至于陈陈相因，相互抄袭。舞弄笔墨的熏人习气，故弄玄虚的拙劣表演，令人难抑厌恶。这时候我们忽略的恰恰是它的原初和真谛。真正的书法不过是日常生活的同步和统一，那些不知就里者会在这样的痕迹面前麻木不仁，只取其形而无视其质，根本无法领略内美与活力。那些朴实有力的形迹，有人觉得非但不美，甚而还有些粗糙和歪丑。无论是当年还是时下，所谓的"书法艺术"中那些因袭的套路、抄来抄去的成规、相互模仿的墨迹，比比皆是。它们都似曾相识，一片淋漓，只不知道"人"在哪里、"他"在哪里。

苏东坡的《赤壁赋》《祭黄几道文》，特别是那个声名盛隆的《黄州寒食诗帖》，统统不是创作出来的"书法艺术"，而直接就是记述和使用中形成的。这就靠近了源头。诗人走入的是极为自然之境。后来人们所赞许的厚、倔、静、刚，样样都在。"我书造意本无法，点画信手烦推求。"(《石苍舒醉墨堂》)点画信手，厌烦推求，这就是一个书者的遵循。我们说到艺术的抄袭，最熟悉的是文章一类，因为这很容易识别；书法艺术仅仅是文字符号，这本身又怎么鉴别？其实道理完全一样，只是无人追究，以至于酿成了一件至大的怪事：从过去到现在，唯有书法艺术可以抄袭，而且还要以之为荣。真正的书法艺术可以没有"帖意"，但必须有心意，有真正的自己即个人。这是个体的气息，是永远不会雷同的。"吾虽不善书，晓书莫如我。"(《和子由论书》)这是何等的自信，又是何等的知书之论。"不善书"

者竟然最为"晓书",这就说出了事物的缘由和本质。实际上笔墨痕迹传达的生命内容,比起文章或许更为晦涩,大概正是如此,才要极为谨慎地辨析,不可以混淆。最容易误解的艺术门类,投机者一定是最多的。

苏东坡的书法艺术之所以达到了极高境界,就在于他循着朴实自然的路径走向了自己。而这生命本体的流露,正是先天后天之总和。作为总和的分量,也就决定了书法艺术的分量。我们由苏东坡的书法回头再看他的诗词文章,一切也就了然于心。苏东坡最好的诗文,同样也是离开了"帖意"的。他自小的学习,从观念到实践的影响,只有和先天生命中最优异的那个部分接通,才会冲破"帖意",融化"帖意"。这对人生和艺术实在是太重要了。

· 随手文章

苏东坡的确是作随手文章的高手。有时候我们会觉得他的诗词只是有韵的记述而已,即兴记下,场景簇新。因为这种文字太多,作为游戏和记录方式未尝不可,但有时又显得过分随意了一点。历史上那些纵才不拘的诗人常有这样的放松自娱。苏东坡当年似乎没有想得太多,不过是信手而为,随作随掷,看上去没有更多的挂记也不想深究。一篇文字耗掉了多少心力其实是可察的。有人认为苏东坡所有的诗词中,占比最大的文字都是挥挥洒洒,才情有余而心力不足。但如果换一个角度看,焦思苦想本不是创作的常态,让诗人的所有文字都紧绷心弦,再顽韧也有断掉的一刻,那一声惨烈的断裂是不是更加难忍?

诗人不妨于微笑和平淡中吟哦,由此带来的斑斓绰约倒也可期。但另一方面,如果这种游戏和随性成为一种惯性或习性,也会令人遗憾。文字如此,绘画也如此。这让我们想到了西方现代画家毕加索,想到他早期一丝不苟的蓝色时期和粉色时期,与后来的任性挥洒是何等不同。这前后熔铸的心血与劳动当然有别。作为一个艺术家,毕加索的创作可以大致分为前后两个阶段,前期严谨专注倾尽心力,后期轻松率性恣意涂抹。他到最后仍然致力于开拓,也有新的生长,但心力较前已经涣散了许多,再也无法拥有那种一丝不苟的精湛以及撼动人心的力量。他大致是作为一个失败者退场的。当然有许多人绝不同意这种说法,他们更愿意认定一位大艺术家整个创造过程的奇崛,特别是对现代艺术的巨献,强调对整个艺术道路的统一观。他们会认为前后两个时期评价上的差异,主要还是古典主义或现代主义的审美偏好造成的。但是同为现代艺术家,我们从那个生不逢时的凡·高身上,却怎么也看不到毕加索后期的那种松弛和任性,其一生都在激烈不安中忍受、呼号和沉浸。那样的一个艺术生命是极端化的、悲剧化的,但又是至为绚烂和高不可攀的。还有难忘的陀思妥耶夫斯基的《卡拉马佐夫兄弟》,他的追究和罪感,绝望和疯狂。在超绝的、令人眼花缭乱的现代艺术面前,凡·高和陀氏的艺术也许处于高人一等的地位,有一种伟大的气概。

我们在阅读一些轻松的、密集而繁多的所谓巧思妙悟、机灵动人、撩拨现代欲望的文字时,会不由自主地向另一个方向遥望。是的,那是我们的文化和艺术视野里不应丢弃和忽略的、永恒的风景。

苏东坡的这些随手文章虽有佳句,却少有杰作。阴森的乌台改变了许多，他的游戏心从此有所收敛，时而顽皮，但的确大不同于从前了。诗文的总体基调在变，常常难掩沉郁悲凉之气。这作为一种底色的出现，并不以诗人自己的意愿为转移。苏东坡由此走向了更大的坎坷和折磨，对他的文学而言，却获得了一生最重要的收获。翻开一排苏东坡文集，我们仍然可以看到大量的游戏文字，特别是前期，因为这是他的天性。恰恰是这些文字常被后来人视为珍奇，认为它们充满了才气和心趣。诗人自己说过："某平生无快意事，唯作文章，意之所到，则笔力曲折，无不尽意，自谓世间乐事，无逾此者。"（宋·何薳《春渚纪闻》）可见文章一事是他最大的快意，纸上落笔皆为自得，进入自由王国的快慰总是让其自豪。

我们或可认为，他的散文得益老庄，诗歌得益李白，策论得益孟子。这样说只是大致印象，其实他的广泛吸纳很少有人能比，源路极其纷繁。像陶渊明、杜甫、韩愈、白居易、柳宗元、刘禹锡、杜牧、欧阳修等，都曾是他的榜样。他经常提到这些先贤，诗文也蕴含着他们的风味格调。

苏东坡的诗词，有一大部分和其他古代诗人一样，属于"诗日记"的性质。趣答、戏语、应酬之类很多，它们才华固在，统统可观。可以想见，如果没有苏东坡的才具，再认真刻意也无意义。古今来能够写出这样随手文章的人不多，因为具备这样的条件太难了。就像鲁迅所言："从喷泉里出来的都是水，从血管里出来的都是血。"（《而已集·革命文学》）有些文字在他人看来足为奇观，在诗人自己那儿却是信手而为。一个天才随意点染皆成风景，冲动不期而至，灵感纷呈，往往不待心力凝聚之时，便已经下笔千言。"雨洗东坡月色清，市人行尽野人行。莫嫌荦确坡头路，自爱铿然曳杖声。"（《东坡》)"与君暂别不须嗟,俯仰归来鬓未华。记取江南烟雨里,青山断处是君家。"(《赠王寂》)"到处相逢是偶然,梦中相对各华颠。还来一醉西湖雨,不见跳珠十五年。"(《与莫同年雨中饮湖上》)类似诗章即是。

对于一部分罕有的天才人物来说,苦心经营未必就是至法。所谓的文章之法本来就不可尽言,难定一尊。凡需及时记下、脱口而出,必须依赖过人的才气与长久的积蓄。苏东坡为诗很少给人正襟危坐的感受,他像写便条那样写出一篇又一篇好诗,像签署公文一样快捷利落地完成。一切都是水到渠成,不假思索,一挥而就。因为胸中积累太多、笔力太劲。这样的诗人一旦心力凝聚,必有另一番庄正之象,比如几篇赋、几部著作。前者轻快奇妙,后者沉厚博大。

苏东坡在《自评文》中说的"吾文如万斛泉源",透出的是非同一般的自信,也说出了实情。他在《说文》中谈到文章的"行"与"止",也与中国古典文论的文从气行、气至而文至、气终而文终的道理是统一的。文章的长度、行进的速度,关键还不是由内容事件等物质层面所决定,而是意境的需要,这个意境需要生命之气的灌注和填充,以无形化有形。

南宋魏庆之在《诗人玉屑》中说:"东坡长句波澜浩大,变化不测。"清代王士祯在《带经堂诗话》中说:"汉魏以来,两千余年间,以诗名其家者众矣,顾所号为仙才者,惟曹子建、李太白、苏子瞻三人而已。"他们所列举者,皆长于意象,能够化实为虚,于无限中接近那个"境界",即所谓的"仙才"。今天的立论者可能把他们概括为"浪漫主义者",但我们需要设问的是:这里所谓的"浪漫",和十九世纪古典诗学中提到的"浪漫"能够等同吗?这是今天的人用来对应"现实（主义）"的那种"浪漫（主义）"吗？当然不是。在这里，"浪漫"实际上已经是"天才"的代名词。如果真的"浪漫"，那么这个倾向愈重也就愈有才能，与之对立的所谓"现实"越强，就越接近于低能。这里已完全不是什么创作风格的问题，也不是艺术法度的问题，而直接在说灵魂与创造的本质关系。

· 苏东坡与毕加索

我们在这里进一步将苏东坡与毕加索做以比较，对比二者之异同。他们分别是东西方的艺术天才，一个是画家，一个是文学家。他们的创造力似乎处于某一类别的最高等级，同样千变万化，数量巨大，同样由比较边缘的地区走到文化和艺术的中心，经过漫长的磨砺和实践，最终踏上了事业的顶端。他们的创作都使人眼花缭乱、目不暇接，所谓泥沙俱下。认真鉴别之后，我们或许会得出这样的结论：就数量来说，他们的轻松游戏之作比真正意义上的杰作要多得多。两个人天生多趣，属于怪异之人，都有令人震惊的创造力。他们的杰作有口皆碑，已经是我们人类文明中绕不过去的显赫存在；但不必讳言的是，其中的很大一部分在艺术价值判断上还需审慎，需要在时间中接受更多的质疑和争论。也许它们远不是一些人认定的那样，统统具备了某种高不可攀的地位，甚至有难以推敲的神秘。经过了庸众的普遍迎和与惊叹之后，还需冷静地回到专业本身，回到艺术理性。

他们留下这些繁密复杂、形制不一的作品，其中的一部分属于

"惯性之作",既没有超越个人也没有超越他人,没有更高的艺术难度。一个天才必备的特异个性以及长期工作中形成的娴熟技术,自然贯彻的内在法度,所有这一切综合起来还不足以成为杰作。它们没有涵纳相应的心力与劳动,缺少这样的叠加和积累,也并非处于智慧与灵感的高点。所以它们只是作为充填物,成为斑驳色泽的组合与片段、颗粒和粉末,除了增加整个创造的体量,并没有贡献出多少其他至为宝贵的元素。

两人相隔七八百年,生活在不同的时间与空间,环境差异很大,个人命运似乎也不可比拟。他们都经历了长长的奋斗期,但对苏东坡来说起初的道路比较顺畅,抵达顶点之后又经过了沉落和复出、再沉落,最后是悲凄的结束。而毕加索在奋斗期是非常坎坷的,除了在蒙马特高地艺术家群居时期饱受磨难之外,很长时间里都不顺遂。最艰难的日子里,他甚至没有东西取暖,可见是怎样的困窘。好在经过了必不可少的磨砺之后,他终于成功了,而后较少曲折。毕加索的艺术成就和财富全都接踵而来,荣誉堆满双肩,成为一个声名显赫的人物。还有一个不同,他是一个专业画家,由狭窄的工作间走进了自己宽敞的个人城堡,那里有无数收藏品,有优越的实验和劳作场所。他就像鱼儿入海一样,可尽情畅游,无所拘束。一个成功接连另一个成功,作品在堆积,优秀之作时而出现。在他完全松弛下来或者沮丧下来之前,大致是认真、拘谨、庄重和辛苦的。在这个时期,他完成了所有艺术家都曾经出现的那个生命体验极为饱满的黄金期,这是他投身艺术的真正价值所在。对他来说一生很少官场的诱惑,事实上他从来没有仕途的设计,从始至终都走在单纯的艺术求证与实践的道路上。像苏东坡一样,他在童年时期就表现出过人的聪颖和才具。苏东坡是过目成诵、博览群书，很早就能写出漂亮的诗文，而且有着独到的发现和辩证的思维，每每让父辈，更让那些同辈感到惊讶。毕加索说自己在童年时期就能画得像拉斐尔一样好，当然这是才华加刻苦。他像苏东坡一样，也有一个严格的事业上的指导者，即自己的父亲，所以两人都有优越的起步期。

苏东坡一生的沉重疲累和劫难，竟然完全不是来自文学方面，不是因为艺术成就萎缩或发展、退步或进取造成的，而是仕途上的折磨。这就是诗人当年的事业，是他的人生理想，也是最基本的生活和生存方式。至于他的诗词，只作为业余之趣，最后成为政敌攻击的把柄被紧紧咬住，使他遭受生命之虞。假设他不是一个从政者，那么这些文字也许不会招致任何麻烦。

许多人都看到成功后的毕加索挥金如土、过着奢华的生活。有一幅照片：瘦小黝黑、已经不再年轻的毕加索费力地撑起一把太阳伞，为他心爱的女人遮阳。他有强大的爱欲，除了数量不详的女友，还有好几个妻子，她们大致是不幸的。像苏东坡一样，这些女性对其一生都是不可或缺的援助，她们慰藉他，甚至在艺术和人性两个方面都给予了不可忽视的滋养。她们的"母爱"时常爆发，他们作为受惠者，以其抵挡冰冷的人间寒风。但毋庸讳言，女性在他们这里并非是与之平等的。

毕加索身处商业社会的激烈竞争，在拥挤的绘画市场上博得生存之位。而苏东坡则投入一场又一场艰难的政治周旋，甚至不得不逃避政敌刀刀见血的追杀。二者就艺术创造来说，都有不可思议的能量。毕加索尽管一生没有偏离自己的专业，但他同样有生活中的其他部分，这起码从表面上看与所从事的专业没有多少关系。不过对一位真正的艺术家而言，也许本来就没有专业和业余之分，最后一切都要归结于心灵，而艺术正是一种心灵之业。艺术家的专注是不由自主的。这似乎对于评价苏东坡也同样适用：那些与写作无关的奔波、世俗意义上的荣耀与沉沦，最终也会在他的笔端留下痕迹，悉数展露。说到底，艺术的轨迹就是生命的轨迹，生命在经历，艺术在表达。我们可以从苏东坡的业余写作中，遗憾他大量时间在耗散甚至浪费。但好在这一切并不是生命的空白，它们都要在他的艺术中得到总结和呈现。

由此看，他与毕加索生活及创作的道理还是一样的，即真正的大艺术家也许没有什么"专业"与"业余"之别。他们的闲笔、尝试和游戏，那种随手而为，似乎并未耗费多少心力的作品都有很多。但即便是游戏之作，也仍然属于他们，属于一种特异的生命表达。一般人只会附和众声，将这些游戏之作指为神奇，发出毫无节制的赞美。其实对于他们这样的天才来说，真的并无难度。

· 异人三视

"东坡信畸人，涉世真散材。"（《和陶读〈山海经〉并引》）这是一个蕴藏了很多信息与独见的诗句。它是苏东坡对田园诗人陶渊明的和诗，感慨于陶还是其他，需要细细揣度。他自己承认"信畸人""散材"，也颇费猜想。后一句是前边"畸人"的根据，实际上在写"异人"的行为。我们观察苏东坡这一类人，也同样可以用"异人"二字来概括和形容。对他们这一类人的观察，可以有三种视角：一为平凡的和日常的,这就必然难以理解其行为,会对他们的全部言行及后果感到茫然。这种人物之"异"总是让人阵阵称奇,大为疑惑。二是专家的视角,就是从诗的特质去分析诗人。这样的视角或能登堂入室,获得较为深入的见识,知其所以然并发出由衷的赞叹,同时也会知道诗人与作品之间的差异、诸多不同的艺术特征。第三种是排挤和拒斥的,即那些褊狭局促的狭隘者所采用的视角,他们不愿涉足自身经验之外的部分,动辄视为异端,因此而滋生厌弃和拒绝的心理,甚至是恼怒和嫉恨的情绪。这三种不同的视角,似乎可以解释苏东坡当年所有的遭遇,找到其内在成因和缘由。

那些朴素的凡人视角,经历一段时间的演化后,会由不解到好奇,再到接近;那些深知诗文之妙的专门家,会进入苏东坡的世界并将其当成仰慕的对象,钦羡并深深地喜爱。他们以亲近他为荣,所以苏东坡即便遭贬时,也处处受到欢迎和爱戴,得到许多安慰和温暖。他在身处高位的得意之期自不必说,在至为艰难的黄州和惠州,甚至是孤苦无告的海南,都有人陪他度过难忍的枯寂。有人帮他筑屋,为他烹鸡摆酒,接济他款待他。"我本早衰人,不谓老更劬。邦君助畚锸,邻里通有无。"(《和陶和刘柴桑》)"冻醪寒初泫,春醅暖更馞。华夷两樽合,醉笑一欢同。"(《用过韵,冬至与诸生饮酒》)写的都是最苦最难、几乎陷于绝境的海南时期,但在这里仍然有知己斗酒。

朴素的常人与真正的天才和异人两极相通,二者有天然接近的关系,会发生一种自然而然的联系。而那些狭促小人,哪怕是身居高位的"智识者",也一定要与身处逆境的诗人保持极大的世俗距离。这些人即便有一定的认知力和辨析力,或者还是所谓的"知识雅士",

也很难容忍更大的才具，反而一有机会就要吐露怨气和嫉恨，恨不得将对方一举除之而后快。这就是通常所说的消除异己、党同伐异。

异人之为"异"，必然成为"异类"和"异端"。从历史到现实，"异端"更多的并非不能见容于平凡质朴的民间，而一定是受制于另一个特殊的群体。这个群体中的一些人往往也稍有能力，甚至还在某一方面取得了相当的"业绩"，但他们终归还是孔子所说的那种"器"，而非真正的"君子"。他们有时尽职尽责，有时又别生心曲，焕发出"创造性"的想象，梦想成为庙堂"大器"。这些人的精神空间狭窄而阴暗，时常处于独自哀怨和愤愤不平之中，却从来不敢面向威势吐露半句。至此，他们所有的愤怒没有去处，就只会投向弱小者，鲁迅称之为"卑怯者的怒火"。所以，当那些才华飞扬的"异人"一旦遭难，落到他们手中，就会经历一段最倒霉的人生。这样的时刻，天才不但成为弱者，而且成为引发卑怯者爆发怒火的特殊存在。

在有的人看来，就因为这一部分特异的、不可思议的天才，才使自己有了诸多的痛苦。他们会将卑怯默默地转化为一种激情和力量，并突然"清晰"起来。自己所有的不遇和不快都来自他者，是这些人太过优异、太过异端的缘故。没有对比就没有痛苦，真正的不幸往往就来自这种比较。于是他们变得不可忍受。长期以来，在威势权力的辖制之下造成的无限苦闷，此刻终于找到了发泄口。

对于苏东坡，当年围拢在乌台四周的一些人，就属于这样的卑怯者。我们经常谈到的"人渣"两个字，准确一点说应该是人性中的渣滓，是组成一个人的诸多元素中的锈蚀颗粒，它们需要在生活中一一抖落。而在一部分人那里，这些"渣滓"非但不曾抖落，还要一再地拾取和集中。当它们聚拢到了一定的体量，就会成为徒具人形的"非人"。"非人"平时是隐性的，他们只有在特别的环境中才会显现，才会走到生活的前台，变得格外活跃，也格外残忍和陌生。由此可见，人性发生演化和改变的诸种条件，社会环境当有最大的决定意义。显然，人类至今所面临的最大也是最艰难的任务，就是对于理想社会环境的打造和营建：人性的健康成长与发展，几乎完全依赖于它。说到底，只有让苏东坡这样的"异人"感到欣悦和宽松，才是适合人类生存的一个世界。

· 杂食者

苏东坡是一个好奇的尝试者，以至于品尝了很多偏僻的食物。在穷困贫瘠之地，因为食物不丰，也因为贪嘴，他曾经试着吞食过很多东西，还亲自动手改良一些野生的不常见的东西，让它们能够入口，时而大加赞叹。他在艺术和精神的吸纳上也是如此，不拒俗雅，庙堂民间兼收并蓄，为我所用。什么海外异闻、巷里奇事、野地陈迹，他一概兴致勃勃地寻求，乐此不疲地加以汲取。

在饮食上，他对各种食材都有兴趣，除了不食灵性之物、极力反对杀狗等，什么芦芽河豚、野生诸物，都有一尝之好，从山珍海味到民间饮食，应有尽有。"厨中蒸粟堆饭瓮，大杓更取酸生涎。"（《和蒋夔寄茶》）"山东喜食粟饭，饮酸酱。"这是他为自己的诗加的注解。"更有鲈鱼堪切脍，儿辈莫教知。"（《乌夜啼》）如此好吃的东西不能让"儿辈"知道，这是一种幽默还是必要的提防，真谓怪趣。

"天下风流笋饼餤，人间济楚蕈馒头。事须莫与谬汉吃，送与麻田吴远游。"(《约吴远游与姜君弼吃蕈馒头》)什么叫"蕈馒头"？还真得好好考证一番，是形状如蘑菇，还是蘑菇做成的馒头？而且这种东西还不能送与"谬汉"，只能招待他诗中所提到的好友。"纤手搓成玉数寻，碧油煎出嫩黄深。"(《寒具诗》)是写徐州的地方名吃"蝴蝶馓子"。"露叶霜枝剪寒碧，金盘玉指破芳辛。清泉蔌蔌先流齿，香雾霏霏欲噀人。"(《食柑》)黄柑色泽的鲜亮、汁水的丰盈、香味的馥郁，令人垂涎三尺。

有人会觉得这是智窍大开的诗人玩弄词句，大概是牵强为诗，而并非一定是创制的食物有多么特异。这种认识也许有几分道理，但不可否认的是，苏东坡在味觉上颇能探奇，似乎要尝遍各色吃物，于杂食中获得滋味和营养。在廉州吃桂圆："端如柑与橘"，"一一流膏乳"，其味"殊绝可敌荔枝"。食芋："芋当去皮，湿纸包，煨之火，过熟，乃热啖之，则松而腻，乃能益气充饥。""惠人皆和皮水煮冷啖，坚顽少味。"(《记惠州土芋》)在海南："五日一见花猪肉，十日一遇黄鸡粥。土人顿顿食薯芋，荐以熏鼠烧蝙蝠。"(《闻子由瘦（儋耳至难得肉食）》)这些都是他在贬放之所的吟叹。花猪肉和黄鸡粥可作美食，薯芋也还平常，熏鼠肉和烧蝙蝠就有些偏僻可怕了。岭南之南，印象中至今还是无不可吃，这对于当时的诗人而言，一定也感到了怪异。这种广博的兴味对于一个庙堂人物来说，意味着接地气、懂物理、开思路、不刻板、能变通，也就表明了强大的生存力，预示着创造力、包容力和探究力。他亲自寻求一般人禁步之地、忽略之地，所以也就更能领受各色滋味，就像他的诗文俚俗不拒，常处于大雅大俗之境一样。

他对多种文化流派都曾着力，深入研磨。比如他明知长生不老是不可能的，其中杂以大量胡扯和妄言，却绝不排拒长生术的研究，还写下了《阳丹阴炼》《阴丹阳炼》《松气炼砂》《藏丹砂法》等文，并一再向朋友索要丹砂。所有这些行为都不能简单地看成嗜奇多趣，而是于复杂世界中的寻真求实，甚至不惜以身试法、冒险一探。总之，他能够于儒释道及各色杂家择其要者，化为己用，谋其所长。

他喜欢清洁，爱好沐浴，而且洗澡之后还要作诗填词："自净方能净彼，我自汗流呵气。寄语澡浴人，且共肉身游戏。但洗，但洗，俯为人间一切。"（《如梦令·自净方能净彼》）这里的洗浴已经包含了诸多别的意味。他的这种洁癖，不禁让我们想到很少洗澡的政敌王安石，这两个人就此来说也简直是两极。王安石简朴有名，传为美谈，但他的脏腻不浴却很少有人恭维。无论这位宰相治国多么有力、改革多么锐利，但日常生活中如此不洁还是让人难以理解。这样的人能否"净彼"，让人大可怀疑。实际上当时王安石身边真的聚拢了许多小人，这些人的恶劣行径已在史书中得到翔实记录，可谓不争的事实。北宋走向衰败，为它的末路打下了基础，这个基础的一部分来自人事，这也许就由严苛地要求自己与他人的王安石亲手打造：培植起一班势利小人。

历史上有人认为王安石的改革，给物质主义泛滥的北宋王朝提供了一次中兴的机会，但很少指出因此而带来的上下跌宕，以至于朝廷人事的恶性循环留下的负面后果。这在很长的一个时段里才能表现出来。事物的演化需要时间，我们不能简单地将一时一事作为最终的结论，而是要辩证仔细地考察因果。比较起来，在言路、用人、饮食诸方面,王安石都算是一个单一口味的人。

苏东坡曾有这样的诗论:"诗须要有为而作,用事当以故为新,以俗为雅。好奇务新,乃诗之病。"(《题柳子厚诗二首》)"冲口出常言,法度去前轨。人言非妙处,妙处在于是。"(《诗颂》)这些论断,用在诗人自己的创作实践中再贴切不过了。我们对于他的"冲口出常言,法度去前轨",印象简直太深了。

· 深邃和繁琐

综观东坡全集,尤其是诗词歌赋,各色内容掺杂,所有这些相加一起,也就形成了深邃而繁琐的形态与格局。后人面对这些浩瀚的文字,难免产生畏惧之情。作为倾心一时、专注于局部的读者,常常会有一些恍惚和误解,因为他们所要寻觅的、急于捕捉的那种明朗和简单,在这里是不存在的。要知道我们此刻面对的是几十年的文字劳作,而不是某个时段的概括与综合。他们会忽略这样的事实:时间对于所有人都一样无情,不同之处只是使用时间的方法不同。是的,这种不同所带来的差异,劳动的数量和质量的差异,是惊人的。

一般来说,天才怎样使用时间,是一个颇费猜想的谜团。

苏东坡的大量文字,平易只是外表,内在机关处处。比如说苏诗对典籍的援引化用,囊括了经史子集,其中史部最多,其次为子集经三个部分。他左右逢源,有时一首诗中即可引用多典而不显生硬,既用于名篇佳作,也散见于随写随记的诗文。他翻用古人名句时巧妙无痕,熟悉者可了然于心,不知者也毫无阻滞。南宋诗人陆游对苏东坡的这种本事至为叹服,称其"援据闳博,指趣深远"(《施司谏注东坡诗序》)。有人曾经敦促陆游为苏东坡诗集作注,陆放翁却因为苏诗用典实在太多,犹豫再三,终未动手。古往今来,为苏东坡文集作序之人每谈及此,都要发出一阵类似的感叹。

苏东坡之诗词文赋,其繁琐不仅在于量巨,而且在于幽深。诗人事无巨细皆要记下,一生兴味盎然,不知疲倦。他为文的时间达四十余年,以超人之勤奋,刻下了无数的痕迹。后人要进入他繁复的精神与艺术世界,既需奇敏的领悟力,还要具备非同一般的耐烦心。苏东坡在《记李邦直言周瑜》中写道:"李邦直言,周瑜二十四,经略中原,今吾四十,但多睡善饭,贤愚相远如此。安上言吾子似快活,未知孰贤与否?"无知而骄傲者,常以眼前的一点进取和收获而自欣,却很少与历史上的贤者相比。故人李邦直以四十之躯对比年仅二十四岁就"经略中原"的周瑜,大愧不如,为"贤愚"悬殊而感叹。这种叹息在现实生活中总是太少,而一朝得志便目空一切之人,又太多太多。

只要是一个真正的艺术家,最终都不能简单地给予定义。艺术之深邃,常在于浑茫难测和复杂多元。说到苏东坡的词,今天挂在嘴上最多的是"豪放"二字,岂知这样非但不能概括,还会显得偏颇。我们一旦将个人的贫瘠施予评价对象,难言的尴尬就出现了。除了"豪放",苏东坡还十分"婉约",非常"沉郁",或者还有其他种种:铁戟铿锵之声,花之悄然垂落,有激辩的宫廷,有低回和叹息,有混合于清夜之中的山野气,斑驳陆离无以尽言。每每览其全集,都会感到一条大河在流淌,一路汇入涓流小溪,汹涌相伴;无数风景闪烁而去，恍惑迷茫，且要不断卷入两岸沙泥，进入苍茫不测的大林莽。

如果取其一斑，即便是以各个时期的所谓"代表作"来概括，也属于不求甚解。因为杰作并非突兀的孤岛，还有散于浩渺的星罗棋布。我们须从更高处、更阔大的视角去看取一个世界。从浑然到苍茫，寻找一个路标，谨防落入窠臼。我们经常被他人引入胜景，很久以后还言之凿凿地谈到那些风物和颜色，言说一个多趣的苏东坡、豪放的苏东坡、快乐的苏东坡。就这样，由于我们的众口一词，不约而同地将诗人变成了一个"扁平人物"：既特色鲜明又稍显单薄。不，苏东坡是一个"圆型人物"，是一个极其丰赡复杂、言说不尽的人。

· 何谓豪放

自诗人"大江东去"一出，"豪放"的印记也就再也揩擦不掉。然而何为"豪放"，今天却常常蒙昧不辨。其实"豪放"并不等于大言，更非中空之号唱，而是于辛苦自持中的默默坚守与安抚，是笃信和自省，是谦卑和践行。狂言大语之号吼与"豪放"并无干系。我们经常看到的一些野蛮和放肆，一些无根无柢的铺陈，常常被视为现代之"豪放"的标本。无知无畏者不足以豪放，事事精明的机会主义者也不足以豪放；有恃无恐的人不足以豪放，仗势施悍者不足以豪放。"豪放"远非"风格"二字可以概括，而是源于生命深处的勇力和气概，是知者之勇和果决之心。

苏东坡的胞弟苏辙在《东坡先生墓志铭》中谈道："其于人,见善称之,如恐不及,见不善斥之,如恐不尽,见义勇于敢为,而不顾其害。用此数困于世,然终不以为恨。"如果对于兄长的这种鉴定还算恰如其分,那么这也是某个侧面的苏东坡,然而却是真实的。他必得一说、一吐为快的性格,许多时候是清晰无掩的,这就使他有了人生的劫难,因为他"不顾其害",但"终不以为恨",这才是一种真"豪放"。几次置于大险境而能脱身,几次置于大死地而能生还,这其实正是人生的"豪放"内容。

一个世俗世界的攫取者会将自己视为最大的胜者,他们得意扬扬的宣告哪会有一点豪放之气？在苏东坡那里,"豪放"而能"虚无",这不是非常奇怪吗？"虚无"在这里又有了新的内容,因"虚无"而"豪放","豪放"也就具备了别样色彩。人生不过如此,"一樽还酹江月"的思绪,也许是通向形而上之思的最近路径,但如果没有包含更复杂的内容,没有将整个生命做以注脚,也有可能化为廉价的叹息和呻吟。这就像那些"豪壮"却也"中空"的大话一样,一时颇为唬人,但冷静下来,又会觉得它们因缺乏翔实而密致的人生内容、缺乏源自人性深处的悲悯,而变得干硬和空洞,产生出一种令人拒斥的虚伪气息。

比较起来我们更愿意相信那些能够品咂生活、深知温情与暖意的人,那些懂得羡慕和留恋的人,他们将这一切朴实自然地流露出来,而非一味掩饰自己的软弱和恐惧。在无比悲苦之境,在浩叹之余,还仍然能够挂记"小乔初嫁"的人,这样的"豪放"才有些根底,也更为可信。

· 文气的长与短

文章之法有时会被简化为"有话则长无话则短",人们对于这样的说法已经耳熟能详。"行于所当行,止于所不可不止",这是我们所见到的苏东坡的主张。这些论说似乎是为文的不易原理,其实也是文章长短的依据。但这似乎不可简单地理解为文章需要容纳的文字数量,不仅指有形的体量,而是其他。古人曾经提到了"文气"一说,从那个时候开始关注"文"与"气"的关系,认为气弱则文短,气壮则文长。一旦失去了为文之"气",文字再长也是僵死的枯木,是徒具其形的东西。

说到文章之长,这里要说到苏东坡的《上神宗皇帝书》。由于新旧党争日趋激烈,他不得不向朝廷上书,那篇著名的奏章竟然长达万言。万言古文,实在是太长了,而且是对皇上说话。苏东坡的"气"该是何等盛,又该是何等长。这在那个专门的语境中尽管情有可原,但还是犯了大忌。由此观之,苏东坡的"文气"远远超出常人。他让我们想到了法国大作家雨果,他在反对小拿破仑独裁政治的斗争中,下笔千言力扫千军,一部《小拿破仑》简直是一挥而就。诗人在这样的时刻,胸中正义充沛,勇气倍增,当然文气浩荡。古人所讲的"浩然之气"是指生命之气,它注定会影响和决定一个人的文气。"轼闻天下所少者,非才也,才满于天下,而事不立。天下之所少者,非才也,气也!何谓气?曰:是不可名者也。""故凡所以成者,其气也,其所以败者,其才也。气不能守其才,则焉往而不败?世之所以多败者,皆知求其才,而不知论其气也。"(《上刘侍读书》)这里的"才"虽非论断文章,但道理仍旧相通。如用在作文方面,"才"

更多指文辞等技法层面，指辞章结构，指能力。而"气"则是生命的中气，是指内在的力量，它需要德行的支持，关乎伦理，是一种仁与善的关怀力，它们无所不在。机心越大，气概越小，这时候费尽心机也一事无成。

苏东坡在这里谈论的是人间大事，实际上何尝不是在谈论文章。我们经常可以看到那些斑驳繁琐堆积而成的文字，它们经常是败笔。因为这中间没有文气灌注，没有让一种执着向前的生命力挽起所有的文字，共赴那个目标和使命。这样的生命之旅没有发生，所以文章所描绘的世界也就是一次虚衍的描摹。真实的世界是生机盎然的，有蓬勃生长，有各种声音，有扑面而来的风，有时间的更迭流逝，有白天和夜晚，有阴晦也有强光。

我们面对"文气"二字会觉得虚幻，因为它们无形无迹，也只能去感受。它们存在于感知的范畴，离开了一种情境，也就无以琢磨。一篇文章如此，全部文章也如此，人生的一个段落和全部的生命旅程也都是如此，都有气的流通灌注，都有它的充盈盛大还是淡弱消逝的不同。人的一生好比一篇大文章，由许多段落组成，铺陈和写就都需要气，直到终点。苏东坡活了六十多岁，按照现代人来看不算太长，可是当我们看到这六十多年的生命空间，每一个角落都那样饱满充实，又会觉得这样的生命之气是极为充沛浩荡的。正因为这种生命的气流往复激荡，剧烈旋转，经历了无数的境域，才开拓出如此阔大的空间。

物体移动的速度与时空是有关系的，当它接近光速时，时空会发生一些奇妙的变化。这在爱因斯坦的"狭义相对论"中得到了一种精妙的解释，对大多数人来说却是极度晦涩，专业之外的人根本无法理解。按照中国传统思维的解释，速度一定要来自"气"，"气"是一种推动力和落实力。在这里，诗人苏东坡也许拥有非同常人的"加速度"，这"速度"使他的"时空"发生了改变。这里不过是借用爱因斯坦的理论，聊做一次望文生义的想象而已。总之我们无法用通常的凡俗的眼光去判断一个奇绝的天才，他的世界里正在发生一些不可理解的事情，我们难以说清，更无法讲得条理分明。他的文气最终驻留，就像万物有开始也有终结一样，一切都凝结在文字中。面对这如同大河入海的东坡全集，我们尝试进入，感受一种热度、一种冲击。这里面有速度有光色，逼近我们，让我们久久徘徊或穿越而过。是的，我们只能用"气"加以表述，它们原来弥漫于苏东坡所有的文字之中，弥漫于他的整个生命世界。

· 苦难和艺术的高点

艺术与苦难的关系总是很近，起码是相距不远，许多时候这二者毗邻而居。一般来说，某一种艺术总是跟随在苦难之后：比如陀思妥耶夫斯基彼得拉舍夫案件之后的创作，比如"大江东去"的豪唱以及前后《赤壁赋》与"乌台诗案"。从南海这样的人生大劫归来，预想中应该有极特别的呈现，可惜上苍轻轻按下了终止键。若非如此，一切又会如何也只有想象了。苦难的高点和艺术的高点会有错位，通常是苦难在前，而艺术随后。但在苏东坡这里，它们好像离得更近，他的苦难绵绵无尽，一个又一个的高点也就接连耸起。原来人生苦难层层积累，艺术也是这样：由一点一滴积成一个水潭，又连接扩大成一片平湖，最后变得苍茫无际。

苏东坡的生命质地决定了自己的命运，而一生的苦难和幸福也由此决定，二者显然有着同根同源。这样的一个人就必会迎来这些苦难，同样也必会获得意外的奖赏，时间将给予一切。他在朝堂之上冲决一搏的激情和勇气，当然也不会在艺术中缺席。"我似老牛鞭不动，雨滑泥深四蹄重。汝如黄犊走却来，海阔山高百程送。""春秋古史乃家法，诗笔离骚亦时用。但令文字还照世，粪土腐余安足梦。"（《过于海舶，得迈寄书、酒。作诗，远和之，皆粲然可观。子由有书相庆也，因用其韵赋一篇，并寄诸子侄》）衰老之期投向荒蛮阴湿之地，苦难重重的海南岁月开始了。他像一头老牛，对于频频抽打已经无动于衷，四蹄正深陷淤泥中。在这样的时刻，诗人谨忠诚于自己的文字，平生最为喜好和擅长的一支诗笔，此时派上了用场。这时候的一支诗笔就成为坎坷之路上唯一的拐杖了。

苏东坡最后一程留下的文字与前稍有不同。他也许对自己有了更高的期许，开始将一生追求的治世之用和朝廷事功看得淡远了，而把文章之事看得更为实际和重要。这样的一种生命自觉和艺术自觉重叠起来，实在是太宝贵了。尽管有点晚，但它们还是到来了。所以这就让我们能够很好地理解，他一生为什么最为看重"三大著述"，即父亲苏洵的嘱托。这在大苦大难的黄州之后才真正着手，从此著作心变得庄重起来。我们可以想象，他的人生主业在这里变为经营文字，用来写作这三部大书的时间，一定远远多于日常的酬唱和应答。那些艺术文字大多来自一时兴起，算是妙手偶得。没有这样的"妙手"哪有"偶得"，哪有一生激流高涌的艺术。

这样的时间和空间、这样的精神创造，与其他的文字事业相加一起，还有大地上的辛苦耕作，所有这一切组合成他的"黄金岁月"。那些将这种不堪的生活强加于诗人的政敌，无论如何也想不到这样的曲折和痛苦正成为一种助力，奇妙无测地成就了他的思想与艺术。他们不知道一个杰出的人物辗转于风雨泥淖之中、于奋力挣扎的喘息间隙，还会有这样精彩绝伦的表现。在黄州，诗人未及揩拭一身泥水即经营另一种生活，此刻是贫乏的物质和富饶的精神，后者援助前者、弥补前者。也时有物质的改善，它们是朴素的真味，是辛苦换来的口腹之乐，伴着陶渊明初获豆黍的那种欣悦。自己造酒，自己种植，脸色黝黑，身上挂着大瓢，走起路来咣咣作响。

这是人生舞台上的另一番演奏，这样的演奏已经远离了庙堂，庙堂比起高天旷野还显得狭窄，那里的天花板再高也是低垂而压迫的，看不见星空和湛蓝的天宇，所以难以飞向梦想。他回到了一个以天地为庐的大居所，从此可以放肆地生长。就在这里，他攀上了诗与思的最高处，那是穷尽一生才能达到的高度。

· 实与虚的统一

一般的写作者，受文字体裁所限，从一篇一部的开始就确定了实与虚；而苏东坡却不是如此，他一生的写作大致是以实为基，虚在其中，最后实为主导，让二者统一起来。由于他的文字大多是记录生活，比如应酬和记一时一地之事，最后却总能浮想联翩，甚至进入恍然之境。《自径山回，得吕察推诗，用其韵招之，宿湖上》《吉祥寺花将落而述古不至》《有美堂暴雨》《听僧昭素琴》《月兔茶》《薄命佳人》《春菜》《与王郎夜饮井水》《安国寺寻春》《送牛尾狸与徐使君》《过汤阴市得豌豆大麦粥示三儿子》《新酿桂酒》《六月十二日,酒醒步月,理发而寝》《谪居三适三首:旦起理发,午窗坐睡,夜卧濯足》,无数酒宴答谢,为美人写下的小令,月下徘徊的绝句,无一不是实景实物有感而发,但最后却让自己的文字牵引,越走越快,直走向遥远和虚渺。从地上到天上,从眼前到远古,诗人的精神遨游实在远阔。

如果说古往今来人事多有重复,经验不停交叠,那么虚与实也是这样呈现的。虚幻的笔触不是风格,而同样是生命的写照。苏东坡的诗文大致是大虚大实的结晶,二者都做到了极处和好处。"故人年少真琼树,落笔风生战堵墙。端向瓮间寻吏部,老来专以醉为乡。"(《次韵赵令铄》)这里写到了文与酒,写到了以醉为乡的情志,很像陶渊明的"但恨在世时,饮酒不得足"(《拟挽歌辞三首》)。像"李白斗酒诗百篇,长安市上酒家眠。天子呼来不上船,自称臣是酒中仙"(杜甫《饮中八仙歌》)。也像"竹林七贤"的沉溺。东西方的嗜酒者太多了,他们难以忘记醉酒一刻的美妙感受,仿佛身处异乡。诗人身心处在"异乡",最终却仍旧要归来,这就是实与虚的统一,是人生道路,也是文章作法。

人们津津乐道于苏东坡的"豪放"与"浪漫",常常将那些诗笔记事、极为具体和现实的文字忽略不计。但它们所占比例之大,历经时间之久,是非常触目的。另外,即便是狂放高远的飞翔,也是从现实的泥土上开始的。如果读者能够想象作者怎样按住现实之弦,寻觅和弹拨,这场倾听要真切得多。现场演奏与播放录音当有很大区别,我们不妨认定自己已经来到近前,正目睹演奏者的神采风姿:

怎样拨弦，怎样俯仰，渐渐沉浸其中。是的，他因沉入而陶醉，双目低垂无所顾忌，好像在喃喃自语，又好像忘乎所以地抚弄。我们不知道他的思绪飘到了哪里，视界模糊，与诗人一起进入了忘我境地。

倾听这场千年吟哦，就好比经历一次次现场演奏。我们时刻提醒自己，这是另一个时空中的声音，不过是勉为其难地挪到了网络数字时代。我们要尽可能地循着时光之弦回返，踏入那样一个物质和现实的空间，与诗人一起去吹拂千年古风。作为现代人我们很快发现，这风中没有化学的气味。还有，这场演奏的所有信息都记录在纸上，使用了毛笔。今天，它们将要接受数字化处理，储存到一张小小的芯片中。至此，宽阔的历史和繁琐的古代、另一个时空的现实，连同无数细节、短促和冗长、低沉和激越，经过现代科技不可思议的压缩，化为一张若有若无的薄片。从象形符号到阿拉伯数字，化实为虚，轻飘到了无痕迹。在时光的深处，似乎什么都没有发生过。不，它发生了，它正在演出一场个人与时代的悲剧。

· 汉语的深处

在苏东坡的诗文中，汉语典籍已经化为有机部分。它们无时不在使用、转化和翻新，所以要用今天的语言便捷顺畅地译出，简直是不可能。其实这是步入汉语纵深地带才有的特征，是牵一发而动全身的中华文明的体现。有时候我们颇费言辞仍不能阐明，只好默默领悟。汉语好比一片海洋、一片莽林，它有边缘、有中心，苏东坡不过是走到了最深处。而我们处于高科技时代，正变得极为匆忙和浮躁。我们今天踏上的路径不过是从汉语的深处走出来，走向不求甚解的边缘，而后失语。我们正在走入全球化的语言平均值，固有的深度和个性都在丢失，或以前所未有的速度衰减。就文学审美而言，这是令人极其悲观和沮丧的。全球化对于艺术，特别是对于语言艺术会有怎样的影响、最终走向何种结局，还需要在行进中慢慢观察。

我们今天所强调和希冀的，不过是让自己具备感受苏东坡辞章的能力。这也是面对所有汉语典籍的一种祈祷。现代读者也许要感叹于蜂拥而至的书山墨海、文字的丛林、铺天而来的信息、各种形式推送的娱乐方式、删繁就简的视听享乐、急不可耐的碎片化选择。摧毁精神味蕾的那些可怕的污脏和俗腻、无法排拒的泡沫的围拢，已经将数字时代的人紧紧包裹。我们的整个身心都在沉没，最后落于怎样不堪的底部，谁都无法回答。这样的一种恐惧是现代才有的，但它的端倪其实从很早以前就已经显露出来。

几百年前，在世界文化艺术中心巴黎，由于各种娱乐形式繁多，书籍形形色色数不胜数，大作家雨果和左拉都遇到了文学和诗即将消亡的质疑。几百年过去了，一切当然没有那样悲观，诗仍然存在，虽然时而低落时而高亢，但一直存在。令人震惊的是一千年之前甚至更早，古人也曾遭逢过类似的质疑。苏东坡在《李氏山房藏书记》一文中写道："自秦汉以来，作者益众，纸与字画日趋于简便，而书益多，世莫不有，然学者益以苟简，何哉？"可见在北宋时期，各种记录形式已经把汉典堆积如山；不仅是文字，还有图像，在当年都极易得到。苏东坡非常忧虑：自秦汉以来，著书的人越来越多，纸张和文字笔画一天天趋于简便，因而书籍也日趋纷繁，读书的人没有哪一个没有书的，然而读书的人却越来越不认真，这是为什么？他接着说到过去："余犹及见老儒先生，自言其少时，欲求《史记》《汉书》而不可得，幸而得之，皆手自书，日夜诵读，惟恐不及。"

苏东坡提到的那些"老儒先生"所做的事情，自己何尝没有经历。在父亲苏洵的催促和要求下，一部《汉书》竟然抄写了两次，后来年纪已经很大了，又再次抄写。可见这是怎样的珍惜典籍，又是怎样的一种学习态度。他谈到眼前的事情："近岁市人转相摹刻诸子百家之书，日传万纸。学者之于书，多且易致如此，其文词学术，当倍蓰于昔人；而后生科举之士，皆束书不观，游谈无根，此又何也？"可见与当今的忧虑多么相似。原来在北宋时期，诸子百家之书已经达到了"日传万纸"的地步，一个人要想得到它们简直太容易了。这种物极必反所导致的结果，就是"束书不观，游谈无根"。

在网络数字时代，我们正享受前所未有的检索和阅读之便，环球信息可在瞬间罗列眼前。对于现代人来说，这当然是空前之惠。但由此而带来的负面作用可想而知，如果想到苏东坡当年的忧惧和警示，就更可以理解。我们正在加速远离和滑脱赖以生存的文明母体，走向边缘和反面，等待我们的恶果又何止于当年十倍。看来现代人的"束书不观"才刚刚开始，他们借助于数字搜索技术，认为一切皆唾手可得。由此以来又何止是"游谈无根"，而直接就是轻浮的过客，是空心人，诗与思、真理与谬误，所有的一切都与我们了无干系。冷漠变为常态，我们成为知识和思想的势利之徒：用则寻，不用则弃。它与我们的情感，更不用说心灵，真的不再有深刻的联系。所以有的人曾自傲地展望未来，说从现在开始进入了"硅时代"，已经没有，也不再需要"大师"了。理由是一切应有尽有，检索方便，不必依赖一个"大师"的头脑。在他们眼里"大师"不过是一间堆积数字资料的仓库，而不是一颗伟大的心灵。

· 曲尽宜重开

到了北宋苏东坡这里，我们会觉得诗词实在已经唱尽，对他和同时代的优秀诗人们来说，那简直是随手可为，拈来皆妙，诗词一路真的走到了尽头。苏东坡化千古为一炉，运用自如，随意组合构造，连通常不可入诗者也被锻成妙句："磨刀向猪羊""平生批敕手"（《送顾子敦奉使河朔》），"西邻椎瓮盎，醉倒猪与鸭。君家大如掌，破屋无遮幂。"（《岐亭五首·四》）"溪边布谷儿，劝我脱破袴。"（《五禽言》）"我有桐马手自提，头尻轩昂腹胁低。"（《秧马歌》）"但寻牛矢觅归路，家在牛栏西复西。"（《被酒独行，遍至子云、威、徽、先觉四黎之舍，三首·一》）"瓦盎深及膝，时复冷暖投。明灯一爪剪，快若鹰辞韛。"（《夜卧濯足》）猪、破屋、破袴、屁股、牛屎、瓦盆洗脚、剪脚指甲等，一概收入诗中。而"磨刀向猪羊"和"批敕手"，皆是当时屠宰行业中的专业术语。"有可以入诗者，有不可以入诗者，惟东坡全不拣择，入手便用，如街谈巷说，鄙俚之言，一经坡手，似神仙点瓦砾为黄金，自有妙处。"（南宋·朱弁《风月堂诗话》）苏东坡自己也说："街谈市语，皆可入诗，但要人熔化耳。"（南宋·周紫芝《竹坡诗话》）古汉语诗词在他这里已经化为绕指柔，作为一种形式，一种音韵，许多时候真的成为一种惯性和常态。后来白话文兴起，有人不断诟病新诗，就因为仍然沉迷于古人，以至于将其当成永远的参照。岂不知那样的一种音韵和色彩已经堆积太多，窠臼太多，只等现代人没完没了地重蹈。

有时候我们面对那些古诗词的仿制与再造，不禁长叹：这样的声色口气已经太多了，它们成山成岭，辉煌璀璨，作为语言艺术的明珠，正泛出永恒的灿烂光色。我们每每将其作为不可更易和超越的范例，已没有多少理由和耐心重拾它们的声腔。这让我们想起新的时刻正在到来，曲尽宜重开。

新诗需要一个新的开始，所以"五四"白话文运动、新诗的产生，只是一种历史的必然。它的起步甚至是可笑和稚拙的，如"拉到内务部西"（胡适《人力车夫》）之类。可是我们最好不要笑，因为任何事物迈出第一步都是难能可贵的。后来西方译诗不断化为汉语白话，西风强劲，终于走到了今天的现代自由诗。但是新诗的未来之路怎样走，仍是悬疑。我们处于两难之境：既返回不到古诗，也放任不到散文。一味模仿西方译诗自非长久之计，因为总不能如此狠绝地割断自己的诗史。就在这样疑虑和困难的时刻，我们一遍又一遍看苏东坡。结果是倍加困惑，因为苏东坡当年也面临了类似的窘迫：时至北宋，无比丰厚完美的吟哦已经堵塞所有的路径，既无法超越也无法回避。

天才的苏东坡如何应对？我们看到他正以百倍的自由、十倍的放松，再加上非同一般的谦卑，永不气馁地尝试下去。他拆解，熔炼，把传统变为流质，而不是作为硬块去吞食。他以前所未有的面貌出现在世人面前，引起阵阵诧异。

宋代之后，诗词不过尔尔，一路下来产生了小说和散文。就因为有了《诗经》《楚辞》、唐诗宋词，这巨隆的积累将诗路堵塞得好紧，人们徘徊，积蓄勇气，只不知另一场盛大的演奏何时到来。我们有时觉得苏东坡就是一个集大成者、一位终结者。他是词的创新者，而后又有辛弃疾和陆游。或者苏诗成就离前人还有距离，但是苏陆辛三位大师已经把词写尽了。如此一来，诗词相加，几无他路，现代人走到了最困窘的时候。我们取来苏东坡这样的大游戏者诸多方法，试着像他一样顽皮、贪婪、不拘一格，像他一样冲腾和跌宕，并有类似的勇气或加倍的悍气，能够实现一次突围吗？

问题是我们面临了一个数字时代，这片光阴里还会产生苏东坡那样的生命吗？即便是那样的生命，还会得到他那样的舞台吗？

无论如何苏东坡都是一桩个案、一个千载难逢的宝物。让我们好好收藏他、爱护他，以便能够让其永远地陪伴我们。在数字时代一阵猛似一阵的疾风骤雨之中，他是一位可以信赖的兄长。我们紧紧盯住他的背影，最好能一直望其项背。

第七讲　迷　宫

- 最可引鉴的标本

纵观诗人一生，实在是凝聚了太多的奥秘，这是一个艰困苦难、起伏动荡、遭受各种幸运与不幸、从至黑到至亮及无数复杂元素组成的五彩斑驳、一个得到充分表达的集大成的生命。我们今天评判那个时代的人与事，不能迁就和依赖已经形成的所谓"共识"。一个时代有一个时代的标准，超越时代局限应是题中应有之义。我们需要进一步做出辨析，作为一个思想家、文学家乃至于政治家，他的真实情境和真实表达是怎样的，哪一部分属于过去，哪一部分属于未来。我们会发现，这样的生命可以作为不可多得的"试纸"，一经它的测试，即可知道时代和人的性质与状况。

他之盛名，使其成为千年文化艺术史中不可绕开的显赫存在。从现代传播学的角度，可以说苏东坡满足了一切广泛流传的条件，其经历的传奇色彩、朝廷与民间的诸多人事纠葛、妙文诗话及种种趣闻，所有这一切都很容易得到大面积关注。口耳相传，书面正史，庄谐不拘。作为一个人的标本，他实在太具体太生动，信息密集，远超同时代的其他人。我们还很难找出一个比他更富有谈资的人；找不到一个命运大起大落如他、留下周备而繁密的文字如他、民间与庙堂的声望如他。一部艺术与思想的档案、社会档案与生活档案，就由他自己无数的文字，也由口碑和正史共同记录下来。他的一生行迹、为人为仕之经验得失、诗意表达及其他，一切尽在其中。他所置身的环境、社会风云的交集、人性如此险恶又如此仁善和美好，都一一展现并得到了详尽标注。围绕他的一生可以逐条梳理、不厌其详地剖析下去。人的才华与辛劳、勤奋和卓绝、忌恨和宽容、忍让和顽韧、宠爱和不幸，更有超人一等的才能与志趣，都在他这里得到了生动细致的呈现。

作为一个历史的文化的社会的艺术的标本，当然各有侧重；不同的人与事也具有不可替代性。关于苏东坡的文字体量实在庞大，研究者可以面对的东西太多，这就使现代人苦于时过境迁的隔膜、缺少史料援引的窘境，在很大程度上得以避免或缓解。相反，我们面对的是过度的解释，是在过于枝蔓和芜杂的文字丛林中迷失的危险。的确，近千年来围绕诗人的言说太多了，引申和想象太多了，有各种各样的解读、高论以至于共识。在诗人那种亦庄亦谐、幽默而诡谲的口吻里，许多时候我们不得不换一种眼光去读取，不得不在纵横交织、泡沫飞溅的水流之下去触探底部。类似的工作在其他文化人物身上尽管也在所难免，但艰难繁琐的程度却有不同。

苏东坡是一个深邃晦涩的人，也是一个天真烂漫、切近可亲的人，这本身就是一个矛盾。我们可以从堆积在时间里的应接不暇的赞叹和欣喜中，从愈是接近现代就愈是被广泛接受的一个天才人物的角度来看取，在这种普遍的"同时"和"一概而论"中，在"千人一面""万众一词"的描述中,发现我们个人的探索。"一生忧患萃残年,心似惊蚕未易眠。海上偶来期汗漫,苇间犹得见延缘。良医自要经三折,老将何妨败两甄。收取桑榆种梨枣,祝君眉寿似增川。"(《次韵郑介夫二首·二》)我们关于诗人的历史、文化和艺术的甄判,是否算得上一个"良医"?是否经过"三折"之苦?如果没有,那我们又如何进入这样一种复杂和纠缠的过程?这正是我们怀疑自己的缘由。

诗人一生忧患,"心似惊蚕",这里似乎没有一点日久功圆的欣悦感和自豪感,有的只是一种战战兢兢的残年心态。"收取桑榆种梨枣",这是我们面对的一个饱经沧桑老人的自我设计、自己对晚境的准备。当经历了漫长的穿越和攀援之后,回报旅人的可能不是前面的光亮,也不尽是清晰的路径,而更有可能是晚霞映照的荒芜,是在一种投宿休憩的心情催促之下,不得不迈出的迟疑的脚步。

• 私语的世界

我们读诗人的文字,或畅快或抑郁,或不知所之;有时候能够感同身受,更多的时候是披览枝蔓、苦苦寻索,尽力还原那样的一种场景和心境。这里面潜藏和保存了许多私语。这些诗赋和其他文字一开始流传在挚友亲朋中,后来因为各种原因溢出了私语的范畴,对诗人造成了极大的不可补救的伤痛。事实上在写作和抒发的文字生涯中,很少有人能够处理好"公"与"私"的问题,二者界限时常模糊。在二十世纪六七十年代的流行语中,有一句"说说笑笑里有阶级斗争"，这样说其实也并没有什么夸张，只不过是特殊时期的极端化认识而已。人的私语中保存有更多的真实和隐秘，这无论在古代或现代都不会是一个难以理解的问题。于是到了某个特别时刻，因为一部分人和一些集团的需要，将有更多的言论被视为证据而存在。这当然是极为痛苦的社会与人生。

苏东坡的私语果然在后来被严厉追缴，它们得以汇集，从一些偏僻的旮旯里被发掘出来，然后一并呈到乌台御史手中。一场严酷的文字狱就这样展开了。可见要想罗织罪名总有很多办法，在中国封建集权社会里，诗词文字一再成为最好的物证：它们有时浪漫虚指而非实指，有时一句多义，这些特征正好可以得到无限放大和分析，此刻的解释权已经不在作者手中。

苏东坡很快从乌台遭遇中认识到，一个人一旦失去私语的空间，也就跌落到极悲之境。"饮中真味老更浓，醉里狂言醒可怕。闭门谢客对妻子，倒冠落佩从嘲骂。"（《定惠院寓居月夜偶出》）这是诗人初到贬谪之地黄州，没有住处，不得不寓居一个小小的定惠院，月夜悄悄出门时写下的句子。诗人好像刚刚经过了一场醉酒，醒来后对另一个时刻里写下的所谓"狂言"，感到了深深的惧怕。余下的日子只能闭门谢客，与妻子枯坐，忍受外面的各种嘲骂。这种后怕一再浮现，他在《与陈朝请》中告诉友人："某自窜逐以来，不复作诗与文字。所谕四望起废，固宿志所愿，但多难畏人，遂不敢尔。其中虽无所云，而好事者巧以酝酿，便生出无穷事也。"这种忧恐对一个大难不死的人来说，对一个因文字而生祸端、几近不可挽救之境的人来说，是完全可以理解的。"记文固愿挂名，岂复以鄙拙为解。但得罪以来，未尝敢作文字。"（《与滕达道》）不敢提笔，久而久之未免手痒，诗人最后仍然还要摸起那支惹祸的笔。因为很难将一支生花妙笔永远收入袖中，这对一个天生需要抒发、需要以文字表白心迹的诗人而言，实在等同于呼吸，不然则无异于窒息。

人的这个基本权利被剥夺，即是非人的世界。在苏东坡当年，那些毫无创造力的低能儿，那些聚集的人渣，在构陷与置人死地方面总是显出很大的"活力"。这个"活力"其实不过是垂死之力，它消灭青春，导致死亡。

这个时期的诗人几乎没有感到什么是安全的，只要来自笔墨，就会引起战栗。他最乐于书写的云月星河、烟雨孤鸿、清风竹影、松涧幽芳，是否应该成为禁忌，他都开始怀疑。"明月如霜，好风如水，清景无限"（《永乐遇·彭城夜宿燕子楼》），人在月下漫步，在绿丛中行走，却要咽下诸多慨叹；"小舟浮鸭绿，大杓泻鹅黄"（《乘舟过贾收水阁，收不在，见其子三首·二》）、"照日深红暖见鱼，连村绿暗晚藏乌"（《浣溪沙·照日深红暖见鱼》），还有布谷鸟的劝耕声、络丝娘的娇语声、古柳下传来的吆喝声。有日光，有鸟鸣，有载舟的水，饮用的水，远近奔流的水，它们都一概不得出现在笔下。这又该如何生活，这样的日子等于自我囚禁，是永远不得终结的囚徒岁月。

苏东坡通常被公认为"乐天派"，是一个能够苦中寻乐的人。这主要来自他的诗文印象。其实这些文字有一大部分是正话反说。对于他而言，这不过是一种自我引导，是强调和鼓励，以求得解脱。就像一个不愿意窒息的人，总要千方百计地寻找缝隙呼吸一样。诗人在许多时候是不愿接受同情的，也不愿苟延残喘。"酸酒如薤汤，甜酒如蜜汁。三年黄州城，饮酒但饮湿。我如更拣择，一醉岂易得。"

（《岐亭五首·四》）这话说得太直白太实在了，这样的环境下哪怕稍有讲究，想要一醉都是不可能的：无论是酸酒还是甜酒，它们都是酒，"饮酒但饮湿"，如此而已。一个戴罪之身贬到了黄州，如果还不自觉，还不能将就，那就太愚蠢了。他内心里始终活着一个达观的灵魂，时而夸大其乐，兴味盎然。"寓居去江干无十步，风涛烟雨，晓夕百变，江南诸山，在几席上，此幸未始有也。虽有窘乏之忧，顾亦布褐藜藿而已。"（《与司马温公》）自我引导是重要的，一味呻吟不但于事无补，反而会有极大的副作用。

苏东坡对于"苦"的诉说是极为克制的，有时候不过是一种人生策略，尤其是对上的一种策略。比如说他到贬谪之地，特别是最后到了至苦的海南，写给皇上的谢表就是最好的例子。这时苏东坡一改轻松和欢乐姿态："而臣孤老无托，瘴疠交攻。子孙恸哭于江边，已为死别；魑魅逢迎于海外，宁许生还。"（《到昌化军谢表》）这里将惨景与可怜心态表露无遗，似乎没有夸大，虽然不合一贯的及时解脱、化腐朽为神奇、变逆境为常境的苏氏常态。他在狱中写给弟弟的诗、与友人谈到儋州近况的诗，都有这一类倾向。乐天，许多时候正是苦极的一种表达，是对付绝望之方。

我们对于苏东坡的客观境遇、更包括他日常心情的判断，切不可仅仅依据几行文字、几首酬唱做出。也就是说，他之"乐"不可全信，他的达观与畅然，也不过是一种理性的展望和期许。人生在世苦是自不待言，待言的往往是"乐"。"乐天派"的称谓既不能照搬，也不要简单否定。因为我们能够寻到的证明大抵只是他的文字，是来自他个人心灵的"孤证"，更多的证据还在他的实际境遇之中。同是诗人，处理绝望之方，在他这里与杜甫正好相反，杜甫是叫喊的，而东坡是藏匿的。因为苏东坡的性情和经历使之如此。他好像更为自尊，在表达苦境时，常常使用自己可以接受的、不那么凄凉可怜的方式。于是，我们完全按照其自我塑造去理解还嫌不够。他写给亲朋好友的信中，有时候难免写出真实，那时常有一个字：苦。

真正顽强的人不愿叫苦连天，除非是实在无法忍受下去的特殊时刻。比如初到儋州时，诗人写道："某到贬所半年，凡百粗遭，更不能细说，大略只似灵隐、天竺和尚退院后，却住一个小村院子，折足铛中，罨糙米饭便吃，便过一生也得。其余，瘴疠病人。北方何尝不病，是病皆死得人，何必瘴气。但苦无医药。"又说："京师国医手里死汉尤多。"他嘱咐挚友："故人相知者，即以此语之，余人不足与道也。未会合间，千万为道自爱。"(《与参寥子》)"又海南连岁不熟，饮食百物艰难，及泉、广海舶绝不至，药物鲊酱等皆无，厄穷至此，委命而已。"又说："老人与过子相对，如两苦行僧尔。然胸中亦超然自得，不改其度，知之，免忧。所要志文，但数年不死便作，不食言也。"(《与元老侄孙书》)这里既写出了真实的苦境，又安慰对方，并告诉他身边没有他人，只与小儿子过两相厮守，如一对苦行僧，但仍能超然自得。对方向他索要志文，他依旧答应，但条件是"数年不死便作"。

苏东坡这一次踏上了悲苦的极端。这时候实在需要诗人拿出极端化的创造本领：首先不是创造一首绝妙好诗，而是依靠化解和幻想、一种造梦能力，拓展出一片稍稍宽松安稳、能够遮风避雨的生活。后来果然如此，他与当地的土著们相处融洽，相互接济的人脉环境，他还养了一个忠诚的动物友伴，是一条叫"乌嘴"的大狗。他欣赏儿子的诗章和棋艺，指导他像自己年轻时手抄《汉书》一样抄写

《唐书》:"儿子到此,抄得《唐书》一部,又借《前汉》欲抄。若了此二书,便是穷儿暴富也。呵呵。老拙亦欲为此,而目昏心疲,不能自苦,故乐以此告壮者尔。"(《与程秀才》)他吃土著饭,听黎庶故事,快乐形貌一如往年。

也就在这样的心情和环境下,他拾起笔墨,继续自己的"私语"。

· 煎耗养颓

人生也短,却要接受各种各样的煎磨、消耗,当然也有滋养。或颓败,或生长。这些生活元素,这些生命时段,一点都不会缺少,只是程度不同,人人不得例外。像苏东坡,我们把他的生命里程一一展开,大致可以发现:乌台等经历为"煎";朝廷之大用为"耗";赏读与写作、山水之乐、民间之乐则为"养";而沉迷于物质声色则为"颓"。苏东坡在"煎耗养颓"这四项,最后一项算是最轻的,前面的三项似乎都很重很实。对应这重,如果没有极大的"养",苏东坡的生命力早就"耗"光了,"煎"干了,并且还会更多地滑入颓丧,这会更惨。一百三十夜的乌台会是怎样的煎熬,宫廷内斗不休又是怎样的煎熬,这一切足以灼耗肉躯,熬干所有的生命之汁。

为"器"之人的辛劳、午夜无眠,代拟无穷无尽的公文,还要秉烛夜读,陪伴权贵,随时听诏,这一切都是可怕的"耗"。日夜巡行任职之期为"耗",还有频频来袭的沮丧,都需要强大的自省力、定力与戒力去应对。年岁既大,定戒愈增。苏东坡不仅自己有这样的警醒,更是叮嘱友人:人最终不可以颓败,保持一个界限才好。说到诗人的"养",大多来自亲情友人的火热心肠,也来自大自然,来自他一贯的口福与闲情。"但目前日见可欲而不动心,大是难事。又寻常人失意无聊中,多以声色自遣。定国奇特之人,勿袭此态。"(《与王定国》)这是他在黄州写给好友王定国的肺腑之言,当然出自本人的经验之谈,说得透彻。在这里,他指出"见可欲而不动心"是极难的;一个人失意、惆怅、无聊,就会转向声色,自甘堕落,这是最为不幸的。直到现代,许多人仍然难以走出这样的人生套路,生活中的庸常之辈几乎很难有个例外。所以我们看到那些平庸的影视作品,一旦表现某个人物的绝望和沦落,必定会展示他的纵欲饮酒,陷入声色犬马不能自拔。

大自然蕴藏了最大的美色,沃土上生长出无尽的美味。"先生洗盏酌桂醑,冰盘荐此赪虬珠。似闻江鳐斫玉柱,更洗河豚烹腹腴。我生涉世本为口,一官久已轻莼鲈。"(《四月十一日初食荔枝》)这是初食荔枝之快,后来更加欣畅地说:"日啖荔枝三百颗,不辞长作岭南人。"(《食荔枝二首·一》)这样的满足快乐是真实的,真实地享用,从精神到肉体都是一种大"养"。以此推论,好吃并且勤于动手的苏东坡,仅在饮食一个方面就获益良多。更有那些淳朴的人情、那些深厚的友谊、那些密切的交往,更有自遣的笔墨,它们综合一起带来的快乐有多么盛大,他的人生就得到了多么有力的保障。这一切在险恶交攻之中,虽然算不上一袭刀枪不入的"铁布衫",但起码也是一道韧性的遮罩物。它们一次又一次地使他免受更深的伤害,没有被致命地伤及五脏六腑。"晓日著颜红有晕,春风入髓散无声。人间真一东坡老,与作青州从事名。"(《真一酒并引》)在苦境中既得春风,更得美酒,这一个"东坡老"真是人间处理困境的高手。

诗文中如此表白或许已晚，这不过是一种事后记录。但这毕竟源自长期的自我引导，是留驻下来的心情。所有的讲述都已经是后来了，一切都已发生过。人在匆促的时光中动手要快，落实要紧，许多事情或者容不得多想，而只是依赖某种习惯动作。这种行事方法以及倾向需要漫长的训练，甚至需要一种文明的渊源，家族的渊源。总之它由不同的生命性质所决定，也许并无他法可求。

苏东坡的那些得意之期，比如得以接近大权在握的青年人主神宗，后又得到高太后的青睐，成为年幼的哲宗皇帝的老师。这些日子里，他必定是冲动和兴奋的。尽管这在一个经过了人生大起伏大动荡大波澜的人物来说很快能够克制，但那种一展抱负的雄心肯定要时不时地泛起。做一个"致君尧舜上"的文人、一个诤臣和能臣，许多事情是无可回避的，出于报国和尽忠尽义之心，他必得加倍劳碌。现在我们看到的那些多得惊人的代拟诏诰文字，该费去诗人多少精力。大概这些文字在当时既给他充实和快慰，也让他颇费心思，其中的一大部分是不得不作。因为既是公文，就要有从公之心，难免会极力压抑自己的真性情，把任由心性发挥的元素压缩到最小。这种为天下"最大人家"的笔墨伺候，这种半夜五更的操劳和苦作，这种紫袍遮罩下的清苦官宦生涯，日久之后自然不是一种美差。这种生命的煎熬和消耗是可想而知的，它们与那些贬谪流放而形成的折磨加在一起，正以不同的方式对健康的人生形成前后堵截夹击之势，以至于不得不寻求更多的滋养来弥补。这使我们想象诗人区区六十余年的生命是如何完成、怎样完成的。我们不无惊讶地发现，那些物质的欢愉、情色的娱乐，或因为膏粱厚味，或因为松弛放纵，在舒缓与援助的同时，也常常造成相反的效果。所有这些都不是简单的理性和志愿所能克制的，它们是一种命运，而命运是难以超越的。

· 醉与醒

一个人要出淤泥而不染是极难的，单单表现在两性方面，就有很多话要说。在至苦的黄州与儋州生活之前，苏东坡都遣散了一些女子；身为京官和州守时期往来之筵饮歌妓等。这是时代之风习、官场之风气。一个仕人身为利益集团的一员，难免沉醉于这些场所。好在苏东坡清醒的时刻多于一般政客，能够大力建设，忧国忧民，抵消和冲淡了另一种人生痕迹。记录中，他在徐州抗洪救灾时几过家门而不入："公庐于城上，过家不入，使官吏分堵而守，卒完城以闻。"（《东坡先生墓志铭》）"宜房未筑淮泗满，故道堙灭疮痍存。明年劳苦应更甚，我当畚锸先黧髭。"（《答吕梁仲屯田》）危急中他整个人陷在泥水里，完全不像一名太守。所有这些都深深地感动了当地百姓："父老何自来，花枝袅长红。洗盏拜马前，请寿使君公。前年无使君，鱼鳖化儿童。"（《罢徐州往南京马上走笔寄子由五首·二》）他的一些劳绩不仅见于得志之时，即便是悲苦之期也同样多见。

他的一生有不同的生活、不同的文字、不同的心绪，这些色泽差异很大的记录，都不得不去面对。他的全集中没有收入的文字还有很多，在危险的仕途中被家人或自己毁掉的一些文字也很难统计。就像我们无法与之同历当年的生活细节一样，我们也难以窥见他的全部文字。就现在所看到的一些，仍然有令人烦腻或争议的一类，如"采菱拾翠"(《皂罗特髻·采菱拾翠》)等篇什,有些钟爱诗人者认为是窜入之作,似可理解。但另一些极美极有趣的诗章也不一定出自东坡之手,却被后人收入他的名下。诗人面对痛苦的现世、无法摆脱的个人与民众的苦难,既不忍睹也无力承受,偶尔走入沉醉一途。他复蹈窠臼,因袭套路,后来又化为个人经验,对最好的朋友、同时也是对自己一再叮嘱诫勉。

这似乎与陶渊明是一样的。那个人作为一个大榜样也未可例外,醉的诱惑对许多天才人物都是很大的。让自己暂时沉入梦幻,得以忘却,进入恍惚迷离之境,似乎是一时之选。因为迷醉也是进入另一境界的入口。"持杯月下花前醉,休问荣枯事。此欢能有几人知。对酒逢花不饮、待何时。"(《虞美人·持杯遥劝天边月》)"有道难行不如醉,有口难言不如睡。先生醉卧此石间,万古无人知此意。"(《醉睡者》)这一些文字所传达的思想与意象,都是随意和承袭的,既不难也不高。有一首写酒的词别有意趣:"雪里餐毡例姓苏,使君载酒为回车。天寒酒色转头无。"(《浣溪沙·雪里餐毡例姓苏》)这里写的是西汉的一个好例子,这就是出使匈奴、宁死不屈的苏武。他怀抱旄节,仰望汉廷,从来都是忠义的代表。这个人和诗人都姓苏,真是巧极了。但也就是这样一个人,苏东坡在文中借别人之口说过一段引人注目的趣事。"张云:'苏子卿啮雪啖毡,蹈背出血,无一语少屈,可谓了死生之际矣。然不免为胡妇生子。穷居海上,而况洞房绮疏之下乎!乃知此事不易消除。'众客皆大笑。余爱其语有理,故为录之。"(《记张公规论去欲》)像坚贞不屈如苏武那样的英雄人物,尚在北国得到了异族女子,而且生下了孩子。有人惊叹:这个人为了历练意志,表达忠心,吞过毛毡和雪粉,尚且不能够戒色戒美,更何况常人。在这里,诗人难得一醉、且醉且醒的心态表露无遗。

"醉醒醒醉,凭君会取这滋味。浓斟琥珀香浮蚁。一到愁肠,别有阳春意。须将幕席为天地,歌前起舞花前睡。从他落魄陶陶里。犹胜醒醒,惹得闲憔悴。"(《醉落魄·述怀》)如此述怀,畅明,直言,其艺术情怀与词的出身非常一致,所以苏词既为豪放的代表,也不可忽略别一种情致,而且占有很大的比数。"生前富贵,死后文章,百年瞬息万世忙。夷齐盗跖俱亡羊,不如眼前一醉是非忧乐两都忘。"(《薄薄酒·二》)在《和陶〈饮酒〉·十二》中,诗人再次写道:"人间本儿戏,颠倒略似兹。惟有醉时真,空洞了无疑。"再写:"醉中虽可乐,犹是生灭境。云何得此身,不醉亦不醒。"(《和陶〈饮酒〉·十三》)人生之醉难免,醒后如何认知才是更大的事情。但醉不能代替醒,二者不可互换,醉的痕迹仍然出自醉酒人,仍旧是他所为。可以说苏东坡在这两种状态里都做到极致,但并非无可厚非。

我们当然希望他不醉,或浅醉早醒,但那也过于苛刻了。既非当事,即失去了很多话语权,对人对事不过如此。任何一个人醒时都要面对醉时,都会不安,这痛苦有时无法接受,也就更加颓丧。苏东坡的可贵之处是醉而复醒,然后能有作为、有更好的行动。所以最终他还是作为一个醒者、一个行动者的面貌,得到了人们的认可和赞美。

孔子曰:"刚毅木讷,近仁。"(《论语·子路》)又曰:"巧言令色,鲜矣仁。"(《论语·学而》)这两句话非常重要。苏东坡一生对圣人的这两句话体味犹深:"凡免我于厄者,皆平日可畏人也;挤我于险者,皆异时可喜人也。"(《刚说》)多么惊心,又是多么简明的判断。我们每个人也许常有类似的晓悟,只可惜没有这样清晰的总结。那些挽救和帮助苏东坡于危境之人,都是平时让他感到敬畏的人,与之并无亲密往来,没有过分的接近;而那些落井下石者,却都是平时讨他欢喜的人,与之相处和谐快乐,自己很喜欢这些人。这样的总结大概不会过时,人们常说的"君子之交淡如水",就是各自持守,互不依附,是真正的君子品格。

如果一个人的醉,有时是沉溺于庸俗的友谊,满足于私情和廉价的情感,那么这一定是危险的,实际上是另一种沉沦和麻木。一朝从厄运中惊醒,会发现那些可耻的背叛者,原来竟是平时的亲近密友。巧言令色非自尊者所为,既无自尊,也就不守义理原则,当考验来临的时候,做出怎样的事情都不会令人惊讶。所以在情谊和感受方面,陷入沉醉的迷茫是可怕的。比较起来,酒色之情倒不是最令人恐惧的。人生的碌碌争斗、沉沉浮浮、艰难攀援,日后回视,也实在荒唐无聊。诗人写道:"人伪相加有余怨,天真丧尽无纯诚。徒自取先用极力,谁知所得皆空名。"(《赠陈守道》)这是醒者才能说出的话,当为我们记取。

· **挚爱和敬重喜赏**

苏东坡一生"挚爱"者,有弟弟子由、几位妻妾。"喜赏"者,大致是一些女子、弟子和友人。此外当然还有"敬重"者。像对女子一样,他对一些所谓的"异人",主要还是"喜赏"。"敬重"者除了父亲,还有欧阳修、张方平、司马光、范镇等人。他说欧阳修:"公之生于世,六十有六年。""斯文有传,学者有师,君子有所恃而不恐,小人有所畏而不为。"(《祭欧阳文忠公文》)他说张方平："我晚闻道，困于垢尘。每从公谈，弃古服新。"(《祭张文定公》)三种不同的情分与姿态，其中当然深有原因。对人的敬重并不由世俗地位所决定，比如诗人对一些道士、逸友、高人、同僚等。这三种情分之中，"挚爱"和"敬重"是最重要的，应置于最高处。"挚爱"一般来说有血缘关系，或深刻的肌肤之亲；而"喜赏"者则是可爱的、难舍的，他们当然不仅是女子，比如分别大苏东坡四十六岁及大四十二岁的张子野和刁景纯。他在《赠张刁二老》的诗中写道："两邦山水未凄凉，二老风流总健强。共成一百七十岁，各饮三万六千觞。藏春坞里莺花闹，仁寿桥边日月长。惟有诗人被磨折，金钗零落不成行。"类似的"喜赏"，还有他的几位弟子比如黄庭坚、秦观等人。

令人喜欢和欣赏，必有动人可观处，需要一定的人生及见识分量，不是其他可以取代。亲情大都无可替代，"喜赏"则是一路的遭逢者，比如对人、对山水景物、对海南那只可爱的动物乌嘴等。"敬重"往往是一生最难得的关系，需要极特别的对象，他们大致是恩人和师长，是对人生有大启悟的那一类人。我们可以说苏东坡一生挚爱和依赖的就是弟弟子由，他们互答了那么多诗文，一有机会就走到一起，难分难舍。诗人生死关头托付于他，绝望之时倾诉于他。我们很难想象没有子由，苏东坡会有多大的人生遗憾甚至苦痛；而兄长的早逝，对于子由又是多么大的痛惜。他们二人性情有别、文风不同，就人生道路的选择上看，苏东坡的所有行为子由未必完全赞同。他们除了少见的几篇诗文表达了对物事的不同意见之外，其他的争执和所谓的"和而不同"，还没有多少记录。我们觉得，一生只娶一位女子、终生与之相伴的子由，对苏东坡身边常常出现的那些皓齿明眸，大概不会苟同和赞许；但子由一生真挚地牵挂他、爱他，也敬重他。子由跟随兄长的脚步，从幼时玩耍到北上科举，再到后来的风雨仕途，特别是朝廷上的那些攻防抗争，两人总是荣辱与共、同进同退。当兄长有了生死之虞的关键时刻，弟弟愿意以自己的官职去换取他生之希望。关于兄弟二人，值得大书特书的方面太多了，这让我们珍存。作为生命中最值得珍惜的元素，它们留在记忆中、留在后人心中。

苏东坡钟情的除了两位妻子，还有聪明可人的朝云，耳鬓厮磨，相知相偕。我们可以想象没有朝云陪伴的日子，苏东坡就像一棵半枯的树，只有一个侧面保持了生机，虽仍可冒发油绿的枝叶，迎向阳光和星月，但另一面的枯槁却不忍卒读。生命中的另一面、另一半已经死亡，却又生出别一种生命奇观。我们如果追究它的成因和后果，都会受到感动，其中的情分不可以简单地量化，而只可以感受。这样的情分其实是无可创造和复制的，它们好像天生如此。这里既包含了"喜赏"又超越了"喜赏"，两个生命没有间隙、没有提防、几欲忘我，所以只能用"挚爱"两个字去加以概括。在艰难的人生旅程上，这两个字不得不放在"敬重"和"喜赏"的前面，成为最重要的部分而存在。

・双陪之说

"吾上可以陪玉皇大帝，下可以陪卑田院乞儿"，这个说辞流传甚广，成为理解苏东坡的不刊之论，好像已然成为诗人自我人格情怀最通俗最有力的概括、最动人的自我鉴定。实际上这句话包含了太过复杂的内容，并非那么直观浅近，仔细看来也许还透出一点点轻狂和自夸，当然也有自我期待的成分。作为戏言观之可以，引为确论则多有不当。他在这里其实不敢说出的是"皇帝"二字，只好以"玉皇"代之。这一更替是大有深意在的，岂不知失之毫厘差之千里，因为这里的"玉皇"一定类似于西方的"上帝"，是天地之主宰，怎么可以轻言陪伴。

苏东坡是一个见过大世面的人，这就使他不自觉地在世俗生活中陷入一种混淆，不小心就跨越了一些大的界限。这时候苏东坡的谦卑是缺少或者说是没有的，让人觉得自视过高。那些救济院里乞讨的"乞儿"和"玉皇大帝"之间，其实隔开了广瀚无尽的涵纳，是无以言说的极复杂的存在。

苏东坡陪伴皇帝的经历是有过的，但那时的他诚惶诚恐。从古到今，这种陪伴都是一部分人极理想之人生境界，这样的追求其实也透着一种"强势"和自傲。"司马长卿作《大人赋》，武帝览之，飘飘然有凌云之气。"（《书拉杂变》）这种"飘飘然"、这种"凌云之气"，是一幅文人笔墨所赋予的。实际上苏东坡自己也有过这样的纵横笔墨，反过来他讥笑当时的一些学者，说他们"近时学者作拉杂变，便自谓长卿。长卿固不汝嗔，但恐览者渴睡落床难以凌云耳。"他私下嘲笑的这些所谓的擅长笔墨者，只会让那些大读者看了就打瞌睡。而苏东坡还曾经说，"孟子乱儒家""卫青只不过是个奴才""司马迁有两大罪"，说杜甫有些诗句简直就是"村陋"、李白伤于"易"，即简单，并说："唐无文章，惟韩退之《送李愿归盘谷》一篇而已。平生愿效此作一篇，每执笔辄罢，因自笑曰：'不若且放教退之独步'。"(《跋退之送李愿序》)可见他是足够自傲的,用恃才傲物评价也并不过分。蔡京的儿子蔡絛所著《铁围山丛谈》中写道:"东坡公元祐时既登禁林,以高才狎侮诸公卿,率有标目殆遍也。"可见这样说不完全是危言耸听。能够把大话说得响亮,比如"双陪"之语,可以想象这需要多大的人生本钱、多丰厚的书卷知识以及其他资格。

实际上苏东坡一生最主要的交往者和陪伴者,也还是达官贵人与文人,更多的还有一些趣人。他与平民的交往是被大大渲染过的,而且许多时候都是在人生的困境中才发生。所以这样的"双陪"说、这样的至高境界,说到底苏东坡是难以抵达的,不过是有强烈的愿望而已。说到底,这是人生的大言,大言可以不惭,也只有苏东坡可以做得到。因为他有精力,有才具,有胸怀,更有尝试和实施的真实愿望。一个没有见过朝廷、没有见过所谓"天颜"的中下层小人物,是不敢说这样的大话的。而一旦说出,必有缘故,但我们也不必当真。

· 再谈应物

庄子的"应物"说,每每为人称赞。今人所谓的"改变不了世界,就改变我们自己",这种想法常常会变成至庸之论,是否准确理解了庄子还很难说。苏东坡的"应物",是作为观者的知心和会心,是对外物的深究和理解,并能够在这个过程中提高自己的气概和气度。一个人终生面对客观世界,不曾屈服于逆境,而是努力从不同的

"物"中获取志趣、经验和力量。这里的"应物",也可以视为与"物"同生共长。凡"物"都有不同的属性,有时需要知而不顺,知而不媚,知而不追,这才是最为重要的。

苏东坡的整部诗文都可以看成"应物"的痕迹。它们写尽了"应物"的过程,但最终结果也并非全都称心如意,与期待和预想尚有很大距离,它们是各种各样的。但即便如此也不必后悔,这需要人的勇气和果决,通常被称之为"知其不可为而为之"。在他的人生遭遇最大危境前后,又何尝不是一次大"应物"。面对与周旋,理解与顺变,主动与被动,都需要一颗"应物"之心。"凭君借取法界观,一洗人间万事非。"(《和子由四首送春》)"借取法界观"说说容易,要做到却是太难了。"明年共看决渠雨,饥饱在我宁关天。谁能伴我田间饮,醉倒惟有支头砖。"(《次韵孔毅甫久旱已而甚雨三首》)他有了自己的一块坡地,一隅田园,似乎真的像陶渊明一样醉酒田间,倒在野地里头枕砖头。他所面对的"物"变了,对应的方法就是那块"支头砖"。然而这块破砖头一旦挪到了宫中,也就成了被抛弃的垃圾。

"然平生为道,专以待外物之变。非意之来,正须理遣耳。"(《与滕达道》)"应物"心始发于道家心,这其实正如鲁迅所说,中国文化之根底全在道教。苏东坡由这里开始,然后走得更远,因为"应物"并非只是看破,而是看破之看破、否定之否定。如果只是"随物赋形,尽水之变"(《书蒲永昇画后》),那倒要简单得多,听上去无比智慧,只是人人难以实行。苏东坡有时向往这种境界,有时也实在觉得自己难以化而为水。只在一种情形下他才真的羡慕这种水:惊涛拍岸,冲向巨石,是滔滔不尽和浩浩荡荡。同样是水,在这里也许露出了真心。这时候的苏东坡看到了"应物"之结果、"应物"之气象。这是另一种气象，是大气象，是最终的完成。

"物非有大小也，自其内而观之，未有不高且大者也。彼挟其高大以临我，则我常眩乱反复，如隙中之观斗，又焉知胜负之所在。是以美恶横生，而忧乐出焉，可不大哀乎！"（《超然台记》）"物"之内外观，世上差别很大，观者之立场之角度似乎决定了一切。人在客观环境中的主动与被动、超然与拘泥，常常在一些变化不测的状态中用以面对"物"、参与"物"。以"物"示人，以人"读"物，是这样一个循环往复的过程。苏东坡的"应物"观，总体上是积极的，因为他基本上还是一个傲岸和自负的人，他没法认输。道家的"应物"观，大致还是没有被他认可，在这方面，他仍然是一个儒者，一生都在努力地恪守儒家之道。

· 孤寂与好奇

人的好奇心越重就越是难以得到满足，也就越是孤寂。孤寂宜独处，而独处却最能够发现和认知，这种发现更容易造成悲伤，于是也就有了更多的自吟，那么许多文字也就产生了。这种好奇心是与生俱来的，永无满足之时，一生的探求也就变得愈加强烈。然而天地广大，一个人终其一生也只能踏足很小的一个边角。苏东坡在熙熙攘攘中、在不断迁徙、应酬与跋涉中，其实是非常孤独的。他试图用诗文表达心灵、沟通心灵，与友人、爱人、亲人，甚至是山水和草木，做心灵倾诉，但最终还要退回到自己的角落，消化咀嚼

315

这一切。

越是好奇者就越是敏感，他们常常需要友伴，又常常形单影只。因为他实在需要更多的时间处理过于复杂的心绪，还有外部的大量信息，需要将不可言说的感悟、诸多的烦恼，独自存贮和处理。这种方式是天才人物最多采用的。这往往是个人的选择，而不全是客观环境迫使其如此。生命的活力之盛，可以让他探究更多，同时也领悟更多，让他不得不面对因此而带来的一切后果。比起一般人，他的一生必须更加专注于自己的心灵，那里有力量，有更可信任的东西，那里就是一切。诗人有无尽的交游，足迹踏遍了沟壑和奇景，大自然的边边角角都印上了他的痕迹。

大寂寞需要大安慰，需要更大的冲决和缓释。他每每发现交流的隔膜，所以这种区隔一旦被稍稍地打通，又会换来极大的快乐甚至狂喜。这一刻的记忆让他永远不得忘却，所以就一再地尝试和寻找。结果就带来更多的、一次又一次新的隔膜，最终那种寂寞感还会覆盖他，让他觉得无以疗救。缓解的方法无非是再一次地尝试，再一次地出发和开始，不断拓展自己的活动范围。他有更多的领略和交游，遇到更多的人、更新的环境，很想看到一个例外，后来果然发生了。但它们只是一个阶段、一个局部。与这样一种生命特质相匹配、相契合的部分，总是难以寻觅，所以这就成为天才的境遇，也是天才的不幸。

生命与生命的相同之处，人们说得太多，但是它们之间的差异却往往很难充分认识。那种差异是无以言喻的，其真相也许令人震惊。我们很愿意在这方面做一个和事佬，去把它们抚平，实际上却难以做到。苏东坡一生都在探询中、寻找中，都在不停地接近一种事物、拆解各种原理,兴趣之大每每令人惊讶。是的,他孤寂,因为他好奇;他好奇,所以他更孤寂。

· 星光和泥土

苏东坡在《夜行观星》中写道:"天高夜气严,列宿森就位。大星光相射,小星闹若沸。天人不相干,嗟彼本何事。世俗强指摘,一一立名字。南箕与北斗,乃是家人器。天亦岂有之,无乃遂自谓。迫观知何如,远想偶有以。茫茫不可晓,使我长叹喟。"他遥对星空的那些向往和猜测,质朴而又超然,这其中的一部分当然是形而上之思。对于诗人来说,它们是熟视无睹的最大神秘。正因为有了高空的星辰,地上人间的奇迹和无测都显得平凡了,有它们的闪烁在,碌碌无为的日常也就不可以抱怨。生命的谦卑最终由此而来,人们必须有一种匍匐于泥土的辛劳和意愿,才可以生存下去。因为人间诸多生命都是渺小的,但渺小者的自强又可以化为人生的星光。在另一首目光向下俯视的诗中,他写道:"春尽苗叶老,耕翻烟雨丛。润随甘泽化,暖作青泥融。始终不我负,力与粪壤同。"(《元修菜并叙》)诗人既仰望星月,又低下头,专心入迷地耕种,这与他人生的榜样陶渊明稍有不同。陶的一生基本是匍匐在地的,而苏东坡则以童目看地,以迷茫之目看天。苏东坡还在观望和尝试,而陶渊明却已经选定了这份田园的职业。那位"采菊东篱下"的田园诗人不再仰望和期盼上天了,苏东坡的目光却始终灵活和机警,这当然与经历的不同有很大关系。一个与朝廷亲近过的人,必将染上一种奇怪的疾病，就像唐代的李白一样。不可为外人道的宫廷隐秘有一些，而个人的隐秘和体会则更多一些。所以他们的身上，也有一些体制高层人物的神秘色彩，这些是讲不清的。

"宫廷"是人造之物中最繁琐的部分，能够从中跳出来看、从上苍的视角回望它，总是极难的。天上的星光，脚下的泥土，这是苏东坡一生的仰俯。他在受尽苦难的黄州，圣旨传来时还是不得不离开，那意味着重登庙堂。这时候他写道："仍传语，江南父老，时与晒渔蓑。"（《满庭芳·归去来兮》）这个时刻的苏东坡还嘱托江南父老，请他们时不时地把那件蓑衣晒一晒，以备归来再用。这是他给自己留下的一条后路。果然所言不虚，最后他还有过不止一次跌宕，不过更为凄惨的境况是，他甚至连重蹈覆辙、再回黄州的希望都破灭了。他要走向风雨更大的蛮夷之地，原来备下的雨蓑空等无望，只好腐烂为泥，这才是至惨之境。就因为这种跌落和不安，这种来自朝廷的捉弄一而再再而三，令他时而醒悟时而迷惑。他向往却不安于耕作田园，始终有更多的幻想，有广阔的宇宙观，牵挂更多更大。他在黄州、惠州、儋州这样的悲苦境遇里，仍能作号唱、怀幽古、叹无常，算是一个奇迹。"我今身世两相违，西流白日东流水。楼中老人日清新，天上岂有痴仙人。三山咫尺不归去，一杯付与罗浮春。"（《寓居合江楼》）"二年流落蛙鱼乡，朝来喜见麦吐芒。东风摇波舞净绿，初日泫露酣娇黄。汪汪春泥已没膝，剡剡秋谷初分秧。谁言万里出无友，见此二美喜欲狂。"（《游博罗香积寺并引》）这都是耕作生活所带来的欢喜，是他足踏大地、仰望星空才有的情怀。舍此一条，苏东坡的人生就狭窄局促了许多，或变得漂浮无根。有土地才有生长，才有安居和填饱口腹；而有星光，才有天外的梦想，后者是他与其他人的不同。

· 为仕之惯性

饱读诗书的文化人,在古代除了入仕之外似乎没有更多的选择。北宋婉约派代表词人柳永,四次求仕四次落第,直到暮年及第,却因为好作艳词,仁宗皇帝说:"且去填词。"就这样断了他的仕途梦。可见作为一个词家,柳永当年的名声实在是太大了,结果落得仕途不展,成为宋代罕见的一名"自由作家"。可见当年苏轼父子在中国为仕的惯性中上路,再自然不过了。苏东坡最初的为仕之路无比顺畅,后半生却不再安宁。我们从他的作品中可以看到,他到后来常疑虑重重,不断涌起离开的冲动,这是可以理解的。不单是一个坎坷无尽的仕途人物,就是一个较为顺遂的官僚,如果处于生命的激越期,说不定也会偶尔泛起这样的冲动。作为一个人,他有更多的志趣,更强的创造力,不会安于封建专制时代刻板的官场生活:这种生活的意义经常被他们怀疑和拷问。越是在个人的寂寥期,这种拷问便越加频繁,引起内心的极度不安。

与为仕之惯性相对立的,往往是耕作田园的期盼,乡野生活经常吸引着他们的目光。苏东坡的一生就尤其如此,无论身处顺境还是逆境,他都不曾忘怀耕耘之乐,这与他的少年经历有关。这是一个自然之子的天然向往,似乎只有广阔无垠的大野、繁茂生长的泥土,才能够安顿一颗舒放而激荡的灵魂。

苏东坡一生在文字当中经常提到的一个人、留下了最多痕迹的,就是晋代诗人陶渊明。陶渊明的生命轨迹留在诗文里，引起了苏东坡心底的回响。苏东坡几乎唱和了陶渊明的所有诗章，以此来抒发自己的心情。他和陶渊明的人生经历差异太大，无法复制对方，只能隔开时间的长河向对方致以深深的敬礼，想象着那种生活，就像面对一个近在咫尺的挚友：共同饮酒，共话桑麻。这样一种向往和想象给了他极大的滋养，尤其在仕途坎坷之时，这种想象就愈加频繁。苏东坡最痛苦的是不能像陶渊明那样，做一个"漫绕东篱嗅落英"（《章质夫送酒六壶，书至而酒不达，戏作小诗问之》）的逍遥人物，不能自在快意地侍弄稼禾，荷锄而归。尽管他后来谪居黄州时曾经有过三年多的躬耕经历，但田园生活最终还是没能延续下去，只算一次稍长的体验。这给他的人生留下了很大的遗憾。有时东坡一厢情愿地把陶渊明想象成一个自主自为的人：愿意为仕则为仕，不高兴了则可以弃官而去。实际上真实的陶渊明并非如此，他大致还是因为无法行进于仕途才回到了田垄；稍微不同的是，他在后半生终于能够经营自己的田园，苏东坡却一次又一次被催逼上路，折返于仕途。

尽管为仕之路遍布荆棘，波诡云谲，险恶无比，终究也还是要踏向这条道路，这才是诗人的不幸。真实的情形是，当年陶渊明的田园生活也没有获得一个圆满结果，由于各种原因，最后还是在贫病交加之中倒在了土地上。但是苏东坡似乎不愿正视这个结局。人生之多艰，在一个厮守田园和一个不得不跟跄于仕途这二者身上，得到了同一种印证。这真是关于生命的一个残酷注解。

苏东坡不得不奔走于仕途，好比纠缠于一座迷宫之中。他想突围出走，并有过一次侥幸脱身。他跌跌撞撞，循环往复，寻找出口，可最终踏上的还是一条条回路。他摸索、询问、探究，总也无法走出和远离。他在这迷宫中看不到蓝天星月，更望不到远阔的地平线。难以摆脱的折磨和焦虑控制了整个身心。这座迷宫的入口不仅是父亲苏洵将他引入，也不全是家族传统为他设定，而是源于一种更深刻的牵拉和推动，是一种官本位文化的诱惑之力。

一个生命从诞生之日起就开始汲取知识，贮备能量，而后就是专心做一件事：为仕。儒家文化的着力点就是"达则兼济天下，穷则独善其身"，"达"是储备丰盈的生命状态，是获得力量；"兼济"是发力，是人生的大指向。"万般皆下品，唯有读书高"，其高点就是为仕，没有比作为一个社会管理者更能够体现人生价值的了。儒家学派的始祖孔子为了实施自己的治世宏图，坐着木车四处奔走，饱受磨难，世俗荣辱在所不计。他甚至萌生"道不行，乘桴浮于海"（《论语·公冶长》）的念头，竟然要到海外去实现自己的政治理想，这是何等远大坚卓的决心。有了这样一位永恒的榜样，天下读书人选择怎样的路径也就可想而知了。儒家思想之伟大之褊狭，都在同一个榜样之中：形式上的通俗易懂和内涵上的晦涩复杂，形成了鲜明的对比和极大的张力。怎样入仕，路径如何，更有漫长的人生考验，一切都囊括其中。

从踏向入口的第一步就算进入迷宫，通常要耗上一个读书人终生的时光和心血。比较起来，起步还算较为容易的阶段，最后才会来到倍加艰难和饱受摧残的时光。选择无处不在，有时稍微偏离半步，即跌入万劫不复的深渊。那是一个无以疗救的人生，是迷宫中最为险恶的一个个陷阱，它由繁华、尊贵和荣耀变为下贱、可怜，变为苟且，以至于乞求，成为卑微的生命。入仕的惯性，似乎在中国表现得尤为明显。在这片土地上，仿佛只要能够进入仕途，就算抓住了人生的根本。这真是一个不可救药的认知。为求仕而求仕，最终走入粗卑的职业选择；辗转于这座迷宫里的人物，会扔掉最后一丝严整肃穆的心情，为了延续自己世俗的生存，也只好变为寄生一族。逐利逐贪，实为尘世小人。封建专制国家之文化表现在人生观上，就是可怜的"官本位"。"学而优则仕"成为常理，而"仕而优则学"却极少谈到。"自我"与"仁心"并重才是难得的读书人，只可惜百无一例。能否始终向学求真，是衡量真假文化人的试金石。

"轼自省事，便欲一见范文正公，而终不可得。观其遗迹，至于泫然。人之云亡，邦国殄瘁，可不哀哉！"（《跋范文正公帖》）苏东坡在少年时代就对仕中翘楚如范仲淹、富弼、韩琦、欧阳修等极为崇敬，发誓要做这样的人物。也就是这种铿锵誓言，引他走向了迷宫的入口。他勤勉为政，心怀理想，而且始终求真向学，不想被难以摆脱的厄运毁掉一切，直到最后仍旧心存幻想，只求一窥真容。苏轼的一生，实际上是天才人物怎样被官场黑暗笼罩的一部历史，是被禁锢和中止了的人间自由书。我们在翻阅他浩瀚的诗文时，有时为其灿烂广博而惊叹，有时又会陷入忍不住的幻想：如果歌者能够解脱拘束和羁绊，成为一个任意飞翔的灵魂，该留下多么丰厚的人文资产，又会焕发出多么强盛的创造力。

可惜一切只是想象。他在入仕和自由创造之间徘徊，终究陷入两难。他沉浸于自己的理想，曾经那么激越和投入，被一个又一个政治人物所激励，引他们为楷模。即便在这种正气凛然的时刻，也还是难忘另一种盼念：收集自己的一片浪漫和激情，即那些吟唱，那些诗句和文章。所有这些自娱的文字、记录的文字、想象和沉淀

的文字，都指向了另一个方向，成为这一生旋转不停的离心力。他要借此摆脱："我欲乘风归去。"(《水调歌头·明月几时有》)

他要飞向哪里，自己也不知道。就是这种惶惑，这种沉浸，使他留下了五彩斑斓的文字，同时也留下了诸多遗憾。我们能够从中感受到一股顽韧的力量对他的牵拉，即那个强大的传统的束缚。他最终未能飞离，未能走向屈原和陶渊明的人生轨道，仍然留在了迷宫里。

他是一个深陷迷宫的歌者，一个被强力紧紧扼住喉咙的歌者。

·世间不复清静地

当年的苏东坡还曾拥有一些特别的时光，住寺庙，吃斋饭，享受另一种清淡之乐。"食罢茶瓯未要深，清风一榻抵千金。腹摇鼻息庭花落，还尽平生未足心。"(《佛日山荣长老方丈五绝·四》)这种清净地在当时还是颇有一些的，而今已不可得。商业时代红尘万丈，席卷一切，再没有一个角落可以藏身，已经没有什么世外。到处人流涌动，喧声盈耳。物质主义和娱乐化时代的狂涛淹没了每一寸土地。现在哪里还能够找到当年那种与苏东坡深谈的和尚？他们又在哪里修持？不得而知。我们只看到招摇过市的某些可疑人士，这些人虽然不着世俗装，却做一些铜臭事。真正的道场不再，真正的玄人已无遁处。

苏东坡的沉寂心情，会在一些特别的角落得到滋养和回应，这对他实在是太重要了。其实无论是谁，都需要这样的寂地，这是人生的另一种喘息和舒缓之处,是一些风致特异的站点和路口。可惜如今清苦不再,沉寂不再。我们可以想象当代寺庙人的辛苦:每天要在人流退潮之后,打扫一日狼藉、满地红尘。这里还如何专修和静悟? 苏东坡在极度的繁忙之余、于游离之中,尚有此地可寻,驻足一刻,也实在难得。就此来说他是幸运的。其实真要毁掉佛与道,不是毁其庙宇,而是用世俗之潮去淹没,淹没每一个心之角落。这样的静地在现代也不是绝对没有,它们可能在高原地带的某一片山野,在那些没有现代交通工具极为偏僻的地方。但是它们因为格外贫瘠和艰辛,一定很难进入。一些时髦人士还在不断地搜寻它们,偶尔发现一地,便大呼小叫,拍成影像,四处传播。于是很快劫掠来到,一部分人因此而逃得更远。有一些现代猎手也就进一步追逐,他们有猎犬一样灵敏的嗅觉,手中的摄像工具和录音工具就是武器。他们把一切个人的领地、把各种各样静默修行之所,都看成人世间最大的怪异和稀罕。这些古董一经他们发现,就要反复摸索直到弄脏,然后再出售转卖。

　　地理空间的丧失,也意味着心理和精神空间的丧失,这几乎没有什么例外。苏东坡作为一个官场人物,他会到这些特异的地方寻找和使用另一种语言,它们在殿堂和世俗街巷里是不能够通用的,而有些心曲,也只有如此才能传达和吐露,获得心灵的快意。他不断地记录这稍稍隐秘的文字,连同自己的心绪;有时不需要语言,只需要静默。在无言的守持中,在两相对峙的那一刻,万千语言所不能表达的复杂意蕴,会像无声的潮水一样在心间漫涨。经历了大喧哗之后,一个生命又复归死一样的沉寂。这里甚至没有虫鸣,连扑地的落叶也没有声音,只有一同谛听,只有天上的星星。月亮出来了，他温柔地抚摸、沉醉。悄悄地离身，害怕踏破这宁静，这荧粉一样的月光，姿影婆娑，身上满是投影。老和尚在后院烹茶，莲池里有小到不能再小的水溅，水边莎草停立了一只红蜻蜓，透明的羽翼闪着幽光。这样的时刻最适合沉湎和回忆，回忆许久的眉山儿时、失去了的母亲的笑容，还有那千山万水之外的火热乡音。遥远的来路连接时下，那些纯稚和温热的过去就是自己的开始。如何从那一端走到了这一端，中间丢失了什么？是否可以取回？是否可以回返？回不去的是岁月，是缓缓的不可阻止的一道道年轮。当后庭的茶味浓烈起来时，他听到了那位僧人压低了的咳嗽声，回身，恍惚觉得自己就是一个僧人。他走进的不是现实，而是自己的前世。

· 多声部

苏东坡的文字和其人生一样，实在有难以概括的芜杂与繁复，仿佛雄浑的和声，复调的鸣奏，是多声部。我们从中可以听到的实在太多，豪放、婉约、深沉、低回、慷慨、灵趣、诙谐、冷幽、火热、险峻，等等。如同人生之多幕和多面，终是诠释不尽的。他所拥有的传奇性、通俗性、深幽和雅致，同时兼具。他审美上给我们的快感不可抗拒，他的起伏与新异，如同诗人自己的亲身经历一样，生死之险、荣辱之期，各种各样的华彩与悲凄乐段相继奏响。他是一个繁杂而单纯的合成体，一个矛盾而和谐的整体。这个生命自然而然地生长，没有刻意装扮，不抹油彩，但走上时光的街区，却有最高的回头率。他在人丛中是如此地光彩夺目。古今来实在少有文人诗人，其不同的人生段落会呈现出这样的复杂斑驳。

人人羡其才华，却没有谁真的敢于接受他的全部、尝试走过与他一样的人生里程。"我少即多难，遭回一生中。百年不易满，寸寸弯强弓。老矣复何言，荣辱今两空。"（《次前韵寄子由》）他对自己的概括是这样的直白而晦涩。稍不理解的是"少即多难"一句，这与诗人给人的印象多少有点不符。何时为少？眉山？科举之路？为仕之初？都不准确。人生的弓弦太重，寸寸难弯，可见他正奋力不屈。在他写诗的时刻，视为不必敷衍的老迈，那么此刻的少时是指走过的一段坎坷不平、生死之路？大荣大辱、所有的一切，终将因为人生之路的尽头而变得从零开始。"生还粗胜虞，早退不如疏。垂死初闻道，平生误信书。"（《广倅萧大夫借前韵见赠，复和答之二首·一》）这里的"初闻道"和"误信书"，不可看得过于具体。智者总是感叹和悔悟自己醒来太晚，实际上这是醉而复醒、一次又一次的重复而已。

回顾自己的一生，诗人也许会觉得在朝廷之上的英武激辩、大词无碍的时刻足见险峻与豪放，而作为流放的谪臣，则算是入林的飞鸟。其实以前的鸣啭只是悬挂在笼子里的歌唱，而后被驱赶到莽野之中，从此就将转遍无数角落，在各色各样的环境里漂泊逗留、啄食和逃离：或独自鸣叫，或追随群声。他将置身于草木昆虫之间，他留恋之处、蜷卧之处，他的忆想和新旧行迹，都被记录下来。于是很少有一个古人像他一样，留下了那么多可循之迹。它们重叠、交织，有时趋向模糊，有时又极为清晰。先是一个深深的义无反顾的方向，后来又是紊乱的脚步、耽搁、疾走，再后来又是长途跋涉。他的行迹淹没在丛林里。在山和水的那一边看，人生渡船还在，可是无桨无篙，空空如也。有时在天幕之外传来一声回响，似乎是熟悉的声音，又好像完全陌生。那是呼喊的声音，是他的弟子、他的同僚、他的乡亲。他在簇拥中出现，不，他孤苦伶仃，一个人走在阡陌小路上。当我们迎向他的时候，他却走向另一个方向，奔向了自己的故友，那就是陶渊明。

两位相隔六百多年的诗人坐在篱笆两边，开始长达十几年的唱和。当他展开自己的行囊，那一卷卷气势磅礴的策论和代拟的诏告散落出来，篱笆的另一边闪烁着怜悯的目光。苏东坡羞愧地收拾起这些泛黄的纸页，开始谈黄州、惠州和儋州，说到亲手烹调出的美味、羹饭、鲜笋和野味。当他提到自己酿造的蜜酒时，篱笆那边的诗友快活地笑起来。他们都是两个老人了，满脸慈祥。可惜这不过是一个短暂的梦境，苏东坡还不能在此久留。催命一般的宣诏又来到身边，他稍稍犹豫，但很快急急启程。这一次还是北上，他的人生仿佛刚刚谢幕，却又再次开始，真有点不可思议。

一幕又一幕，这种命运组合远超虚构，也只有上苍的巨笔才能绘就。纵观那些真正的生命奇观，他们不止一次地升至高潮、峰巅，又突兀地垂落；或者划一道漫长的弧线，或戛然而止，或留下长长的余音，在天宇里回荡。

· 不可套语解东坡

面对一个极其特异、自然而又单纯的天才，今天的人不能用套语、用定制和僵固的言辞去解说。那些千人一面的概括似乎没有全错,也许全都错了。不可以简单而自信地汇合他人成说,于无限重复中将一个活泼跃动的生命固化成某一种形态。苏东坡的本真或本质的部分,会在不断重复中一点点流失。这种貌似准确、取其大端、相互补充和印证,实际上只是一种不过脑的解读,是另一种概念化。正因为苏东坡作为一个文学家,其个人特征太过显著,脍炙人口之处比比皆是,出于自己或他人的记载太多,所以后来人可以毫不费力地汇编一些细节、连缀一些故事,容易且很快可以达成某种共识;类似的见解一再集中,一个标准化的苏东坡也就形成了。人们注意的是他那些万口能诵的所谓佳句,对诗文之外的文字却多有冷落,它们就此被打入另册。对它们如果深入而不是肤浅、周密而不是一掠而过,可能会极有意义。这既是关键的,也是最基本的。对于苏东坡这样一位仁者、官人、诗文家,人们常常会按照心中的模式去塑造,不知不觉间就远离了真人。他一生追求自由,我们却一定要将其按入一个僵固的套路中,只有这样才更放心一些。他在一种现代的拘束中,因为有数字缠绕的藩篱,而且格外强韧繁密,所以也就更加无可逃脱。我们将把今天的苏东坡数字化和网络化,任何一个机智甚至是强悍的历史人物,都难以逃匿天外。

有人说:"苏东坡是一个无可救药的乐天派,一个伟大的人道主义者、一个百姓的朋友、一个大文豪和大书法家、创新的画家、造酒实验家、一个工程师、一个憎恨清教徒主义的人、一个瑜伽修行者佛教徒、巨儒政治家、一个皇帝的秘书、酒仙、厚道的法官,一位在政治上专唱反调的人。"还说他是"一个月夜徘徊者,一个诗人,一个小丑",同时又指出"这还不足以道出苏东坡的全部",这位诗人"比中国其他的诗人更具有多面性,天才的丰富感、变化感和幽默感,智能优异,心灵却又像天真的小孩,这种混合等同于耶稣所谓的蛇的智慧加上鸽子的温文。"(林语堂《苏东坡传》)这样的描述未失其真,也具备了应有的复杂性,但似乎仍旧是单向度的。这些评说以至于成为一时难以超越的天才洞见,笼罩了许多和许久,剩下的也只有这笼罩之下的各种各样的注释了。

钱穆有些话说得更好,他认为苏东坡在艰难的环境中更加显出了人格的伟大,比如在所谓的"三州"功业时期,他的诗都好,可是一旦安逸下来,诗境就时而落入俗套。同时钱穆又指出他的豪情、逸趣,以及比起某些古代诗人的不足,特别让我们注意的有这样一句:"其忠恳不如杜工部。"实际上钱穆这里说的仍然是质朴和心力,这在文学来讲是要命的事情。苏东坡即便在最痛苦的时候,在着力反省和自我追究的时候,也没有达到像陀思妥耶夫斯基一类人物的状态,没有那样震撼人心的追问和探求,特别是强大的罪感。当年他的政敌王安石等人所指斥的苏文近似于古代纵横家的文风,当是一种实际。就是这样雄辩的言辞、覆盖一切的盛词,这样铿锵的节奏,这样一唱三叹的语言的行进,多少抵消和折损了他的中肯。他从小所习惯的那种文章气息,不自觉地变成了一种习气,而任何时候,习气都是应该丢弃的。

人们也许过分看重了机智、技能和不可思议的灵气和才具,倘若一个人万事无不能为,那么许多时候也就浅浅地划过。它们只是在腠理之间游走,而不是深达骨髓的欣快和痛楚。我们只有叹服和惊喜,而少有心灵的战栗。仅限于色泽和风格还不够,而要紧的是生命。连死亡之域都不能阻挡的风趣、机智和幽默,那么世上就没有任何一种力量能够终止它们了。它们是伴随诗人一生的闪亮徽章,是他手中的艺术法宝，更是他人生里程中起到强大作用的一台辅助发动机。它们隆隆旋转，动力十足，支持他延续自己的旅途。这样说不是一种苛求，而是一种辨析，是一种认知和比较。

当我们把目光投向另一端、做另一些寻觅的时候，又会时而记起这个可爱的神奇的天才。在他手下，似乎一切都可以做到最佳。他在政治、军事、文化、宗教、绘画、艺术，甚至在美食、在其他诸多领域，都是不可复现的卓越。除了满足与自豪，我们还需要什么？我们似乎不需要把更宽大的袍子套在他的身上，不需要在一切方面都满足自己的期待。也许更多的发现还在未来，在他的世界中，结论、印象，仍然散落在未知的漫长时间里。

· 大读者

苏东坡不是一般的饱学之士，而是辨析力极强、能够反复从不同角度领会文本的一个大读者。他之大，表现在高度、广度、活化力、联想力、质疑力，表现在与他所处的当代生活紧紧相扣的能力，既能拉近古人，又能接通未来。他与大自然丝丝相接，可以说文中有书，文中有人，处处都是汉语言文明历程中留下的痕迹。正因为如此，古来文字当中，要注解苏东坡是很难的，因为他的文辞虽不古涩难解，但套用和转用的典籍数不胜数，埋藏极深且极自然。所有这些典籍的使用全都是活化的、别有洞悉的，所以稍不留意就会忽略或放过，而更深层的意蕴与表达也就不能尽数领略。他作为一个大读者，读山川，读人类世界，读无数的文字记录，并且随时投入新的创造。他的抒发一发而不可收，是一场又一场大阅读之后的激越和倾吐。当然任何一位大著作家都无一例外地是一个大读者，问题是苏东坡与他人不同，他总是尽可能多地将无数心得记下，很少荒疏，于是终成为一笔极丰厚的精神和艺术财富。我们在现实当中会发现，许多的记录者、创造者所存在的最大缺陷，也往往关涉阅读，因为他们首先不是一个好读者，更不是一个大读者。基本的翻阅在他们那里有时都难以完成，更何况浩瀚的、专注的、重要的、必要进行的阅读功课。他们翻检人文典籍尚且稀稀落落，更何况对大自然这个生命背景的深入探究。阅读即是经历，广义和狭义的阅读终将合为一体，又各自成解。

"吾闻古书法，守骏莫如跛。世俗笔苦骄，众中强鬼骉。钟张忽已远，此语与时左。"（《和子由论书》）"吾书虽不甚佳，然自出新意，不践古人，是一快也。"（《评草书》）"世之小人，书字虽工，而其神情终有睢盱侧媚之态，不知人情随想而见，如韩子所谓窃斧者乎，抑真尔也？然至使人见其书而尤憎之，则其人可知矣。"（《书唐氏六家书后》）诗人这里谈论的是书法，说的是记录和创造的技术及其他。苏东坡似乎蔑视那些所谓的"技术"，在此自谦说自己"不甚佳"，可是又无比骄傲地谈到了自己是最知晓书意的人，因为它们超越了技艺层面，因为真正的大读者是别有洞悉的。他们敏于形而不止于貌，总是能够进入事物的本质，让不同的生命之间发生共振。如果只取其表象皮毛，那么无论是多么曲折繁琐的经历都难以汇集到心灵深处，只是作为印象被记取、被集合，那种拥挤和凌乱是会遮挡认识的。"长洪斗落生跳波，轻舟南下如投梭。水师绝叫凫雁起，乱石一线争磋磨。有如兔走鹰隼落，骏马下注千丈坡。断弦离柱箭脱手，飞电过隙珠翻荷。"（《百步洪二首·一》）多么灵动洒脱的描述，干脆利落，全是不易之词，而且畅顺轻快，使人过目难忘。

这就是我们所熟知的苏东坡，一些在一般文人手中极难收获的妙语，在他来说仿佛全无难碍。辞极丰而最易拣取，意最富可随心纵横。由此可见，苏东坡从文字的结晶到自然的观测，两个途径都走到了极致和娴熟，二者互相援助和映衬，已达到水乳交融的境地。极尽夸张、活化、险绝，简直是无以复加。单纯寻找妙句，它们不可能再有新的超越了。出自古人又未蹈覆辙，因为一切都来自诗人的目击心得，是在那个激越的诗情的高点上一吐心曲，非如此而不能进行，不能真实地传达那种惊奇和狂喜。作为一个大读者，不仅指其学习的广度、厚度以及积累之富，而更是指一双特别的眼睛，尤其是一颗独特的心灵。原来大读者首先是一位天才。

· 知人论世之慎

我们通常的见解，是解诗须知作者，这也是索隐派之意义所在，当然还有其他的意义。不过就单纯直接的目的而言，一旦沿着这条路径走得过远，就会走向反面，对文本造成遮蔽和误解。因为一个懒汉大可以依据所谓的作者之知，一一指认解读其文字。这种学问貌似用心尽力，也似严谨，其实过犹不及，是一条误己误人之路。因为在那些特异的灵魂面前，在那些艺术异才面前，远超个人局限和个人经验、如有神助的情形时而发生，甚至是一种常态。由此所创造的艺术，其解读余地之大、空间之大，应该是所有研究者、审美者首先要知道的。如果索隐成癖，窥视欲代替了审美，也就只剩下对号入座的能力，且要化为一种惯性，成为最不好的一种习气。

苏东坡的全部诗文时时有不可逆料、远超个人现实经历的部分，如果生硬地从他的人生轨迹、从其自身经历中寻索对应，一定会牵强和歪曲到可笑的地步。几乎所有的文字狱都要借助于索隐，这甚至和世上公认的文学研究的传统一样古老，二者有时同根同源，只是在使用目的上大有差异。艺术语言的边界是模糊的，这与学术的表述恰恰相反，前者惧怕厘清，或者无意厘清，要在模糊的感知里传达感知，在无以表述的复杂中言说，所以词语对于真正的语言艺术家既柔软而又短促。他们将粉碎词语的固有长度，让它们变得更驯服、更随意，在作为塑造材料的时候，才可以足够细腻、润滑和柔软。

"诗无达诂"这个说辞，多少道出了文学的实际。但我们要确定地遵循一个原来、一个语义，就会穷尽一切办法寻找它最大的源头，也就是写作者本身。我们从他的来路和去路中、从他沿途的风景中去寻觅答案，某种对应以至于结论是必要发生的。这就是所谓的"知"所带来的局限。这种貌似繁琐甚至是巨量的劳动，恰恰是我们生命中的另一种倦怠和慵懒，是不求甚解的另一面。我们不愿像创造者一样唤醒自己的灵性，不愿让它活跃和飞翔，或者说我们根本没有那样的能力，于是只好转而求其次，做等而下之的事情。"知人"最好的途径莫过于文本，它大于人，笼罩和包裹了全部的人。发生与发生的可能、梦想、幻觉与现实的缘起，尽在其中。所以这时我们看到的人是遥远而切近的，是重重叠映的，是动或静，是无数时刻里的变幻与实在。这时候的"知"才是真正的"知"，才是文与人的统一。它的过程如果是一个反向,弊端也就出现了。现实会压迫我们的想象,事实会覆盖我们的虚构,确定会改写我们的质疑。知的部分是狭窄的,而文本的部分是无限的,以狭窄去取代无限,总是非常危险的。对于那些简单低劣的文字,我们或许可以采取这样的路径,对于一个无所不能如苏东坡者,就万万不可以如此了。所以我们从那些较为简明的关于他的行迹记录,去一一联系其文字,会发现从记叙性质的日记,到那些文字间所透出的奇妙,其一时的放纵和不得已的收敛,都显得更加怪异。我们最后也只好把误解留给世界,留给现实生活的注脚。

  艺术变为这样的从属、这样的衍生品,许多时候是迫不得已。我们如果做一个极端化的设想:苏东坡的文字世界是完全独立的,关于作者的现实记录不着一字,那么我们所面对的文本又该发生怎样有趣的演变? 所有的答案都在文本而不在其他,那么这个世界只会变得更绚丽多彩、更大、更宏富,我们的审美力也将被全部唤醒。

· 轮回和转生

  我们或许会听到一些戏言或非戏言,说到自己的转生或来世。如果有人说自己是苏东坡转生,闻者一定会大惊失色。人们一一列举那些宗教教义,还有其他的幻想,总认为任何一个生命都不可能从世间、从这个世界上简单地了结。他们的消逝只是另一次开始、另一种形式的存在。如果在形式上得到重复的话,那么人就会有转生一说。这有时被斥为荒诞,有时又确信无疑。说到苏东坡,

第七讲 迷 宫

我们难免会将东西方的一些杰出人物加以比附,去寻找他们的相似性。如果真的有转生,且不必有国界限制的话,那么他极有可能是西方的雨果。对照二者之宫廷生涯和政治热情,特别是他们的浪漫多情、能力之大、兴趣之广,倒是多有相似。我们不妨把尤丽叶比成朝云,把雨果的小说和诗等同于苏东坡的古体诗文,虽然有诸多形式上的差异,内质却都是语言艺术。最重要的是,他们统统都是大河式的精神记录者,一样的文字酣畅、一泻千里;他们都有过长长的流亡生活,而且都能在流亡之期享受生活,能够排遣和创造;人们对他们的才华都极为羡慕,却又普遍畏惧他们所遭受的危难和辛苦。至于他们的不同也是显著的,比如东西文化背景,特别是宗教信仰的差异。雨果的深刻追究与忏悔、强烈的罪感,苏东坡这里是不多见的。

记载中苏东坡曾怀疑自己是陶渊明转世,而且还有另一记载:"钱塘西湖寿星寺老僧则廉言:先生作郡倅日,始与参寥子同登方丈,即顾谓参寥曰:'某生平未尝至此,而眼界所视,皆若素所经历者。自此上至忏堂,当有九十二级。'遣人数之,果如其言。即谓参寥子曰:'某前身,山中僧也。今日寺僧,皆吾法属尔。'"(北宋·何薳《春渚纪闻》)他每每疑惑人真的有前生和后世,在最后的日子里,曾经对身边亲人说:"吾生无恶,死必不坠。"可见多少还是相信佛教的轮回观。但在其他记载中,又说苏东坡最后拒绝轮回的认识,相信现实的了结就是最终的了结,作为一个生命就这样走到了尽头。总之他是矛盾的,就像他的一生一样。

我们可以稍稍放纵自己的想象:苏东坡大概不会转生于今世,他一定会留恋自己那个苦难的时代,因为那里有太多朋友,有各种各样的人物相伴,有那样的父辈和师长,尤其有弟弟子由。那时的清澈流水里有河豚,有鲈鱼,特别有月夜之美:"溪风浏浏清"(《南歌子·湖州作》)"时见疏星渡河汉"(《洞仙歌·冰肌玉骨》)"野水清滑溪鱼肥"(《二月十六日,与张李二君游南溪,醉后,相与解衣濯足,因咏韩公〈山石〉之篇,慨然知其所以乐而忘其在数百年之外也。次其韵》)"乌菱白芡不论钱,乱系青菰裹绿盘"(《六月二十七日望湖楼醉书五绝》)。他不仅会怯于数字传媒时代的芜杂,也一定会惧于重重雾霾。

苏东坡对佛说多存矛盾,但又时常对转世说给予采信。他对长生是否定的,却痴迷于炼丹,也曾记下人世间发生的轮回之类,留以备考。"轼亦一岁率常四五梦至西湖上,此殆世俗所谓前缘者。在杭州尝游寿星院,入门便悟曾到,能言其院后堂殿山石处。故诗中尝有'前生已到'之语。"(《答陈师仲主簿书》)这一段记录,我们倒不会怀疑它的真实性,因为诗人完全没有必要做这样的妄语,且让我们与他一起领略一次人生的奇迹。

苏东坡还很相信梦的预兆功能,信神、信祭祀,比如说在登州因"祷于海神广德王之庙"而获得一睹海市的神奇经历,在陕西凤翔为官因祭祀而求得大雨等诸多经历。"前生我已到杭州,到处长如到旧游。"(《和张子野见寄三绝句·过旧游》)这里再次强调他的前生旅迹。"前梦后梦真是一,彼幻此幻非有二。正好长松水流间,更忆前生后生事。"(《王晋卿前生图偈》)"前身本同社,宿业独临边。一悟镜空老,始知圆泽贤。"(《次韵聪上人见寄》)他一再写到这样的悟想,是生命的觉悟还是其他,不得而知。总之时有类似发生,二者掺杂,以至于不得不记。"我本修行人,三世积精炼。中间一念失,受此百年谴。抠衣礼真相,感动泪雨霰。借师锡端泉,洗我绮语砚。"(《南华寺》)苏东坡不止一次说到自己前世是一位修行的僧人,中间因为一念之失,废掉了三世的精炼而谴到了俗世,想到这里他泪如雨下。这是怎样的一种情境,我们也不免感动起来。他之虔诚、真挚,使我们联想到他一生饱受的磨难。

他在极为入世的儒家学说指引下,走过了多么遥远的路程,时而回眸,留恋张望,时而低头思忖。这样的一个生命从少年时期就开始了一场徘徊,它太过遥远,也太过繁琐了。六十余年,南南北北,东海寒风料峭,南洋风雨飘摇,他像一粒尘埃在飓风扫荡中飞舞,没有一刻安稳。这固然可以看成一个仕途失意者的皈依之心,但不可否认的仍然是他质朴而真实的生命感受。他不是简单地走向虚无,不是逃逸,而是进入了对于生命真相的追索和探究。

对于各种各样的灵异现象,现代人并不陌生,我们看到的记录太多,但是更现实的理性逻辑却把它们完全覆盖了。我们所看到的苏东坡的类似文字,不过是沧海一粟而已,而且这又与他浪漫的艺术的缥缈思维掺杂一起,构成了一些特异的风格和情趣。这样的解读也许是一种很大的误解,事物的真相当然远非那么简单。由苏东坡这样一位杰出的人物所记录、所目击、所推测,当别有一番意义值得记取。我们爱苏东坡,有时候也因为他的怪癖,因此就变得更有趣味也更有魅力。我们愿意在实实虚虚的变换中领略一位诗人的风采,可是在许多时候,我们却不能换上另一种思维、在另一种具体和真实面前稍稍驻足,这是十分可惜的。

· 简单而深邃的乌嘴

乌嘴是苏东坡贬谪南海时领养的一条狗。关于它的文字记录不多，但我们知道它是一个简单而纯洁的生命，在一个特别时刻陪伴了一位伟大的诗人。正因为如此，它再也不会被忘记。说到海南，说到苏东坡，人们会指认这样的一个生灵，它多么可爱地陪伴着一个人。它的音容笑貌如在眼前，像主人一样生动到无以复加，而且在这个时刻，它代表了永恒的宿命中"类"的奥秘，向我们昭示了命运的奇迹。苏东坡在那些日子里与它相依为命，同居同食，带着它访友人、听故事，甚至最后北归的时候也带着它，可见二者已经不能分离。我们可以想象在枯寂以至于绝望的南海，他们两相厮守，当乌嘴的心灵窗口即眼睛望向主人，曾给予对方多大的安慰和想象。这个腥风苦雨之地除了儿子苏过，再没有其他亲人，尤其没有一个女性。乌嘴简单而无私的依恋，成为他丰厚的拥有和安慰。作为一个异类，它的眼睛通向无限之辽远，那是另一个未知的神秘世界。

苏东坡亲手记下这样一件奇事：在他获赦北归的路上，有一次来到了一座桥前，乌嘴看看他，竟然没有像主人一样踏上这座桥，而是直接跳到了水里畅游而过。这让苏东坡大为惊愕和喜悦。以乌嘴的领悟力，它这时一定感受到主人北归时的快乐和放松的心情，于是突然就做出了这样顽皮的举动，以表达自己无限烂漫和欣悦之情。苏东坡难忘这一幕，感动之余特意为它写下了诗章。一个人在悲苦之时，往往最能够与永恒的东西接通，就像这样的时刻，人特别需要诗，并能够径直走进诗境一样。这样的对话和交流通常是最难的，也是最容易发生的，是不同生命之间的最大奥秘。生命与生命之间为何交织、为何依赖，他们共同的来处和去处，都值得深长思之。灵性互通之时，往往也是生命最快乐的时候，彼此通过眼睛这个心灵的窗口，可以默默地领受许多。对于苏东坡这个苦难中人，可以由此看到远方，那是一个没有嫉妒和仇恨、没有死亡胁迫、单纯而洁净的世界，各种生命在那里都可以尽情游戏，可以创造。

苏东坡在诗中写到乌嘴："昼驯识宾客，夜悍为门户。知我当北还，掉尾喜欲舞。"读来令人泪下。乌嘴想必是一条土生土长的海南犬，可是当知道主人要离开此地、要到遥远的北方、要渡海而去，竟然狂喜成这样。诗中乌嘴的生存方式，它的性情，都栩栩如生。诗人最后写道："再拜谢恩厚，天不遣言语。何当寄家书，黄耳定乃祖。"(《予来儋耳，得吠狗曰乌觜，甚猛而驯，随予迁合浦，过澄迈，泅而济，路人皆惊，戏为作此诗》)这里说的"黄耳"当有出处："机有骏犬，名曰黄耳，甚爱之。既而羁寓京师，久无家问，笑语犬曰：'我家绝无书信，汝能赍书取消息不？'犬摇尾作声。机乃为书，以竹筒盛之，而系其颈，犬寻路南走，遂至其家，得报还洛。其后因以为常。"(《晋书·陆机传》)在这非同一般的时刻，一条狗和一个人的厮守，他和它的友谊，也许有更多的文字记录就好了，我们只嫌其少而不嫌其多。这时候它远远不是一只宠物，不是它们与现代人的这种关系，而是更丰厚复杂的存在与表达。乌嘴的单纯与质朴，更有忠诚，都自然到了不可以学习的地步。它们不是人类，它们的品质和拥有，已经超越了我们所能理解的范畴。它们由谁创造和派遣，为何而来，为何有一场终生不渝的陪伴，为何因为我们的存在而变得危难重重或幸福无比，就像人类本身的命运一样难解。

在海南的乌嘴身上，我们似乎看到了它负有的使命。当然这只是猜测，或只是一种事实的再现。后来乌嘴没了下文，文字记录戛然而止：区区一首诗就是它全部的生活。没有记录的日子或许算不得生活。可是我们知道有千万个乌嘴散布在世界的各个角落，只是世间再无苏东坡。我们想象和怀念那样的一个生灵，其实它就在现代，就在我们身边。它让我们以另一种称谓呼唤，它们有着简单而崇高的灵魂。

· 大河入海

"苏海"是指苏东坡浩瀚诗文的宽度与广度、其苍茫气象。但我们也可以把他的整个生命看作一条宽阔奔腾的大河：不是渠水，更不是小溪。这条河流时有浊泥卷起，有浮沫，有杂物，有漩涡。如果以为是一道漫漫清流、一碧如镜，未免也过于简单。它由众多小溪汇集，最后终成江河。深度、广度、长度，非一道瀑布之急促，也非一片湖潭可比拟。它运动、汇聚，是宽幅大流。为文四十余年，留下了四千八百多篇文章、两千七百多首诗、三百五十多首词，更有无数的代制诏诰和杂记等，数量高居北宋文学家之冠。一条生命之流竟然能够如此宽大和完整，浩浩荡荡汇入东海。我们该怎样为之命名，还需思忖。这种古诗文浓缩的文体，如果以现代散文或自由诗的体例来表达，至少需要两千余万字，真是不可思议。这条巨河流径之曲折之漫长、入海时的气势，实在壮观之至。它有开始有结束，有各种各样的岸段，蹦漩奔腾、放肆漫流，最终走向了最末一段。这仿佛让我们看到了开敞的入海口，这会儿变得更开阔、更平静。水波荡漾，不再水深浪疾，而大海也暂时没有了激荡的波涛，温柔自如地接纳了它。

在历史记载中，被流放南荒的元祐大臣中，受到惩处最重的就是苏东坡。他在获赦北上之初遇到一个人，这个人便是以直谏闻名的"殿上虎"刘安世，他也是一再遭贬，历遍英州、梅州等七州，处境仅好于东坡。两人当年曾共事中书省，但多有摩擦。经过七年流离，他们在虔州相遇。在刘安世的眼中，归来的东坡"浮华豪习尽去，非昔日子瞻也"。(宋代·邵伯温《邵氏闻见后录》)短短一句，包含了无尽的内容。"浮华豪习"四个字，活画出高居庙廊的诗人形象。在同僚眼里，这个人死里逃生，已经远非当年了。"霜风扫瘴毒，冬日稍清美。年来万事足，所欠惟一死。澹然两无求，滑净空案几。"(《赠郑清叟秀才》)这是诗人最后的心理写照，此时的苏东坡觉得"所欠惟一死"：该做的全都做过，该来临的无非一死。当我们看到一条河流万里跋涉终归大海的时候，意味着大河的死亡吗？不，它是一种特异的谢世方式，或者是再生，是投入。它的确淹没于无形，确凿无疑的是，这正是它的归宿。

穿过千山万壑，离开广袤原野，冲刷拍击，日夜不息奔走跋涉，长达千里万里的旅程，直赴命运。当临近大海的那一刻，如果河流也有思想，那么是归来感还是其他？短短对视之后，它开始平静下来，一路的喧哗没有了，代之以耳语一般的轻声。面对了无垠的碧色，白浪，更深邃的琉璃体。是的，这仍旧是一场归来，是在遥遥呼唤中的一次到达。一路携来的沉重太多了，这时候要如数交还。接纳的心胸是如此宽阔，任何巨流都不再有其他选择。

· 悲剧与正剧

就辛苦人生来说、就一个在物质主义时代辗转的现代人来说,也许我们更喜欢观赏轻松的喜剧。我们不愿观看悲剧,因为它太沉重。我们不忍等待那样的一个结局,所以喜欢在哄然一笑中获取快感,这正是我们所需要的。我们可以接受幽默;比幽默更浅近的滑稽,我们更愿领受。但令人烦恼和无可回避的悲剧,仍然时有发生。如果由社会层面观之,从其他角度观之,苏东坡的一生算得上一出悲剧;如果从一个人的层面和角度观之,这更有可能是一出"正剧"。悲喜交加,庄严而阔大,是一场激荡人心的演出。它淋漓尽致,有时催人泪下,更多的时候却因浩然之气而撼人心扉。主人公是一个不曾屈服的诗的精灵,一位百折不挠的文化英雄,如果仅仅以悲剧视之,还嫌简单。通常悲剧是由一系列情节推向悲惨结局的高潮,而正剧则交织悲喜之日常,突出的是壮烈、开阔和真实,是另一种深长厚重的审美。作为主人公苏东坡,他充满了自身的审视和反思,经历了内在的精神世界的激烈斗争,并于深邃曲折的现实生活中博得了强大的同情与爱、无数世俗的欢乐。

北宋给苏东坡这样的英雄人物提供了一个大舞台,让他演出一场正剧,昭示另一种胜利,完成波澜壮阔的人生。关于他的故事不仅是悲凄,还有深刻的自然与社会的充分展示,是一个极其复杂的、高潮迭起的过程。苏东坡少年聪慧,早得功名,一开始就显示出辉煌灿烂的前程。他既出人意料地得到了朝廷的青睐,取得了万人瞩目的功名,享受了一时荣华,却又跌入始料不及的深渊。再次还朝、再次沦落,一次比一次更悲凄、一次比一次更惨痛。悲苦连接了绝望，绝望又逼近了死亡。他哭泣、歌唱，有时独自喃喃，有时又长啸以待。许多时候他停留下来，想过一段平凡的生活，想喘息，想在山水之间流连，可这一切都未能如愿。从离开眉山故土的那一刻，他就开始了思念。后来是喧哗打断了旧梦，再后来又寻到比故乡更美的地方，比如苏杭那样的至妙、常州一带的宜居。他乡映现故乡，送别复又相逢，亲人逝去，兄弟远离，明眸不在。北归之路上只有一条狗，还有小儿子苏过。

谢幕灯熄，大幕徐徐垂落。长长的余音，躁动和喧哗，一直到现在、到今天。

·走不出的迷宫

拉美之父玻利瓦尔临死前说了这样一句："我怎么才能走出这座迷宫？"苏东坡最后虽然没有留下这样的话，但我们似乎也听到了类似的询问。他的一生行迹就是在这迷宫中辗转、迷惑和痛苦，不得解脱。这座迷宫既是体制，也是文化，是东方特有的那种官场文化和儒家文化。它们强有力地制约了一个人，让他在无法解决的矛盾中陷入无尽的冲突。他关于田园的理想、遁世的想象，都是面对矛盾、解决矛盾的诸多努力。他把走出迷宫的希望更多地寄托在田园生活中，并且一有机会就着手实践，而且在黄州时期一度成为事实。越是到后来，他越是羡慕回到土地上耕耘的陶渊明，只是苦于走不到那人近前，只在想象中不停地以诗唱和。就是这种自我质询和强烈的向往，伴他走到最后。

如果说玻利瓦尔被一个独立的大拉美所吸引，为之奋斗了一生，苏东坡则被"明君"和"盛世"所吸引。他不甘做一个"为万世开太平"的旁观者，而是要倾其所有、为之献身。那个体制的迷宫是人造的，却也曲折无限。这个迷宫尽管狭窄，远不如原野辽阔无尽，却因为积累了无数的繁琐、拥有不测的回环与阴暗，而变得永远无法洞悉无法走穿。他眼中最迷惑和钦羡的那个陶渊明，也曾像他一样，在类似的虚幻中摸索向前，最后找到了一个出口。他觉得自己遇到的是同样的问题，怎样摆脱，竟是一生的困境和纠结。也许在后人眼里，这样的机会是有的，比如历尽辛苦和危难之后，面对朝廷的再次启用，面临着太后的重用，本来是经历炼狱脱胎换骨之人，却又一次被诱惑，还是忍不住北上进京。这个过程中他留下了犹豫不决的文字，却终究无力抗拒，无法改变行迹。这令人深长思之。事实上宫廷的甜味一旦尝过，再要忘掉是很难的。我们可以假设：他在"乌台诗案"之后，如果不受太后之邀，还会有儋州大难吗？一切都是未知。因为迷宫既不可测，其他也就不能假设。

"浮生知几何，仅熟一釜羹。那于俯仰间，用此委曲情。自怜无他肠，偶亦得此生。悬知当去客，中有不亡存。但恐宿缘重，每为习气昏。"（《次丹元姚先生韵二首·一》）宿缘与习气，阻碍和笼罩了一个人，诗人虽然清醒，却难以摆脱。"某仕不知止，临老窜逐，罪垢增积，玷污亲友。"（《答王商彦》）"涉世不已，再罹忧患，但知自哂尔。"（《与陆子厚》）"某垂老再被严谴，皆愚自取，无足言者。事皆已往，譬之坠甑，无可追。"（《与参寥子》）颖智慧悟如苏东坡者，当然一切了然，完全知道自己身在何方，却不敢或不能走向迷宫的出口。

他一生都在期盼和努力，有时做到了，有时又发现一切都是梦境：真实的肉身仍然深陷其中。他一寸一寸向前挪动，直到耗尽整个生命。

2019年6月27日至8月16日初订
2019年10月1日至12月26日再订

整理后记

张炜先生在某次演讲中曾说:"天才们怎样使用时间真是一个谜团。"他为此发出了由衷的感叹。可是在他人看来,张先生四十余年的巨量创作和广泛的阅读、不倦的探索,何尝不能引起同样的好奇。

《斑斓志》是张炜先生几十年古典诗学研究的结果,终于在上半年的七次讲座里交付。这部授课实录整理稿与他以往的同类书稿有所不同,就是更加新异清晰,还有过人的才趣。

千年以来,人们是如此喜爱苏东坡,其机智诙谐、乐观通达、多才多艺和品咂生活的高超本领,令无数人心旷神怡。北宋大文人的诗酒风流在今天这个物质主义时代释放出了更大的魅力,这与其他中国古典诗人相比差异明显:不仅没有因为高古而造成疏远和隔膜,反而引起了越来越多的关注。

在现代读者这里,有一本书是一定要提到的,那就是林语堂先生的《苏东坡传》。它二十世纪初在美国出版,不久即译为中文,至今印刷了不知多少版次,影响无与伦比。

许多当代读者心中都有一个现成的苏东坡。那么张炜先生的《斑斓志》又会告诉我们什么新的内容、言说多少不同的思悟?这太令人期待了。十年来先生讲述过四部古典诗学(《楚辞笔记》《也说李白与杜甫》《陶渊明的遗产》《读诗经》),皆因独辟蹊径、深思别悟和凌厉畅言,给读者带来了"惊艳"。此次所讲仍为传统中的"大经典",而且是"人见人爱"的苏东坡,其难度不知要大出多少。

然而以我的现场感受来说,言他人所不能言或不忍言、不可言,朴素率直、将心比心的诚恳、过人的知性,使人时而激越时而屏息,既痛快淋漓又耳目一新,是本次讲座的最大特点。与解读四部经典不同,那时候张炜先生手无片纸,而这次却携来了一沓厚厚的讲义。整个讲座书面语较重,却又焕发出异样的机趣,更有灼人的热情。毫不夸张地说,这是一次接通千年的幽思,更是一场诗与思的盛宴。

苏东坡丰富曲折的一生分成了七个相对独立的单元。循诗人的生命轨迹寻觅,阡陌纵横迂回逶迤,好像跟定了一个全新的导游。从"不自觉的强势""真伪自由书""一生刑赏"到"从娇客到弃石""直击沦落客""异人三视""煎耗养颓",最后再到"不可套语解东坡""走不出的迷宫",近一百三十个标题,每题都紧扣独思,拨动心弦。

人云亦云易,集合众说易,强词夺理也不难,最难的是令人信服的透彻、近情近性和拨云见日的豁亮。淤滞已久的成见,百口一辞的概念,都在张先生这里被破除。自宋以降,无论士林民间,苏东坡传奇之多色彩之盛,几乎无有出其右者,庶几等同于现在的"网红"。诗人身居庙堂顾盼山林,躬耕田园遥望宫阙,通常被视作儒释道互补的人物。张炜先生就此论道:"苏东坡并不是那种轻易就范于成说的人,他既能坚执,同时又是一个博采广纳的人。他对三大学术流派由向往到终生不渝地信仰者,唯有儒家一途。"(《个人的儒释道》)论说诗人的政治立场:"他既不是保守派也不是改革派,而是一个求真派和务实派。那个意气风发、同时又有点意气用事的苏东坡,已经成为过去。"(《浪漫的枝丫下》)

千年来,众多言说苏东坡的文字中常有泛道德化的倾向,如对那句"吾上可以陪玉皇大帝,下可以陪卑田院乞儿。眼前见天下无一个不好人";更有死敌章惇落难时诗人送去的殷殷关切,都被作为最宽容最仁慈的范例。而张炜先生却能做如下思:

"实际上苏东坡一生最主要的交往者和陪伴者,也还是达官贵人与文人,更多的还有一些趣人。他与平民的交往是被大大渲染过的,而且许多时候都是在人生的困境中才发生。所以这样的'双陪'说、这样的至高境界,说到底苏东坡是难以抵达的,不过是有强烈的愿望而已。"(《双陪之说》)

"我们可能会发现,对一种彻底绝望中的人性,似乎也就失去了简单评判的兴趣:人性被利害所辖以至如此黑暗,那还有什么话可说?怎么就一个'坏'字可以了结?人性自古以来也就那样,它在怎样的环境下演变成如此可怖的状态,倒是需要我们一直盯住、一直质问下去的。生命是渺小的、矛盾的、多解的,更是可怜的。如果说我们从这里读出了诗人的宽宏大量,还不如说读出了诗人对于人性的极度绝望和无望。"(《眼中无一坏人》)

"在这个时候,苏东坡没有陷入通常以恶报恶的自然循环之中,而是报以超人的善意和仁慈:不是虚情假意,而是真切地给予关照。""苏东坡愈是如此,就愈是令对手费解和伤绝。这如果是故意的,那就有些可怕了。我们但愿诗人只是一种潜意识,或者是深刻的仁慈。他对人生之无常体会太深了,所以能观、能怜,也能助,

能以心比心。"(《直击沦落客》)

一个时代有一个时代的标准,超越时代的局限是最难的。面对一位偶像级的古典诗人,须持平心正气之论。张炜先生对诗人偏爱,却非一味褒扬:"苏东坡常常表现出一种'强势'。这往往是不自觉的。道人所未道,察人所未察,总有敏捷的先手,这都给人一种强势感,客观上也必然招致嫉恨。恃才纵气,而不是恃才敛气,这似乎是他这一类大才子最显著的特征,实际上也是他们命运的死穴。记录中苏东坡辩论起来豪情万丈,可谓'横扫千军如卷席',痛快之余也对他人形成了压抑。"(《不自觉的强势》)

"平心而论,苏东坡主观上对自我才华的鉴定是准确的,没有多少虚妄和夸大,但同时他对这一切也是自傲的,这时的苏东坡也就显得稍稍无力,气浮于上。如果不是一个过于自信的人,就不会有那么多的随意泼洒和笔墨游戏。妙笔生花的细微处,在于一支笔的自我行走,笔端凸显的不再出自胸臆,而是来自莫名的惯性,好像一支笔在无比娴熟之后能够自我繁衍,妙趣横生。这种游戏的兴奋笼罩着他,如堕雾中,真性也就遁到远处。这种时刻对文章来说并非是有益的。"(《不曾忘记才华》)

张炜先生每讲到忘情处,会使听者产生一种错觉,恍惚觉得他在自述心曲:就像追溯一段往事、怀念一位老友。

展读《斑斓志》,给人印象最深的是那份深忧和沉重。书中不断言及"乌台诗案"的意义,认为正是它的炼狱之火成就了诗人:"这一场文字狱、一场旷世冤案之后,这位天才人物的心灵发生了剧烈的变化。"(《不曾忘记才华》)"就在这里,他攀上了诗与思的最高处,那是穷尽一生才能达到的高度。"(《苦难和艺术的高点》)然后怃叹:

"苏东坡即便在最痛苦的时候，在着力反省和自我追究的时候，也没有达到像陀思妥耶夫斯基一类人物的状态，没有那样震撼人心的追问和探求，特别是强大的罪感。""人们也许过分看重了机智、技能和不可思议的灵气和才具，倘若一个人万事无不能为，那么许多时候也就浅浅地划过。它们只是在腠理之间游走，而不是深达骨髓的欣快和痛楚。我们只有叹服和惊喜，而少有心灵的战栗。"（《不可套语解东坡》）

多么清新锐利的声音。真希望这讲座一直延续下去，因为伴着这言说，才能跟定诗人，一起跋涉一起长吟，并在心底深深地祈祷。

2019年11月25日　濂旭

附记

完成这次讲座的难处，在于古往今来言说苏东坡的文字太多，好像已经没有更多的话要说了；再就是诗人本人以及关于他的文字太多，要阅读它们并有所认识需要太多精力。但出于对诗人的热爱，这个工作我还是不想放弃。真正进入浩瀚的作品才发现，以前自己有关诗人的印象与认知是多么肤浅，他对我而言基本上算是一个"熟悉的陌生人"。除去他人无数的描述和研究之外，我还要将其诗词及策论诏诰等公文全部读过。中间有过多次停顿，这不仅因为事冗耽搁，还因为越来越多地陷入思索。

　　与过去不同，这次仅为讲座准备的讲义就超过了十万字。

　　感谢华亭、陈永、北华、姜颖四位朋友，他们将错误百出的转录电子稿加以订正，才能使后边的工作得以进行。古典文学专家士彪教授不辞辛苦，仔细审读了二十多万字的电子订稿，并将其中引用的全部诗文从版本学的角度加以择取，提出了宝贵的意见。濂旭先生前后付出了极大劳动，他不仅从头校听了三十余小时的现场录音，在订稿上补入大量缺失的诗文，而且还把诸多口误和错置更正过来。这个过程耗费了他大量的时间，远不是一句感谢所能回报的。

附 记

更多的期待还要留到后来:不断听取广大读者的声音。苏东坡是言说不尽的,我将不断作出新的修订。

2019年12月30日